근대 일본의 연애론

소비되는 연애 · 정사 · 스캔들

국립중앙도서관 출판시도서목록(CIP)

근대 일본의 연애론:
소비되는 연애 · 정사 · 스캔들/
지은이: 간노 사토미; 옮긴이: 손지연.
– 서울: 논형, 2014
    p.;   cm. – (일본근대 스펙트럼: 13)

원표제: 消費される戀愛論: 大正知識人と女性
원저자명: 菅野聡美
일본어 원작을 한국어로 번역
ISBN 978-89-6357-604-6 94910: ₩15000

연애론[戀愛論]
근대 일본사[近代日本史]

913.06-KDC5
952.03-DDC21   CIP2013029134

근대 일본의 연애론

소비되는 연애·정사·스캔들

간노 사토미 지음
손지연 옮김

근대 일본의 연애론
소비되는 연애 · 정사 · 스캔들

초판 1쇄 인쇄 2014년 1월 10일

초판 1쇄 발행 2014년 1월 20일

지은이 간노 사토미

옮긴이 손지연

펴낸곳 논형

펴낸이 소재두

등록번호 제2003-000019호

등록일자 2003년 3월 5일

주소 서울시 관악구 성현동 7-77 한림토이프라자 6층

전화 02-887-3561

팩스 02-887-6690

ISBN 978-89-6357-604-6 94910

값 15,000원

기획의 말

일본을 가깝고도 먼 나라라고 한다. 감정적인 거리를 뜻하는 말이겠지만, 학문적으로 무엇이 가깝고 무엇이 먼지 아직 불분명하다. 학문은 감정에 흔들려서는 안 된다. 지금까지 우리 학문은 일본을 평가하려고만 들었지, 분석하려고 하지 않았다. 더욱이 일본을 알아나가는 행위는 운명적으로 우리를 이해하는 길과 맞닿아 있다. 그것이 백제 멸망 이후 바다를 넘어간 도래민족의 찬란한 문화, 조선통신사가 전한 선진 중국의 문물과 같은 자랑스러운 기억이든, 혹은 임진왜란, 정유재란, 식민통치로 이어지는 아픈 상처이든 일본과 한국은 떼어놓을 수 없는 적이자 동지이다.

그런 가운데 근대는 바로 그 질서를 뒤엎는 혁명적인 시기였다. 메이지유신을 통해 서구의 기술과 문물을 받아들인 일본은 동양의 근대화에서 하나의 본보기로 여겨졌으며, 그들 또한 자신들의 기준을 동양에 강제적으로 이식시켰다. 근대는 한 마디로 엄청난 높이, 놀라운 규모 그리고 무서운 속도로 우리들에게 다가왔으며, 지금까지 경험하지 못한 공포와 함께 강한 매력을 선물하였다.

'일본 근대 스펙트럼'은 일본이 수용한 근대의 원형 그리고 그것이 일본에 뿌리내리기까지 어떤 과정을 거쳐 변모했는지를 살피고자 한다. 특히 백화

점, 박람회, 운동회, 철도와 여행 등 일련의 작업을 통해 근대 초기, 일본 사회를 충격과 흥분으로 몰아넣은 실상들을 하나하나 캐내고자 한다. 왜냐하면 우린 아직 일본의 학문과 문화 등 전반적인 면에서 높이, 규모, 속도를 정확히 측정한 적이 없기 때문이다. 다행히 '근대 일본의 스펙트럼' 시리즈에서 소개하는 책들은 현재 일본 학계를 이끄는 대표적인 저서들로 전체를 가늠하는 데 큰 힘이 될 것이다.

물론 이번 시리즈를 통해 우리가 얻고자 하는 결실은 일본 근대의 이해만이 아니다. 이번 작업을 통해 우리는 우리 근대사회의 일상을 잴 수 있는 도구를 얻을 수 있을 것이다. 식민지 조선사회를 형성하였던 근대의 맹아, 근대의 유혹과 반응 그리고 그 근대의 변모들을 거대 담론으로만 재단한다면 근대의 본질을 놓치고 말 것이다. 근대는 일상의 승리였으며, 인간 본위의 욕망이 분출된 시기였기 때문이다. 안타깝게도 우리는 근대사회의 조각들마저 잃어버렸거나 무시하여 왔다. 이제 이번 시리즈로 비록 모자라고 조각난 기억들과 자료들이지만, 이들을 어떻게 맞춰나가야 할지 그 지혜를 엿보는 것도 유익할 것이다.

기획자가 백화점, 박람회, 운동회, 일본의 군대, 철도와 여행 등을 시리즈로 묶은 이유는 이들 주제가 근대의 본질, 일상의 면모, 욕망의 현주소를 보여주는 구체적인 예라고 생각했기 때문이다. 수많은 상품을 한자리에 모아서 진열하고 파는 욕망의 궁전 그리고 새로운 가치와 꿈을 주입하던 박람회는 말 그대로 '널리 보는' 행위가 중심이다. 전통적인 몸의 쓰임새와는 전혀다른 새로운 움직임을 보여주었다는 점에서 운동회와 여행은 근대적 신체가 어떻게 만들어졌으며, 근대적 신체에 무엇이 요구되었는지를 살피는 계기가 될 수 있을 것이다. 이런저런 의미에서 근대를 한마디로 '보기'와 '움직이기'의 시대라고 할 수도 있겠다.

 '일본 근대 스펙트럼'은 바로 근대라는 빛이 일본사회 속에서 어떤 다양한 색깔을 띠면서 전개되었는지를 살피는 작업이다. 또한 그 다양성이야말로 당대를 살아가던 사람들의 고민이자 기쁨이고 삶이었음을 증명해보이고자 한다. 그리고 궁극적으로는 한국사회의 근대 실상을 다양한 스펙트럼으로 조명되고, 입증하는 계기가 되었으면 좋겠다.

기획위원회

옮긴이의 말

　일본에서 '연애'라는 말은 언제부터 사용되었을까? 에도江戶時代(1603~1867) 말 즈음부터 메이지明治時代(1868~1912) 초 무렵 간행되었던 각종 영어사전에 '연애'라는 단어가 등장하기는 하지만 오늘날의 'love'의 의미는 아니었다고 한다. 지금과 가장 유사한 의미의 '연애'는 1887년 프랑스어 사전에 실린 'amour'의 번역어라고 하는데, 어찌되었든 '연애'라는 말 자체는 외래에서 수입된 근대의 산물인 것은 틀림없어 보인다. 그것이 본격적으로 꽃 피운 시기는 다이쇼大正時代(1912~1926) 시대다. "Love is best"를 외치며 연애예찬론을 폈던 구리야가와 하쿠손廚川白村은 동시대 젊은이들에게 폭발적인 인기를 구가하였다. 하쿠손의 연애론에 힘입어 근대 일본은 바야흐로 연애의 시대, 연애의 대중화 시대로 접어들게 된다.

　간노 사토미菅野聰美의 『근대 일본의 연애론―소비되는 연애・정사・스캔들消費される戀愛論』, 靑弓社, 2001)에서 다루고 있는 것은 바로 이 다이쇼 시대의 범람하는 연애, 정사, 스캔들 문제다. 이 책의 이해를 돕기 위해 구리야가와 하쿠손의 『근대의 연애관近代の戀愛觀』(改造社, 1922)과 다니모토 나호谷本奈穂의 『연애의 사회학戀愛の社會學』(靑弓社, 2008)을 함께 소개하고자 한다. 근대에서 현대에 이르기까지 일본의 연애, 연애론은 과연 어떻게 전개되었을까? 흥미진진한 일본인의 연애담론 속으로 들어가 보자.

"Love is best" – 구리야가와 하쿠손의 『근대의 연애관』

영문학자이자 문예평론가인 구리야가와 하쿠손(1880~1923)은 서구의 연애사상을 일본에 체계적으로 소개한 인물로 잘 알려져 있다. 특히 1922년에 간행된 『근대의 연애관』(한국어 번역본은 『근대 일본의 연애관』, 이승신 옮김, 문, 2010)은 "Love is best"라는 유행어를 탄생시키며 다이쇼기의 연애 붐을 일으키는 견인차 역할을 하였다. 그는 학창시절부터 연애론에 관심이 많아 그 방면의 방대한 자료를 수집하고 연구노트를 작성하였으나, 정작 『근대의 연애관』을 집필하는 데에는 이러한 20년 전의 지식은 아무런 쓸모가 없었다고 한다. 왜냐하면 육체와 정신의 이분법에 근거하여 정신적인 '깨끗한 연애'만을 상찬해온 메이지기의 연애관은 더 이상 다이쇼기의 연애에 적합하지 않았기 때문이다.

그렇다면 하쿠손이 생각한 바람직한 근대 일본의 연애관은 어떤 것이었을까? 그의 연애관은 크게 세 가지 관점에서 정리할 수 있다. 첫째, 하쿠손은 정신성을 중시하는 메이지 시대의 연애관과 '성욕'을 떠들어대고 '연애'를 멸시하는 동시대 풍조를 모두 비판한다. 그는 육체와 정신을 분리하는 영육이원론이 아닌 일원적인 영육일치의 연애관의 중요성을 설파하였다. 또한 당대 유행하던 '성욕학', 즉 성과학sexology이나 정신분석학을 보다 알기 쉽게 설명하는 것으로 청년층과 여성들에게 폭넓은 지지를 얻었다. 둘째, 일부일처를 근간으로 하는 결혼제도의 중요성을 역설하였다. 여기서 중요하게 거론되는 것은 남녀인격의 자유평등을 바탕으로 한 '연애결합'이어야 한다는 점과 남녀가 모두 '정조'를 지켜야 한다는 점이다. 단순히 가문의 순수한 혈통을 잇기 위한 목적으로 여성의 정조를 강요하거나, '매춘부'와 같이 영과 육이 분열된 정조는 이미 무의미하며 구시대의 유물이라고 비판한다. 마지막으로 하쿠손은 연애를 통해 부조리한 현실 문제와 마주하고자 하였다. 그것은 다름 아닌 민족과 계급과 양성, 이 세 가지가 충돌하는 차별 문제다. 하쿠손은 "여성의 잃어버린 자유를 탈환해야 하며, 가장 먼저 이뤄야 할 것은 연애 문제"라고 언급하며, 현실에 존재하는 여러 문제 가운데 최후까지 남는 것은 여성차별이며, 사회주의 혁명이나 노동운동이나 남녀의 불평등 문제를 안고 있기는 마찬가지라며 정곡을 찌른다.

구리야가와 하쿠손은 영문학자이자 일본의 '국민작가'로 잘 알려진 나쓰메 소세키夏目漱石의 제자이기도 하다. 하쿠손은 당대 최고의 지식인들과 어깨를 나란히 하며 다이쇼기의 연애론이 연인 만들기나 이성에게 호감 얻는 법과 같이 통속적인 기술로 흘러가는 것에 제동을 걸었다. 하쿠손의 연애론은 무엇보다 연애란 무엇인지, 어떠한 가치가 있는지, 어떻게 존재해야 할지 그리고 성욕과의 관계 등에 대해 진지하게 성찰하고 고민하는 가운데 연애의 가치를 문학, 윤리, 철학의 영역으로 끌어 올렸다는 점에서 그 의의가 크다고 하겠다. 구리야가와 하쿠손의『근대의 연애관』은 이 책의 저자 간노 사토미가 가장 많이 언급하고 있는 텍스트이기도 한 만큼, 예나 지금이나 일본인의 연애론을 이야기하는 데에 있어 빼 놓을 수 없는 필독서라 하겠다.

소비되는 연애, 정사 그리고 스캔들
— 간노 사토미의『근대 일본의 연애론』

다이쇼 시대는 매우 다채롭고 흥미롭다. 국가의 독립과 근대화라는 획일적인 국가목표가 어느 정도 달성되고, 대역사건大逆事件(1910)[1]이 상징하듯 국

---

1) 1910년 메이지 정부가 사회주의자, 무정부주의자 탄압을 위해 일제히 검거한 사건. 이 중 천황을 암살하려 했다는 죄목으로 고토쿠 슈스이幸德秋水 등 12명의 사회주의자들이 사형당함. 천황과 황태자 등을 위해하는 자에게 사형을 구형한다는 구 형법의 대역죄가 처음으로 적용된 사례이다.(역자주)

가권력이 그 어느 때보다 강력한 힘을 발휘하던 시기이지만, 이와는 반대로 국민 개개인의 관심은 국가로부터 사적인 것과 개인의 내면적인 것으로 치달아 가는 상반된 시대상을 보여준다.

다이쇼 시대를 화려하게 수놓았던 연애론의 특징 역시 국가보다는 개인의 내면에 충실하고 이것을 가장 사적인 형태로 발현한 것에서 찾을 수 있다. 메이지 시기 서양에서 수입, 번역되어 문명개화의 표피에 머물렀던 연애가 다이쇼기에 접어들면서 정사사건, 삼각관계, 다각관계 등 다양한 연애 스캔들로 비화, 확산되며 '실천하는 연애' '소비하는 연애'로 변화해간 것은 그 좋은 예라 할 수 있다.

저자 간노 사토미는 바로 이러한 다채로운 연애 스캔들과 연애론이 펼쳐졌던 다이쇼기의 연애론에 주목하고 있다. 이 책의 흥미는 무엇보다 그 시대의 유행사조를 만들어내고 확산시켜간 지식인 군상에서 일반인에 이르기까지 동시대의 연애, 결혼, 정사사건의 실체를 총망라하고 있다는 점에서 찾을 수 있을 것이다.

이 책의 부제 '소비되는 연애 · 정사 · 스캔들'이 나타내는 것처럼, 저자는 다이쇼기의 연애 스캔들과 연애론의 향방을 일회성의 '소비'되는 것으로 귀결시키고 있다. 그런데 오히려 저자가 공들여 망라하고 있는 '소비'되는 연애, 정사, 스캔들의 면면은 살펴보면 볼수록 보다 정밀하게 배치된 근대 일본의 연애 배치도의 일부에 지나지 않음을 느끼게 한다. 화려하게만 보이는 연애론의 이면에는 왠지 저자가 생각하는 것보다 치밀하게 짜여진 근대 일본의 연애 '전략'이 은폐되어 있을 듯해서다. 데모크라시의 시대라 일컬어지는 다이쇼라는 시대가 국가로부터 사적인 것, 개인의 내면적인 것으로 치달아 갈 수밖에 없었던 이유가 분명해지고 있는 것처럼, 이 시기의 연애론 역시 '소비되는 것'이라기보다 '소비할 수밖에 없었던 것'이었을 가능성이 농후하다.

이러한 측면에서 볼 때 저자가 펼쳐 놓은 다이쇼기의 연애 배치도에 식민지 팽창에 박차를 가하던 '제국 일본'이라는 시점이 완전히 누락되어 있는 것은 무엇보다 아쉬운 점이라 하겠다. 저자가 이 책의 후기에서 언급하고 있는 것처럼 일본인의 연애의 정의에서 완전히 배제되었던 '또 하나의 일본'인 '오키나와'가 존재하듯이, 같은 시기 일본인의 연애의 정의에서 완전히 배제되었던 '또 하나의 일본'인 '식민지 조선'이나 '타이완' 등 식민지 남녀의 연애가 존재했으며, 아울러 식민지 지식인들에 의한 연애론이 분명 존재했기 때문이다. 이들은 동시대의 연애론 붐에 전혀 반응하지 않았던 걸까? 반응하지 않았다면 그 이유는 무엇이었을까? 그리고 반응했다면 어떤 식이었을까? 이들의 연애 이야기, 연애론이 빠진다면 다이쇼기에 꽃피웠다는 다채로운 연애론은 완성된 것이라 볼 수 없을 것이다.

현대 일본 젊은이들의 연애관 ─ 다니모토 나호의 『연애의 사회학』

다이쇼기의 연애론 붐 이후, 연애 이야기를 현대로 옮겨 보자. 일본 트렌디 드라마의 시초라는 평가를 받고 있는 「도쿄 러브스토리東京ラブストーリー」(1991.01.07~1991.03.18 종영, 총 11부작). 이 드라마는 발랄하고 통통 튀는 매력의 여성과 착하고 사람은 좋지만 우유부단의 끝을 보여주는 남성을 주인공으로 내세워 현대 젊은이들의 연애 이야기의 진수를 보여 주었다. 이들 세대는 버블경기의 호황에 힘입어 새로운 가치관과 유행을 선도해 간다는 의미에서 '신인류新人類'라 불렸다. 특히 자신의 감정에 충실하며 연애를 리드해 가는 여자 주인공 리카赤名リカ의 인기가 대단했는데, 남자 주인공 나가오永尾完治에게 "섹스하자"고 거침없이 말하는 모습에서 근대의 연애찬미가 구리야가와 하쿠손이나 기타무라 도코쿠의 후손다운 면모를 발견할 수 있다. 이 드라

마가 방영된 당시 "월요일 밤거리에 여성들이 사라졌다"라는 말이 나올 정도로 젊은 여성들에게 큰 인기를 끌었다고 한다.

다니모토 나호의 『연애의 사회학- '유희'와 로맨틱러브의 수용』은 앞의 두 권의 책에서 다루고 있는 '근대의 연애'와 또 다른 형태의 '현대의 연애'의 일단을 살펴볼 수 있어 흥미롭다. 이 책은 '연애의 사회학' '로맨틱러브의 수용' 등 학문적(?) 냄새가 물씬 풍기는 타이틀을 달고 있지만 내용은 비교적 가볍게 읽을 수 있는 것으로 채워져 있다. 사용되고 있는 자료 또한 현대 일본 젊은이들의 연애관을 가장 사실적으로 반영하고 있는 인기만화, 대중잡지, 앙케이트 조사가 대부분이다. 이를테면 이성에게 호감을 주는 여성상 혹은 남성상, 이성에게 접근하는 방식의 남녀 차, 이성을 유혹하는 말, 이별의 원인, 이별 방식의 남녀 차 등 구체적인 사례와 통계를 통해 현대 연애의 가장 큰 특징으로 로맨틱 러브의 쇠퇴와 연애의 불확정성, 애매함을 꼽았다.

또한 결혼보다는 연애 자체를 즐기려는 경향, 즉 연애의 유희적 현상이 두드러지며, 연애=결혼이라는 근대적 로맨틱러브 이데올로기가 변용하여 최근에는 결혼이 연애에 종속되어 버리는 '결혼의 연애화' 현상이 급증하고 있다고 말한다. 그러나 저자가 꼽고 있는 이들 연애의 특징은 비단 일본 젊은이들에게만 나타나는 현상은 아니라는 데에 이 책의 흥미가 반감된다.

저자 다니모토 나호는 간사이關西대학 교수로 재직 중이며 전공은 현대문화론이다. 거창한 타이틀에 비해 내용은 다소 조잡한 감도 없지 않지만, 딱딱한 연구서와 달리 가벼운 마음으로 저자가 기술하는 젊은 세대의 연애방식을 읽어나가다 보면 어느덧 너무나 리얼한 현대 일본의 문화현상과 마주하고 있는 자신을 발견하게 될 것이다.

2013년 11월
손지연

목차

서장
왜 다이쇼 시대의 연애 문제인가?

1. 연애는 수입사상인가?

'연애'라는 말은 메이지기에 등장한 번역어로 그 이전에는 일본에 존재하지 않았다고 한다. 연애라는 말이 존재하지 않았다는 것은 곧 연애 자체가 존재하지 않았다는 의미이기도 하다. 일본에서 가장 오래된 가집歌集『만요슈万葉集』에 수록된 노래 대부분은 남녀의 사랑을 다룬 연가戀歌이며, 헤이안平安문학의 걸작인『겐지 이야기源氏物語』도 꽃미남 히카리 겐지光源氏의 연애를 이야기하고 있다. 그러나 정작 연애라는 말이 사람들 입에 오르내리게 된 것은 역사가 그리 오래 되지 않았다. 오늘날 우리가 연애라고 표현하는 감정을 옛 사람들은 '색色' '정情' '연戀' '애愛'라 불렀다.

그렇다면 연애라는 말은 언제부터 사용되었을까? 에도막부 말에서 메이지초 무렵 간행되었던 각종 영어사전에 연애라는 말이 나오긴 하지만 love의 의미는 아니었다. 지금 우리가 사용하고 있는 연애의 의미는 1887년 프랑스어사전『불화사림仏和辭林』(仏學塾)에 실린 amour의 번역어라고 알려져 있다. 그리고 사전적 정의가 아닌 일반 문장에서 볼 수 있는 것은 더 훗날의 일로, 나카무라 마사나오中村正直가 번역한『서국입지편西國立志編』에서다.[1]

---

1) 柳父章, 『翻譯語成立事情』, 岩波新書, 1982.

연애를 비롯해 당시 번역어가 홍수를 이루었는데, 이것은 외국으로부터 쏟아져 들어온 수입된 관념이나 문물을 기존의 일본어로는 표현하기 어려웠기 때문이다. '색色'이나 '연戀'이라는 단어로는 love라든가 amour의 의미를 적절히 표현할 수 없었기 때문에 '연애'라는 말이 새롭게 만들어지게 된 것이다. 따라서 연애라는 말은 전혀 새로운 언어이자 이제까지 없던 유럽이나 미국에서 수입된 새로운 개념이라 할 수 있다.[2]

그렇다면 연애라는 말이 수입되기 이전에는 연애감정이 존재하지 않았던 것일까? "연애는 서양에서 도입한 수입사상이며 일본에는 존재하지 않았다"라는 통설을 있는 그대로 받아들여도 되는 것일까? 연애가 수입사상이라면 일본인의 정서에 맞게 변화를 일으켰을 것이다. 말이 존재하지 않았다고 해서 그 이전에 존재하던 사랑의 감정이 모두 소멸되었을 리 만무하기 때문이다. 이 점을 놓친다면 연애라는 말이 수입되기 이전과 이후의 연속성과 비연속성마저 간과되어 버릴 위험이 있다.

일반적으로 일본인의 연애의식이 변화되는 기점을 '연애'라는 말이 수입되기 이전과 이후로 나누고, 메이지기를 그 기원으로 삼는다. 그러나 메이지기에 수입된 연애의 개념이 명확하게 정의되는 것은 다이쇼기에 이르러서다. 이것은 새로운 사상이 보급되어 정착되기까지 어느 정도 시간을 필요로 했음을 의미한다. 실제로 연애를 둘러싼 논의가 꽃을 피운 것은 다이쇼 시대였다.

어떤 방식으로 이해되고 수용되었기에 연애라는 말과 관념이 일본에서 시민권을 얻을 수 있었던 것일까? 그리고 일반인들에게 유통되어 오늘날에 이르게 된 것일까? 다이쇼기의 연애를 둘러싼 담론을 통해 이러한 의문들에

---

2) 이러한 통설에 이의를 제기한 고야노 아쓰시小谷野敦의 논의는 지나치게 자극적이다. 이를테면 『남자의 사랑』의 문학사「男の戀」の文學史, 朝日選書, 1997), 「일본연애문화론의 함정日本戀愛文化論の陷穽」, 『男であることの困難』, 新曜社, 1997) 등이 그것이다.

다가서고자 한다.

다이쇼 시대는 연애의 시대다

사에키 준코左伯順子의 『'색'과 '사랑'의 비교문화사「色」と「愛」の比較文化史』(岩波書店, 1998)는 이러한 문제를 고찰하는 데 매우 유효한 시점을 제공한다. 사에키는 이 책에서 메이지부터 헤이세이平成(1989~) 시대에 이르기까지 근대의 연애 연구서를 관통하고 있는 연애라는 가치기준이 언제, 어떤 방식으로 형성되었는지 고찰하였다. 특히 서양에서 수입한 사상 love라는 관념이 근대 일본에 어떤 영향을 미쳤는지 소설을 통해 검증해 보았다.

사에키는 종래의 '색色'이 서양의 '애愛'에 의해 밀려나는 과정을 추적한다. 이 과정에서 비일상적인 '하레ハレ'의 정열을 나타내는 '연戀'이 일상적인 '게ケ3)의 세계에 있어 서로를 동정하고 위로하는 '애愛'와 혼합되어 '연戀'과 '애愛'가 마치 같은 감정인 것처럼 오해하거나 환상을 갖게 하였다고 지적한다. 결과적으로 love의 번역어로 '애愛'가 채택되었고, 자연스럽게 '색色'의 문화는 저속한 것으로 경시되어 밀려나게 되었다는 것이다.

사에키에 따르면, '색色'의 시대에 있어 성교는 남녀를 신성한 한 쌍으로 융합시킨다는 신화적 감성이 존재하였고, 그것은 그 너머에 존재하는 피안彼岸즉 죽음과 연결되어 있었다고 한다. 때문에 남녀는 안심하고 다음 세상의 희망을 품고 정사할 수 있었다는 것이다. 반면 문명개화사상이 가져온 개인의 의지와 주체성을 존중하는 사고는 한편으로는 신화적, 관능적 자타가 융합하는 가능성을 간과하게 되어 '성性'은 더 이상 '성聖스러운 것'이 아니게 되었

---

3) '하레'와 '게'의 개념은 민속학자 야나기타 구니오柳田國男에 의해 창출된 개념으로 '하레'는 의례나 제식, 연중행사 등 비일상적인 것을 의미하고, '게'는 평범한 일상을 가리킨다.(역자주)

으며, 이에 따라 남녀관계는 자연스럽게 축제적 성격을 상실하게 되었고 개인의 자아발달은 이를 더욱 촉진시켰다고 지적한다. 그리고 모리타 소헤이森田草平와 히라쓰카 라이초平塚らいてう 사이의 정사미수情死未遂 사건 역시 죽음으로부터 소외된 근대의 사랑의 숙명을 보여주는 것이며, 이 사건을 소재로 한 소설『바이엔煤煙』(1909)은 근대 사랑의 숙명적 도달점이라고 결론지었다.

필자는 이상의 사에키의 논점에 전적으로 동의하지만 몇 가지 점에서 견해를 달리한다.

첫째, 연애와 사랑이 혼동될 수 있다.

사에키는 '색色'에 대치하는 개념으로 '애愛'를 도입하여 연애와 사랑에 혼동을 초래하였다. 사에키에 의하면 당시 love가 기독교에서 말하는 '애愛'의 의미로 해석되었다고 하는데 과연 그럴까? 기독교식 사랑이었다면 연애가 이 정도까지 보급되지는 않았을 것이다. 오늘날과 같이 누구나가 할 수 있는 연애, 혹은 반드시 해야만 한다는 연애 이데올로기, 병[4]이라 치부할 만큼 강한 주술력을 갖지는 못했을 것이다.

love의 번역어로서 연애가 성립된 것은 메이지 시기였던 것은 분명하지만 아직 보편화되지는 않았다. love를 '애愛'로 번역하거나 '연戀'으로 번역하거나 '연애戀愛'라는 말로 번역하는 등 번역어가 일정치 않았으며 표현에 따라서도 차이가 있었다. 그런데 언제부터인가 'love=연애'라는 공식이 성립하게 되었다. 다이쇼기의 연애가 '애愛'의 개념이 아닌 '연애'의 개념으로 이야기되고 있었던 점에 주목해야 할 것이다.

---

4) 小谷野敦, 『もてない男』, ちくま新書, 1999.

둘째, 소설세계라는 픽션의 한계를 간파해야 할 것이다.

소설이 그리고 있는 연애나 연애관은 당시의 사회상을 어느 정도는 반영하고 있겠지만 반드시 현실을 그대로 드러내는 것은 아닐 터이다. 또한 작가의 사상과 일치하는 것도 아닐 것이다. 모든 작중인물이 작가의 주장을 대변한다면 얼마나 재미없는 소설이 될까? 허구와 현실, 원망願望과 비판이 혼재하고 있는 것이 바로 소설이다. 또한 대부분이 작중인물에 편중되어 있어 제도라든가 사상을 충분히 담아내지 못하는 한계를 지닌다.

이러한 점들을 제대로 파악하기 위해서는 후쿠자와 유키치福沢諭吉를 비롯한 메이지기 지식인들의 남녀론이나 성도덕에 관한 논의를 먼저 검토해야 한다. 이 부분을 건드리지 않고서는 당시의 연애론을 제대로 이해했다고 할 수 없을 것이다.

셋째, 메이지 시대에만 한정한다면 논의에 한계가 있을 수 있다.

사에키는 메이지 말기의 『바이엔』을 '신화의 붕괴'라 정의하고 논의를 전개하고 있는데 소설의 소재로서가 아닌 고찰의 대상으로서 연애가 다루어지는 것은 주로 다이쇼기다. 게다가 다이쇼기는 '연애론 붐'이라 일컬어질 정도로 연애가 유행하고 있었다. 따라서 개인의 연애관을 가장 적나라하고 활발하게 드러내었던 다이쇼기의 시대 흐름을 검토하지 않고서는 일본인의 연애관을 논할 수 없을 것이다.

넷째, 바이엔 사건은 연애의 도달점이 아니다.

바이엔 사건이 서양식 연애를 수용한 남녀의 마지막 모습을 보여주는 것이라는 사에키의 주장에 동의할 수 없다. 왜냐하면 바이엔 사건은 일반적인 연애사건이 아니기 때문이다. 또한 모리타 소헤이 측 입장만 반영된 소설

『바이엔』을 분석대상으로 삼는 것은 불합리하다. 마지막으로 근대적 연애를 알게 된 남녀는 더 이상 에도 시대의 연인들처럼 정사조차 할 수 없게 되었다는 결론을 내리고 있는데, 다이쇼기에 들어 더욱 빈발했던 정사사건에 대해서는 어떻게 설명할 것인가?

사에키는 죽음을 택할 만큼 절실한 사랑이 사라지면서 정사의 필연성 또한 줄어들어 그 수가 자연스럽게 감소했다고 말한다.[5] 사에키의 주장대로 가정 중심의 사회관계와 신분차별이 서서히 무너지면서 개인의 자유나 권리를 주장하게 되고, 사랑하는 남녀를 정사로 몰아넣는 사회규범 또한 느슨해져 그 필연성이 줄어들었다면, 정사사건도 당연히 감소해야 하는데 실제로는 다이쇼 데모크라시 시대에 이르러 오히려 정사사건이 더욱 빈번해졌기 때문이다.

부상하는 다이쇼 시대

이 밖에도 다이쇼기에 주목해야 할 이유는 몇 가지 더 있다. 다이쇼기의 특수성 즉 메이지기와 다른 점은, 연애를 문학의 소재로서가 아니라 깊게 생각하고 분석해야 할 대상으로 인식하고 있었다는 것이다. 메이지기에는 남녀교제나 부부관계, 결혼에 대한 이야기가 자주 언급되었지만 연애 자체에 주목한 논의는 거의 없었다. 그러던 것이 다이쇼기로 접어들면서 남성 지식인들 사이에서 논의할 만한 가치 있는 주제로 다루어지게 된 것이다. 이것은 다이쇼기에 이르러 지식인들의 관심이 국가로부터 개인이나 자아와 같은 개인적인 것으로 변화해 갔기 때문이라고 볼 수 있다.

논단에 여성 논자들이 등장하는 점도 이채롭다. 그러나 사에키의 분석 대

---

5) 左伯順子, 「心中の文化史」 『戀愛學がわかる』, 朝日新聞社, 1999, p.78.

부분은 남성작가들의 소설을 분석하는 데에 치우쳐 있다.[6] 당시 여성 지식인이 절대적으로 부족했던 점은 인정하지만 남성 지식인들의 연애관, 연애의식에만 치우치는 것은 바람직하지 않다.

다이쇼 시대는 연애를 둘러싼 서양의 최신 사상이 유입되어 메이지 시대의 지식의 양과는 큰 차이가 있었다는 점에도 주목해야 한다. 예컨대 구리야가와 하쿠손[7]은 학창시절부터 연애에 관심이 많아 연구테마를 「시문에 나타난 연애의 연구詩文に現はれたる戀愛の研究」로 정하여 2, 3년 동안 그 방면의 저작을 섭렵해 연구노트를 작성하였다고 한다. 그런데 1921년(다이쇼 10) 「근대의 연애관近代戀愛觀」을 집필할 당시는 이러한 20년 전의 지식은 전혀 쓸모가 없었다고 토로한 바 있다.[8] 또한 육체와 정신의 이분법에 근거하여 정신적인 '깨끗한 연애'만을 상찬했다는 메이지 시대에 수입된 연애 관념도 다이쇼기 연애론에는 부합되지 않는다. 연애의 성적인 측면도 활발하게 논의되었으며 육체나 성욕을 부정하거나 회피하지 않았기 때문이다.

메이지 후반부터 다이쇼에 걸쳐 펼쳐진 연애사건과 정사사건을 예로 들어보자. 이 책에서는 '신쥬心中'라는 말 대신 '정사情死'라는 말을 사용하고자 한다. 이 단어가 당시 더 보편적으로 사용되었기도 하려니와 연애로 인한 죽음일 경우 '정사'로 표현하는 것이 일반적이었기 때문이다.[9]

---

6) 사에키는 『'색'과 '사랑'의 비교문화사』 1장 「여성작가」에서 여성이 묘사하는 남녀관계와 남성이 묘사하는 남녀관계의 차이를 분석하였다. 그런데 여성작품이 질적으로나 양적으로나 부족했던 탓도 있겠지만 남성작가들 작품에 지나치게 치우쳐 있다.

7) 구리야가와 하쿠손廚川白村(1880~1923): 영문학자이자 평론가. 다이쇼기 연애 붐을 견인한 시대의 베스트셀러 『근대 일본의 연애관』, 19세기 후반에서 20세기 초에 걸쳐 56년간에 이르는 유럽문예사조의 조감을 시도한 『근대문학 10강近代文學十講』 등을 집필하였고, 1923년 관동대지진으로 사망하였다.(역자 주)

8) 廚川白村, 「再び戀愛を說く」, 『近代の戀愛觀』, 改造社, 1922, pp.95~99.

9) '신쥬'는 돈이나 부모와 자식의 정사 등, 연애가 존재하지 않아도 성립한다. 물론 다이쇼기에도 '신쥬'라는 표현이 존재했다. '신쥬'라고 쓰고 그 위에 '신쥬=しんじう'라고 요미가나를 달았다. 그러나 신문이나 잡지에서는 '정사情死'라는 표현을 더 즐겨 사용했다.

연애사건 연표

1886년(메이지 19)	결혼식 당일 도망친 신부 자살, 신랑도 뒤이어 자살
1891년(메이지 24)	결혼식 다음날 신부가 실성해 자살
1908년(메이지 41)	바이엔사건[10]
1909년(메이지 42)	간노 스가菅野すが,[11] 아라하타 간손荒畑寒村[12]을 버리고 고토쿠 슈스이幸德秋水[13]와 동거 시마무라 호게쓰島村抱月와 마쓰이 스마코松井須磨子의 연애[14]
1912년(메이지 45)	기타하라 하쿠슈北原白秋 간통죄로 기소[15]
1915년(다이쇼 4)	이와노 호메이岩野泡鳴에게 동거청구소송[16]
1916년(다이쇼 5)	히카게 찻집日蔭茶屋사건[17]
1917년(다이쇼 6)	백작 부인 요시카와 가네코芳川鎌子와 운전기사의 정사사건[18] 우류瓜生 대장의 양녀와 청년 문사의 정사
1919년(다이쇼 8)	마쓰이 스마코 신병 비관 자살[19] 남작 딸과 운전기사의 사랑의 도피행각
1921년(다이쇼 10)	하마다 에이코浜田榮子 홀로 정사[20] 이시와라 준石原純과 하라 아사오原阿佐緒의 연애 문제[21] 노무라 와이한野村隈畔 정사[22] 뱌쿠렌白蓮사건[23]

---

10) 1908년(메이지 41) 일본여대 출신 엘리트 여성 히라쓰카 라이초와 나쓰메 소세키의 문하생 모리타 소헤이가 정사를 시도하다 불발에 그친 사건. 이른바 시오바라 사건塩原事件, 바이엔 사건煤煙事件이라 불린다. 모리타 소헤이는 이 사건을 모티브로『바이엔』이라는 제목의 소설을 집필하여 주목을 받았다.(역자 주)

11) 간노 스가菅野すが(1888~1911): 메이지 시대 신문기자, 작가, 여성운동 및 사회주의운동가.(역자 주)

12) 아라하타 간손荒畑寒村(1887~1981): 사회주의자. 고토쿠 슈스이의 반전, 사회주의사상에 공명하여 1904년, 요코하마 평민결사橫浜平民結社를 조직하고, 1912년에는 오스기 사카에大杉榮와『근대사상近代思想』발간. 간노 스가의 두 번째 남편이었다.(역자 주)

13) 고토쿠 슈스이幸德秋水(1871~1911): 사회주의자, 무정부주의자, 저널리스트. 러일전쟁에 반대하며 평민사平民社를 설립하여『평민신문·平民新聞』간행. 대역사건大逆事件의 주모자로 몰려 처형되었다.(역자 주)

14) 시마무라 호게쓰島村抱月(1871~1918): 평론가, 소설가, 미학자, 신극지도자. 일본 자연주의 문학을 선도하였다.
마쓰이 스마코松井須磨子(1886~1919): 신극 여배우, 본명은 고바야시 마사코小林正子. 두 사람 모두 쓰보우치 쇼요坪內逍遙가 세운 일본 문예협회文芸協會 연극연구소 제1기생. 1910년 10월, 남편과 헤어진 마사코는 이전보다 더 열심히 연극에 임해 '마쓰이 스마코'라는 예명으로 연극계에서 활약했다. 이후 연극「인형의 집」에서 '노라' 역을 한 것이 계기가 되어 감독 시마무라 호게쓰島村抱月와 연인관계로 발전하였고, 호게쓰는 스마코와의 불륜으로 세간의 비난을 받게 되자 문예협회를 탈퇴하여 새로운 극단 '예술좌藝術座'를 설립했다. 이후 톨스토이의 소설을 연극화한「부활」이 흥행에 성공하고「카츄샤의 노래」가 크게 유행하면서 스마코는 일약 인기여배우로 자리매김했다.(역자 주)

1923년(다이쇼 12)	아리시마 다케오有島武郎 정사[24] 무샤노코지 사네아쓰武者小路實篤 사각四角관계
1924년(다이쇼 13)	대학교수와 여급女給의 정사
1925년(다이쇼 14)	기타자토 시바사부로北里柴三郎의 아들과 기생의 정사[25] 다카무레 이쓰에高群逸枝의 가출[26]

15) 기타하라 하쿠슈北原白秋(1885~1942): 시상과 시적 이미지를 음악적 선율에 조화시킨 언어의 마술사로 일본 근대시단을 화려하게 수놓은 시인이자 동요작가이다. 1912년 유부녀와 연애사건을 일으켜 간통죄로 재판을 받게 되고, 이를 계기로 독선적 미학을 버리는 등 인생의 큰 전환기를 맞이하게 된다.(역자 주)

16) 이와노 호메이岩野泡鳴(1873~1920): 시인이자 소설가. 1906년 평론집『신비적 반수주의神秘的半獸主義』에서 현재의 순간적 쾌락을 중시하는 문예관을 주장했다. 이와노가 결혼한 상태에서 부인과 별거하고 세이토샤青鞜社 동인 간바라 후사에蒲原房枝와 불륜에 빠짐. 이에 부인 기요코가 이와노에게 동거청구소송을 제기하고 호메이는 거꾸로 이혼승낙 청구소송을 청구했다.(역자 주)

17) 1925년 11월 9일 오전 3시 경, 하야마 히카게 찻집에서 이토 노에伊藤野枝와 불륜을 저지른 오스기 사카에大杉榮를 가미치카 이치코神近市子가 칼로 찌른 사건으로 당시 커다란 화제가 되었다.(역자 주)

18) 1917년 3월 7일, 지바千葉역에서 열차로 뛰어 들어 자살을 기도한 요시카와 가네코. 이 광경을 목격하고 비통에 잠긴 운전기사가 스스로 단도로 목을 찔러 자살하였다. 불행인지 다행인지 요시카와는 중상을 입었으나 다행히 목숨은 건졌다.(역자 주)

19) 시마무라 호게쓰가 병으로 사망하자, 이를 비관한 마쓰이 스마코가 그의 뒤를 따라 자살로 생을 마감했다.(역자 주)

20) 집안의 결혼반대에 부딪히자 병원장 딸 에이코는 가출하여 연인과 동거생활에 들어간다. 이후 임신하여 친정을 설득하려 했으나 뜻대로 되지 않자 홀로 음독자살했다. 양갓집 규수의 자살사건으로 당시 커다란 화제가 되었다.(역자 주)

21) 도호쿠東北대학 물리학 교수였던 이시와라 준石原純(1881~1947)과 시인 하라 아사오原阿佐緒(1888~1969)의 연애사건이다.(역자 주)

22) 처자식이 있던 철학자 노무라 와이한野村隈畔(1884~1921)이 강연회에서 만난 젊은 여성과 사랑에 빠져 가출하여 여관에 머물다 에도가와江戸川에 몸을 던져 정사하였다.(역자 주)

23) 가인 야나기와라 뱌쿠렌柳原白蓮(1885~1967)을 둘러싼 사건. 이 책의 3장에 자세하다.(역자주)

24) 시라카바파白樺派 대표작가 아리시마 다케오有島武郎(1878~1923)와『부인공론婦人公論』기자였던 하타노 아키코波多野秋子(1894~1923)의 정사사건. 아리시마는 아내와 일찍 사별하고 아이 셋을 둔 독신이었지만, 하타노 아키코가 유부녀였던 관계로 정사로 불행한 결말을 맺고 있다. 이 사건 역시 3장에서 자세하게 다루고 있다.(역자 주)

25) 기타자토 시바사부로北里柴三郎(1853~1931): 의학자, 세균학자. 그의 장남 슌타로俊太郎가 아카사카赤坂 게이샤芸者와 정사한 사건을 이른다.(역자 주)

26) 남편의 독선적인 행동과 가사노동에 지친 다카무레 이쓰에가 자신의 글쓰기 작업에 몰두하기 위해 가출한 사건. 이 책 6장에 자세하다.(역자 주)

이상의 사건은 유명인이거나 화제가 된 경우이며 실제로는 이 보다 더 많았다. 메이지 말 무렵부터 정사사건이 늘어 신문에 보도된 건수가 1년에 10건 정도였던 것이 다이쇼 6, 7년부터는 더욱 증가해 20건을 넘었고, 다이쇼 13년에는 50건이었다. 그 배경에는 「일본 이혼율 세계 1위, 5만 8천 건」(『讀賣新聞』 1916.10.29.), 「간통사건 경찰고소 급증, 경시청 관하 월 평균 8백여 건」(『讀賣新聞』 1923.8.4.) 등과 같이 제도적 혼인에 따른 부작용이 자리하고 있었다. 그 가운데 "자살자의 7할은 정사관계"(『讀賣新聞』 1923.8.4.)에서 비롯된 것이라고 한다.

엄격한 신분차별과 무사 도덕이 지배하던 도쿠가와 시대德川時代(1603~1867)[27]가 막을 내리고 메이지 시대가 개막되었다고 해서 연애의 장애가 없어진 것은 아니었다. 이후에도 연애를 방해하는 요소는 여전히 존재했다. '신여성新しい女'들이 아무리 여성해방을 외쳐대도 일본사회의 남녀를 둘러싼 상황은 도쿠가와 시대만큼은 아니었지만 여전히 금기와 장애로 둘러싸여 있었다. 그렇기 때문에 정사가 빈발했던 것이다. 그러나 정사의 내용에는 변화가 나타나기 시작했다. 정사를 바라보는 시선에도 변화가 생겼다.

2. 연애 스캔들에서 연애론 붐으로

바이엔 사건은 작가 모리타 소헤이森田草平와 히라쓰카 라이초平塚らいてう의 정사미수情死未遂사건이다. 모리타에게는 아내와 자식이 있었지만 정사를

---

27) 도쿠가와 이에야스德川家康가 정권을 잡은 시기로, 국내적으로 평화를 구가하고 정치적 안정과 경제적 성장을 이룩한 에도江戶 시대를 일컫는다.(역자주)

시도하기 전 이미 헤어진 상태였으므로 결혼생활에서 오는 불만은 아닌 듯 보인다. 또한 이 두 사람은 서로 결혼할 의지가 전혀 없었다. 나쓰메 소세키가 사건 직후 "두 사람이 한 것은 연애가 아니다" "그것은 지적智的 투쟁에 지나지 않는다"라고 말한 것처럼 엄밀히 말해 그 둘이 벌인 일은 정사도 연애도 아니었던 것이다.[28] 하지만 대부분의 사람들은 이 사건을 정사사건으로 취급하였다.

히라쓰카 하루코明子(라이초의 본명)가 자취를 감춘 것은 1908년(메이지 41) 3월 21일 밤이었다. 이것이 세상의 이목을 집중시킨 이유는 사라진 여성이 회계검사원 검사관 히라쓰카 데이치로平塚定一郎의 딸이란 것과 여대생이 드물었던 당시 일본여자대학日本女子大學 졸업생이라는 것이 보도되었기 때문이었다.

당시 기사 내용은 대략 "성품이 여장부 같고 문학에 조예가 깊으며 선禪에 심취한 여인" 정도로 묘사되었다. 이로 인해 "선학禪學 아가씨"라는 호칭이 붙여지기도 했다. 그로부터 얼마 지나지 않아 미디어의 열띤 보도경쟁이 시작되었다. 전날 발견된 라이초가 실은 혼자가 아니라 문학사 모리타 소헤이와 동행이었고 정사할 장소를 물색하러 다녔다는 내용이었다. 당시 보도를 인용해 보자.

> 염세주의자인 아키코는 홀로 여행하지 않고 호号가 25현二十五絃이라고 하는 연인과 함께 머물며 선학禪學이 아닌 꿀 같이 달콤한 연학戀學을 연구 중이니 한심하기 짝이 없다. 거참 어이없는 선학 아가씨로다.
>
> 『万朝報』1908.3.25.

---

28) 佐々木英昭, 『「新しい女」の到來』, 名古屋大學出版會, 1994, p.18.

최고의 고등교육을 받은 신사숙녀가 그렇게 우부우녀愚夫愚婦의 어리석은 일을
벌이다니, 실로 이전에는 본적이 없는 일이로다. 자연주의, 성욕만족주의의 최
고조를 대표하는 진기한 일이로다.

『東京朝日新聞』1908.3.25.

모리타라는 남자도 (…중략…) 쓸데없는 사랑타령으로 사회질서를 문란케 하고
게다가 젊은 여자까지 홀리다니 괘씸한 녀석이다. 아키코는(…중략…) 자기 멋
대로 무분별하게 러브는 신성하다느니 뭐라느니 외쳐대더니 밀통이나 하고. 뻔
뻔스러운 행동이 자기중심의 극치로다.

麻生女子大学監談,『東京朝日新聞』1908.3.26.

　그 후로도 며칠 동안 신문지상은 이 둘의 화제로 떠들썩했다. 라이초와 모
리타가 어떻게 만나 연인 사이가 되었는지를 추적하고, 라이초 아버지의 인
터뷰를 싣거나, 라이초의 유서를 비롯하여 친구가 공개한 라이초가 모리타
에게 보낸 편지, 당사자들의 인터뷰까지 미디어의 보도 열기는 끝이 없었다.
그리고 이듬해인 1909년 모리타 소헤이는 이 사건을 모티브로 고백소설『바
이엔』을 연재하기 시작한다.

　미혼인 여성이 남성과 함께 여관에 묵었다는 이유로 죄를 묻고 사랑타령
따위는 쓸데없는 것으로 치부했던 당시로서는 사랑 때문에 목숨을 버리는
행위를 이해할 수도 없었으며 동정하거나 공감하기는 더더욱 어려웠을 것
이다.

　그 밖의 다른 연애사건도 살펴보자. 먼저 기타하라 하쿠슈北原白秋의 간통
사건을 들여다 보자. 이 사건은 1910년(메이지 43) 9월, 하쿠슈가 아오야마
青山로 이사하면서 시작된다. 그는 남편의 여성편력과 가정폭력에 시달리
던 이웃집 유부녀 도시코에게 연민을 느껴 "정신적 사랑"을 나누게 되었다

고 주장한다. 사실이야 어찌 되었든 하쿠슈는 둘의 사이를 눈치 챈 그녀의 남편으로부터 고소당하기에 이른다. 그 결과 3년 동안 그녀와 일체 접촉하지 말라는 법원의 판결을 받게 된다. 그러나 하쿠슈는 "동정과 사랑에서 치정으로 바뀐 것은 그녀가 이혼한 이후"(『新潮』 1917.12.)라며 자신의 억울함을 줄기차게 호소한다. 즉 고소당하기 전까지는 정신적 교류는 있었지만 성관계는 일체 없었다는 것이다. 그의 주장이 받아들여져 결국 무죄 판결이 난다. 이후 연인 도시코와의 관계는 엎치락뒤치락 하다가 1913년 마침내 결혼에 이르게 된다. 그러나 둘의 결혼생활은 오래 가지 못하고 1년이 채 안되어 파탄으로 끝을 맺는다. 간통죄가 여성에게만 적용되던 시대였음에도 불구하고 하쿠슈는 전혀 동정 받지 못하였고, 도시코는 유혹에 넘어간 가여운 여자로 동정 받았다. 아이러니하게도 가장 동정 받았던 사람은 이 여자 저 여자와 바람을 피우며 아내 도시코를 괴롭혔던 전 남편이었다고 한다.[29]

거꾸로 간노 스가菅野すが의 화려한 남성편력도 당시 커다란 화제가 되었다. 그녀는 아카하타赤旗 사건[30]으로 투옥 중이던 연인 아라하타 간손荒畑寒村을 배신하고 고토쿠 슈스이幸德秋水와 동거에 들어간다. 슈스이는 이 사건으로 가까운 동지들로부터도 맹렬한 비난을 받게 된다. 또 다른 유명한 사건으로 처자가 있는 시마무라 호게쓰島村抱月와 마쓰이 스마코松井須磨子의 사제관계를 뛰어넘는 연애 스캔들도 있었다. 호게쓰는 결혼생활을 정리하지 않은 채 스마코와 동거에 들어간다. 이 일로 호게쓰는 쓰보우치 쇼요坪內逍遙와 결별하고 연인 스마코와 함께 예술좌芸術座를 설립하여 함께 연극 활동을 이어간다.

---

29) 西本秋夫,「北原白秋」, 吉田精一 編『近代作家の情炎誌』所收, 至文堂, 1971, p.148.

30) 1908년 6월, 도쿄에서 있었던 사회주의자와 경찰의 충돌사건.(역자주)

이 모든 사건에서 알 수 있듯이 이유가 어떠하든 혼외 남녀관계는 규탄의 대상이 되었다. 다시 말해 이유여하를 불문하고 기존의 혼인관계를 파괴하는 것은 철저히 악으로 치부되었던 것이다. 예외적으로 기혼 남성의 경우는 혼인을 유지하는 한 혼외연애가 허용되었다. 이렇듯 메이지 시대의 연애사건은 보편적인 문제가 아닌 어디까지나 개인의 사적인 문제이며 스캔들로 취급되었다.

공전절후空前絶後의 연애론 붐의 도래

정사나 연애 스캔들이 유난히 많았던 다이쇼 시대는 연애론의 전성기이기도 했다. '연애론 붐'의 시초가 된 것은 구라야가와 하쿠손의『근대의 연애관』이었다. 이 단행본의 바탕이 된 것은 1921년(다이쇼 10) 9월 30일부터 10월 29일까지『도쿄아사히신문』(총 20회)에 같은 제목으로 연재되었던 신문 연재물이었다. 연재 중에도 찬반양론이 거셌으며 이를 비판하는 논객도 등장하였다.[31]

이 다이쇼 10년은 그야말로 연애에 경도된 시기였다. 유명인의 연애사건이 끊이지 않았는데 가장 대표적인 것이「근대의 연애관」연재가 끝난 직후에 일어난 뱌쿠렌白蓮 사건이다. 이 시기는 유명인의 연애사건을 둘러싼 기사가 신문, 잡지에 끊이지 않았으며 구라타 하쿠조倉田百三의『사랑과 인식의 출발愛と認識の出発』이 베스트셀러가 되는 등 연애론에 관심이 많았다. 그 이듬해 하쿠손은 쇄도하는 질문에 답하는 형식으로 단행본『근대의 연애관』을 출판하여 그 해의 베스트셀러 자리를 꿰찼다.

---

31) 예컨대 이시다 겐지石田憲次의「연애의 인생에 있어서의 지위戀愛の人生に於ける地位」(『讀賣新聞』1921.11.15.)가 그것이다.

이렇듯 화제를 몰고 다니던 연애라는 테마를 미디어가 가만히 좌시할 리 없었다. 잡지 특집이나 논문 타이틀에 연애라는 단어가 빈번히 눈에 띄기 시작하고, 연애라는 단어가 들어간 단행본이 홍수를 이루었다. 또한 연애라는 단어를 전면에 내세우지는 않았지만 그와 비슷한 종류의 출판물도 상당했다. 당시 제목에 연애라는 타이틀을 단 출판물을 대략 열거해 보면 다음과 같다.

1912년(다이쇼 원년)

· 가쓰나가 도쿠타로勝永徳太郎『화합상애 – 남녀교제의 비결, 일명 근대적 연애술和合相愛 男女交際極密訣一名近代的戀愛術』

· 사와다 준이치沢田順一『대연애학大戀愛学』

1915년(다이쇼 4)

· 이와노 호메이岩野泡鳴『남녀와 정조 문제 – 나의 별거사실과 자유연애론男女と貞操問題 – 僕の別居事実と自由戀愛論』

1920년(다이쇼 9)

· 야마다 와카山田わか『연애의 사회적 의의戀愛の社会的意義』

1921년(다이쇼 10)

· 후미 기요타카 편生井淨隆 編『연애와 성욕이야기戀愛と性慾講話』

· 하부토 에이지羽太鋭治『성욕과 연애性慾と戀愛』

· 간다 사쿄神田左京『연애연구戀愛の研究』

· 구라타 하쿠조倉田百三『사랑과 인식의 출발愛と認識の出発』

1922년(다이쇼 11)

· 사와다 준지로沢田順次郎『연애의 신철학戀愛の新哲学』

· 나카이 소지로中井常次郎『연애와 종교戀愛と宗教』上編

· 구리야가와 하쿠손厨川白村『근대의 연애관近代の戀愛観』

· 아리시마 다케오有島武郎『아낌없이 사랑은 빼앗는다惜みなく愛は奪う』

1923년(다이쇼 12)

· 문화연구회 편 文化研究会 編『연애지상론戀愛至上論』

· 나카기리 가쿠타로中桐確太郎『나의 연애관余の戀愛観』

· 사토 히사시 편佐藤寿 編『성과 연애의 연구性と戀愛の研究』

· 이시와라 준石原純『인간상애人間相愛』

· 요네다 쇼타로米田庄太郎『연애와 인간애戀愛と人間愛』

· 혼마 히사오本間久雄『연애의 순교자戀愛の殉教者」

1924년(다이쇼 13)

· 야마모토 센지山本宣治『연애혁명戀愛革命』

· 쓰치다 교손土田杏村『연애의 유토피아戀愛のユートピア』

· 스기모리 고타로杉森孝次郎『성의식의 철학화性意識の哲学化』

· 운노 고토쿠海野幸徳『현대인의 연애사상現代人の戀愛思想』

· 모리타 마사타케森田正馬『연애의 심리戀愛の心理』

· 신무라 기미오新村君夫『연애의 철학화戀愛の哲学化』

· 모모시마 스에百島すゑ『연애의 철저화戀愛の徹底化』

· 도즈카 마쓰코戸塚松子『연애교육의 기본적인 연구戀愛教育の基本的研究』

1925년(다이쇼 14)

· 쓰치다 교손土田杏村『연애의 제 문제戀愛の諸問題』

· 이시와라 준石原純『연애가치론戀愛価値論』

· 모리타 유슈守田有秋『자유연애와 사회주의自由戀愛と社会主義』

· 무라타 미노루村田実『일본연애사日本戀愛史』

· 이시마루 고헤이石丸梧平『연애와 인생戀愛と人生)』

· 다카무레 이쓰에高群逸枝『연애창생戀愛創生』

1926년(다이쇼 15)

· 호아시리 이치로帆足理一郎『연애론戀愛論』

· 구라타 하쿠조倉田百三『일부일처제인가 자유연애인가夫一婦か自由戀愛か』

· 고토 료이치 편後藤亮一 編『철인문호와 연애관哲人文豪と戀愛観』

· 무샤노코우지 사네아쓰武者小路実篤『연애 · 결혼 · 정조戀愛 · 結婚貞操』

　　연애와 관련한 출판물은 하쿠손이 「근대의 연애관」을 신문에 연재하기 시작하는 다이쇼 10년부터 급증한다. 하쿠손의 단행본이 베스트셀러가 되고 그 이듬해에 정점을 이룬다. 그 결과 다이쇼 말까지 상당한 양의 연애 관련 서적이 출판되었다.

1927년 (쇼와 2)

· 야마모토 센지山本宣治『연애양기戀愛揚棄』(『연애혁명戀愛革命』의 증보판)

· 가토 도치加藤東知『영국의 연애와 결혼풍속의 연구英国の戀愛と結婚風俗の研究』

· 기타오카 신北岡信『연애판단戀愛判断』

쇼와昭和 시대는 지면과 출판물 통제가 심화되는 등 언론탄압이 극에 달하였다. 결국 연애소설 종류는 출판금지되어 다니자키 준이치로谷崎潤一郎의 소설『세설細雪』도 연재를 중지할 수밖에 없었다. 쇼와기는 전시라는 특수한 상황이라 치더라도 다이쇼기의 연애론 관련 서적은 많아도 너무 많았다.

그렇다면 다이쇼기의 연애론 붐은 왜 생겨난 것일까? 그 원인을 살펴보자.

다이쇼기에 들어 정사사건이 빈발했다. 그 원인은 남녀가 만나 연애할 수 있는 기회는 많아졌으나 그에 비해 결혼까지 이르는 경우는 드물었던 데에서 찾을 수 있다. 즉 연애 상대가 기혼자이거나 신분차가 있거나 혹은 부모님이 결혼을 반대하는 등 연애에 늘 장애가 수반되었다. 당시 결혼 결정권은 부모님이 쥐고 있었으며 당사자 특히 여성은 결혼을 승낙하거나 거절할 권리가 없었다. 그러나 연애사건을 받아들이는 방식에 있어서는 메이지기와 다른 변화가 생겼다. 정사사건을 바라보는 시선이나 이에 대한 동시대인의 반응은 그 시대의 보편적인 규범의식을 반영하기 마련인데, 메이지기의 규범은 사랑이 없거나 남편이 바람을 피워도 결혼을 유지하는 것에 절대적 가치를 두었기 때문에 혼외연애는 철저히 규탄의 대상이 되었다. 그것이 메이지기의 연애관이었다. 더욱이 연애사건은 개인의 스캔들이라 치부하여 별다른 의미를 부여하지 않았으며 사건이 왜 터졌는지 전혀 관심을 기울이지 않았다. 예컨대 바이엔 사건의 경우도, 연애 드라마의 관객이어야 할 대중들의 별다른 관심을 받지 못했다. 일부 상류층의 일이지 자신들과는 무관한 일로 여겼던 것이다. 한편으로는 "학력이 높은 가문의 따님이 그런 난잡한 짓"을 했다는 데에 안도감을 느끼기도 하고, 다른 한편으로는 상류층의 부도덕한 점을 들어 비난하였다. 거기에는 공감이나 동정따위는 없었다. 신문 지면을 연일 장식했지만 어디까지나 흥미위주의 재미만 추구할 뿐, 연애사건이 떠안고 있는 일본의 법적인 문제나 결혼제도, 기성도덕의 현실에 대한 논의를 불러일으키지는 못하였다.

이와 반대로 다이쇼기는 정사나 연애사건의 발생 수에 비해 연애 자체에 대한 비난은 줄어들었다. 흥미위주라는 의견이나 연애를 난잡하다고 느끼는 의식도 일부 존재하기는 했지만 부정적인 논조는 많이 줄어들었다. 스캔들이 발생하더라도 무조건 비난하지 않았다. 설령 기성도덕에 어긋난다 할지라도 때에 따라서는 동정하기도 하고 이 일을 어떻게 해결해야 할지 방안을 모색하기도 하였다. 연애사건이 일어나게 된 배경에 관심을 갖게 되고 연애가 더 이상 남의 일이 아닌 보편적인 문제로 인식하게 되었다.

잇달아 발생한 연애사건은 일반 대중들로 하여금 연애에 대한 관심을 불러 일으켰고 그 연애를 일종의 사회현상이자 보편적인 문제로 생각하게 하는 계기를 마련해 주었던 것이다. 이러한 인식은 연애론의 독자뿐만 아니라 글을 쓰는 작가들에게도 전파되었다. 예컨대 연애론 붐에 불을 지폈던 구리야가와 하쿠손은 자신이 연애론을 집필하게 된 동기를, "성욕만 떠들어 대는 1세대의 나쁜 풍조를 비판하고, 다른 한편으로는 연애를 저급한 유희로만 보는 그릇된 망상이 오늘날의 인심을 지배하고 있는 것에 분노를 느꼈기 때문"[32]이며, 연애를 멸시하는 사회풍조에 대한 "반항"[33]에서 비롯되었다고 밝힌 바 있다.

바야흐로 연애가 논평의 가치가 있는 테마로서 남성 지식인들 사이에 부상하게 된 것이다. 이로써 철학자나 문학자, 대학교수 등 대다수의 남성 지식인들이 연애론에 발을 담그게 되었다. 구리야가와 하쿠손은 영문학자이

---

32) 廚川白村, 『近代の戀愛觀』, 改造社, 1922, p.94.
33) 廚川白村, 『近代の戀愛觀』, 앞의 책, p. 101.

며 나쓰메 소세키의 제자이기도 하다. 다이쇼기 연애론의 주류는 연인 만들기나 이성에게 호감주는 방법 등과 같은 통속적인 기술만이 아니었다. 연애란 무엇인지, 어떠한 가치가 있는지, 어떻게 존재해야 하며, 성욕과 어떻게 맞물리는지 등에 대해 매우 진지하게 고민하였다.

다이쇼기 남성 지식인들은 연애론에 국한되지 않고 활자미디어의 주요 필자로 왕성한 활동을 펼쳤다. 그러나 추상적인 관념론에 치우치기 쉬웠던 지식인들의 이론은 싫든 좋든 잇달아 발생하는 연애사건이라는 현실적인 사회와 마주하지 않으면 안 되었다. 연애사건을 보도하는 신문이나 잡지에서 대학교수나 평론가 등 지식인의 코멘트나 원고를 원했기 때문이다. 바쿠렌 사건을 접하고 도쿄제국대학 법학과 교수진이 "법률적으로는 아직 사실적인 연구가 부족하여 이 문제에 관한 비판은 일절 언급하지 않도록 하겠다"(『東京朝日新聞』 1921.10.25.)라고 표명한 것은 그 좋은 예다. 연애론이 아카데미즘과 통속의 교착점에 자리하게 된 것을 엿볼 수 있다.

다이쇼기에 들어서서 생겨난 연애에 대한 인식의 변화가 연애론의 필자와 독자 모두를 포섭하며 전무후무한 '연애의 시대'로 이어지게 된 것이다. 이로써 이론(연애론)과 현실(연애사건)이 동시에 발생한 다이쇼기는, 연애라는 수입사상의 정착과 향방을 가늠하는 열쇠를 쥐게 되었다. 그러나 다이쇼기의 연애론은 일회성 유행으로 소비되었으며 지금은 당시의 논평 대부분이 망각되었다. 시대가 바뀌고 남녀관계도 변화한 현대에는 다이쇼 지식인들의 지적인 작업은 더 이상 쓸모없게 된 것일까? 무용지물이며 시대에 뒤쳐진 것일까? 현대인은 그들의 사색이나 고민을 넘어선 지평에 서 있는 것일까? 대답은 아니다. 다이쇼 지식인들이 쌓아 놓은 업적을 계승하려는 아무런 노력도 하지 않고 단순히 잊고 있는 것이다. 사실 당시 논의들은 지금

읽어 보아도 신선하고 여전히 문제적이다. 우리가 배울 수 있는 재료를 가득 실은 귀중한 보물선이 방치되고 있는 것이다. 애당초 이것은 연애론에 한정된 이야기가 아니다. 수많은 관념과 사상이 이 일본이라는 나라에서는 일회성 유행으로 빠르게 소비되고 또 버려져왔기 때문이다.

연애나 결혼에 관한 논의 가운데 『세이토青鞜』[34]를 중심으로 한 논쟁, 이를테면 히라쓰카 라이초平塚らいてう나 요사노 아키코与謝野晶子의 논의가 주목 받고 있다. 주로 여성사나 여성학 분야에 집중되어 있으며 다이쇼기 남성 지식인의 연애론은 이들의 논의 대상이 되고 있지 않다. 또한 역사나 사상사 분야에서도 연애론은 다루고 있지 않다. 이것은 다이쇼기의 연애론이 보잘 것 없는 것으로 방치되어 왔음을 의미한다. 그런데 최근 일본 성애문화 관련 연구가 속속 등장하면서 연애론 또한 학문적 영역 안에 포함되게 되었다.[35]

이 책의 관심은 연애를 고찰하는 데에 있는 것이 아니라, 연애가 어떻게 인식되어 왔고 또 이야기되어 왔는가에 대한 담론 분석에 있다. 연애론 연구가 연애 이데올로기, 혹은 결혼 이데올로기라며 페미니스트들의 비판을 받을지 모르지만 대다수의 사람들은 여전히 연애나 결혼에 관심을 갖고 있기 때문에 연애를 둘러싼 사상과 그 역사적 배경을 분명하게 제시할 필요가 있다. 이데올로기라고 하더라도 그 기능은 서양의 로맨틱 러브와 반드시 동일

---

34) 1911년 9월, 히라쓰카 라이초의 주도 하에, 근대 일본사회에서 처음으로 여성 지식인들만으로 구성되어 만든 여성문예잡지이다.(역자주)

35) 예컨대, 메이지 이후의 성애문화에 관해서는 아카가와 마나부赤川學의 『섹슈얼리티의 역사사회학セクシュアリティの歴史社会学』(勁草書房, 1999), 가와무라 구니미쓰川村邦光의 『섹슈얼리티의 근대セクシュアリティの近代』, 講談社選書メチエ, 1996(한국어 번역본은 『섹슈얼리티의 근대 - 일본 근대 성가족의 탄생』, 손지연 옮김, 논형, 2013). 도쿠가와 시대에 주목한 연구로는 와타나베 히로시渡辺浩 「도쿠가와 일본에 걸친 '성'과 권력德川日本における『性』と權力」(『政治思想研究』第1号, 2000.5)을 참고.

하다고 할 수 없다. 서양과 모든 조건이 다른 일본에서 어떠한 변용이 일어났고 어떻게 기능했는지는 확실치 않다. 또한 연애가 개인에 따라 차이가 있는 것은 분명하지만 연애하는 개인은 국가 혹은 사회의 구성원이기도 하다. 따라서 국가나 사회가 개인의 연애를 규정하기도 하며, 국가권력이 결혼을 제도화하고 성을 규제하기도 하는 것이다.

개인적인 일은 정치적인 일이기도 하며, 개인적인 것은 정치적인 것과 대치할 수밖에 없다. 그러므로 '연애'라는 '사적인 것'이 국가나 사회를 향한 비판이나 반역의 계기가 될 수 있다. 다이쇼기의 연애론은 그 가능성과 귀결까지 풍부한 사례를 통해 제시하고 있다.

1장
태초 일본에 연애는 존재했는가?

1. 진정한 사랑의 결말은 정사

서장에서 언급한 것처럼 일본에 연애라는 말이 존재하지 않았을 때에는 그에 상응하는 감정 또한 존재하지 않았다는 논리가 일반적이다. 즉 이전의 일본인의 사랑에는 청아함, 신성함과 같은 느낌이 없었으나 메이지기에 love가 수입되면서 비로소 일본에 연애가 출현했다는 것이다.[1] 그러나 이러한 인식은 love라고 하는 새로운 관념을 접한 메이지 지식인들의 견해를 일방적으로 수용한 것에 지나지 않는다.

당시에도 '색色'이라든가 '연戀'에 대한 부정적인 논의는 수 없이 많았다.

> 속된 말로 이것을 남녀의 애정이라 이른다. 이 마음에는 두 가지가 있다. 영어로 하나는 '러브ラッブ'라고 하고, 다른 하나는 '라스트ラスト'라고 한다. '러브'는 고상한 감정이고, '라스트'는 수준 낮은 정욕을 이른다. 일본어로는 확실하게 구별이 안 된다. 나는 하나를 애정이라고 하고, 다른 하나를 색정이라고 칭하여 다소 그 다름을 구별하고자 한다.(…중략…) 속어로 '색'과 '사랑'으로 표현한다. 이전에는 오늘과 같은 천한 의미가 아니었다. '색을 즐겨라色このめ' 혹은 '사랑하라

---

1) 秋山駿,「戀愛の發見— 現代文學の現象」, 小澤書店, 1987.

戀せよ'라고 권유하는 호사가들도 있었다고 한다. 옛 의미는 그렇다고 치더라도 오늘날의 의미는 결코 이러한 데에 호기심을 품어서는 안 된다. 사람들로 하여금 상스러운 연상을 일으키지 않도록 일깨우는 것이 선진자의 임무이다. 오늘날은 '색色'이라든가 '연戀'이라든가 혹은 '색연色戀'과 같은 말에는(적어도 속어에는) 이미 정해진 의미가 있다. 나는 어디까지나 이 말들과 '애정愛情'이라는 성스러운 말이 혼동되지 않기를 바란다.[2]

메이지 지식인들은 '색'이나 '연'을 "수준 낮은 욕정"에 비유하고, 서양식 love의 개념에서 일본식 '연'과는 다른 '고상한' 향기를 감지한다. 그리고 이전의 일본식 '연'과 구별하기 위해 '연애'라는 단어를 발명한다.

새로운 단어의 발명에 의해 오래된 말과 관념은 퇴출되어 갔다. 거기에는 서양의 연애에 대한 콤플렉스와 새로운 것을 좋아하는 성향이나 서양에 심취한 마음이 복잡하게 작용하고 있었던 듯하다.

다음과 같은 소박한 의문이 들기도 한다. 연애라는 말이 존재하지 않았기 때문에 문명개화 이전의 일본에는 정말 연애가 존재하지 않았을까? 설령 존재하지 않았다고 하더라도 연애라는 말이 발명되기 이전과 이후를 경계로 인간의 감정이 바뀔 수 있는 것일까? 이러한 의문에 다가서기 위해, 우선 악명 높았던 유곽 안의 사랑과 그 사랑이 정사로 이어졌던 정황을 살펴보도록 하자.

후세 사람들이 천시하고 얕보는 메이지 이전의 일본식 사랑이긴 하지만 이성에게 반하는 감정이 단순히 성욕에서 비롯되는 것은 아닐 터이다. 자신의 지위나 생명을 내던질 만큼 강한 확신이 있어야 정사를 불사하는 것이다. 물론 정사에 이를 만큼 극진한 사랑이 그리 많지는 않았겠지만, 그것을 소재

---

2) 「色情愛情辨」, 『女學雜誌』 254號, 1891.2.

로 한 연극이나 조루리浄瑠璃[3]가 당시 크게 흥행한 것으로 미루어 보아 목숨을 건 사랑에 감동하는 이들은 꽤 많았던 듯하다.

정사의 히로인은 주로 창부女郎였다. 그렇다면 유곽이란 어떤 곳이었을까? 유곽의 기능은 쉽게 표현하면 매춘산업이라 할 수 있다. 창부는 성을 파는 매춘부이면서 숭배의 대상이었고, 유곽이라는 '악소惡所'의 여왕으로 군림하고 있었다. 그곳은 '일상적으로 존재하는 비일상적인 곳'이기 때문에 '현세에 있어서 일상의 논리를 초월한' 약속을 무엇보다 소중하게 여겼다. 그리고 그 약속을 깨는 일은 금기시 되었다.[4] 즉 방탕의 이면에는 세련되거나 섬세함delicacy을 요구하는 지적 유희이자 일본 오락의 특징인 구도자 의식이 내재되어 있었다. 때문에 차도나 꽃꽂이와 같이 방탕도 '색도色道'로 분류되었다. 그러나 고도의 정신성을 요구하는 쾌락의 장소는 현세를 지배하는 논리, 즉 재력을 갖추지 못하면 발을 들여놓지 못하는 곳이다. 유곽의 논리에 돈을 쏟아 부으면 일상의 몸이 망가지고, 육체가 망가지면 현세의 희견성喜見城[5]에서 놀 수 없게 되는데 그것을 잘 알고도 이를 부정하게 되면 결과적으로 정사에 이르게 된다는 것이다.

사에키 준코의 분석에 따르면, 유곽이라는 여성을 구속하는 공간이 있었기 때문에 손님과 창부의 사랑은 불타오를 수 있었고 죽음에 이를 정도로 농밀한 것이 될 수 있었다고 한다. 장애가 있어야 사랑이 싹튼다는 논리다.[6] 그

---

3) 샤미센三味線을 반주로 하는 음곡. 에도 시대에는 여러 유파로 나뉘어 가부키歌舞伎나 인형극人形劇 등 극장음악으로 발전했다.(역자주)

4) 廣末保,『辺界の惡所』, 平凡社, 1973. p.17.

5) 불교에서 말하는 삼십삼천三十三天 위에 있는 제석천帝釋天(도리천의 왕으로 불교의 수호신)이 사는 궁성이다. 불교의 세계관에 의하면 세계의 중앙에 수미산이 있고 그 정상에 도리천이라는 하늘이 있다고 한다.(역자주)

6) 佐伯順子, 앞의 책, pp.203~204.

장애를 벗어나기 위해서는 남자가 상당한 경제적 능력을 발휘해야 하는데, 만약 재력을 갖추지 못한 남자를 만나게 되면 여자는 계속해서 수많은 남자에게 육체를 제공할 수밖에 없다는 것이다. 또한 재력이 있다고 하더라도 결혼이라는 제도는 개인의 행복보다는 가문의 존속을 위한 것이었으므로 사랑만으로는 결혼을 인정받기 어려웠고, 그 때문에 정사가 빈번했다는 것이다.

정사사건이 빈발하고 그것을 연극으로 상영하는 일이 잦아지면서 비일상적 남녀관계는 유곽 밖으로까지 넘쳐나게 되었다. 실화를 바탕으로 만들어진 지카마쓰近松[7]의 정사 이야기는 그 대표적인 예다. 현세에서 이루지 못한 사랑을 이루어준다. 그리고 현실의 괴로움으로부터 벗어나기 위해 정사를 택한다. 그것을 소박하게 표현한 조루리나 연극에 여성이나 남성 할 것 없이 모두가 감동하였다.

이리하여 "조루리가 홍행함에 따라 에도 남녀의 음란한 정도가 극에 달했다. 겐분元文(1736~1740) 시대에 이르러서는 사대부는 말할 것도 없고 고위 관리 중에도 다른 여자와 정을 통하거나 아내를 속이고 친족들끼리 간통하는 사례가 얼마인지 헤아릴 수 없다. 바야흐로 음란한 쾌락淫樂의 재앙"[8] 시대로 접어들게 되었다. 이에 애가 탄 에도 막부는 1722년에 정사금지령心中禁令을 발포한다. 그 내용은 정사를 소재로 한 조루리 및 연극을 엄하게 금하는 것이었다. 그리고 '신쥬心中'라는 말에서 두 단어를 합치면 '충忠'이 되므로 발칙하다고 하여 '신쥬' 대신 '상대사相対死'라는 말로 바꿔 쓰도록 하였다. 또한 1742년에 발포한 「법령백개조御定書百ヵ条」에는 정사한 자의 애도를 금하고, 한 사람만 사망할 경우 생존자는 살인범이 되며, 두 명 모두 살아남을 경우 3

---

7) 지카마쓰 몬자에몬近松門左衛門(1653~1725): 조루리淨瑠璃・가부키歌舞技 분야의 거장으로 『신주텐노아미지마心中天綱島』(1720)를 비롯하여 100여 편의 작품을 남겼다.(역자주)

8) 太宰春台, 『獨語』 『日本隨筆大成』, 第1期17卷 所收, 吉川弘文間, 1976, p.274.

일 동안 니혼바시日本橋에서 공개적으로 형벌을 주고 피차별 부락민의 수하가 되도록 규정하였다. 무사의 경우는 대를 끊도록 하였다. 이렇듯 엄하게 다룬 것은 정사가 국가체제의 근본을 이루는 가족제도와 신분질서 유지에 방해가 된다고 생각했기 때문이었다.

'색'과 '연' 안에는 죽을 만큼 애절한 남녀 간의 마음도 포함되어 있었다. 다만 그것을 연애라고 부르지 않았을 뿐이다. 메이지기 이후의 지식인들은 '색色'이나 '연戀'은 정신성이 결여되어 있으며, 유희적 성애라는 점을 들어 기피했지만, 죽을 만큼 확고한 사랑을 단순한 성욕, 천한 욕정이라고 단정하기에는 무리가 있었다.

다만 유곽에서 이루어지는 정사의 경우는 예외였다. 창부에게 있어 유곽을 찾는 남자는 손님일 뿐이지 사랑하는 사이는 아니기 때문이다. 손님으로 하여금 사랑하는 사이인 것처럼 믿게 하는 것이 창부의 임무이며 그렇게 하지 않으면 손님은 제대로 즐길 수 없게 된다. 단 하나의 사랑을 위해 다른 남자를 허술하게 대한다면 창부로서의 가치는 떨어질 뿐이다. "유곽이라는 특수 공간에 발을 들여놓을 때부터 손님은 이미 유희적 연애가 자신을 기다리고 있음을 알고 있다. 때문에 그곳에서 행해지는 유희적 연애는 갑작스러울 것도 사건이랄 것도 없다"[9]는 고야노 아쓰시의 지적처럼 말이다.

어찌 되었든 연애라는 관념을 수입하기 이전에도 진지한 남녀의 사랑은 존재했다. 그것을 드러내 보이기 위한 수단의 하나로 정사를 택했던 자들이 바로 창부였다. 그러나 일반적인 의미에서의 창부와의 교분은 사랑도 연애도 아니었다. 유곽에서 전개되었던 것은 어디까지나 유사類似 연애였으며 정사는 극히 예외적인 일이었다.

---

9) 小谷野敦, 앞의 책, p.76.

2. 메이지 이전의 성애

유곽 이외의 곳에서는 연애가 어떤 양상으로 전개되었는지 살펴보자. 고대 일본에는 성에 대한 금기가 거의 없었다고 한다. 다만 모자상간母子相姦과 수간獸犯은 금기의 대상이었다. 직계혈족과 같은 어머니를 둔 형제자매 간만 아니라면 통혼通婚은 자유였다. 고대 일본인은 성에 대해 매우 관용적이어서 성을 긍정적인 것, 인간의 자연스러운 성정으로 보았다. 이자나기イザナギ・이자나미イザナミ[10]의 국토창생 신화를 떠올려 보면 성애를 인생에 있어 가장 중요한 것으로 여겼다고 해도 과언이 아니다. 일본에서 가장 오래된 가집 『만요슈』의 반 이상이 성애에 관한 노래로 채워져 있는 것도 그것을 잘 보여준다.

헤이안平安(794~1185) 시대는 자유연애의 시대였다. "혼인 제도는 여자의 정숙한 숙덕淑德을 인정하긴 했지만 봉건시대처럼 재혼을 천하고 더러운 것으로 여기지는 않았다. 미혼여성과 남성 사이에서는 그 남성이 기혼인지 미혼인지를 따지지 않고 연애의 자유를 인정하기도 했다. (…중략…) 봉건시대와 달리 연애의 자유가 있었으며 왕조시대의 꽃이라고 할 수 있는 후지와라藤原 시대[11]에 이르면 자유연애가 절정을 이루었다"[12]고 한다.

어떻게 이토록 자유로울 수 있었을까? 그것은 일부다처가 인정되었고 혼인 형태도 부부가 함께 살지 않고 어느 한 쪽이 찾아가 만나는 '별거혼通い婚'

---

10) 본 창조 신화에 등장하는 주신主神으로, 이자나미는 여신, 이자나기는 남신을 일컫는다.(역자주)

11) 후지와라 씨가 섭정정치를 행하였던 헤이안平安 시대 중기·후기를 가리킨다. 여류문학이 발달하고, 일본 고유의 감각을 살린 그림, 서도, 건축 등이 화려하게 꽃피운 시기이다.(역자주)

12) 大道和一, 『情死の研究』, 同文館, 1911, p.718.

이었기 때문에 가능했다. 연애상대를 한 명으로 좁힐 필요도 없었고 마음 가는대로 연애를 즐길 수 있었다. 마음이 식으면 만나지 않으면 그만이고 이별할 경우도 번거로운 절차나 다툼을 벌일 일도 없었다. 혼인이라는 형식에 감정이 구속되는 일도 없었다. 이러한 자유는 남성에게만 있었던 것은 아니다. 별거혼은 여성들도 여러 명의 남성과 관계를 맺는 것이 가능했음을 의미하기 때문이다. 단 아무리 금기가 적었다고 하더라도 연애의 대상이 기혼자이거나 근친자, 이른바 금단의 사랑은 일본 안에도 당연히 존재했다. 성관계를 동반하지 않으며 기혼여성에게 일방적으로 애정을 퍼붓는 서양의 기사도형 연애와 일본식 사랑의 차이를 굳이 꼽자면, 서양의 기사도형 연애는 결혼이라는 제도로부터 완전히 분리되어 있는 것을 들 수 있다. 더 정확히 말하면 제도화의 가능성을 포기한 점이 다르다고 할 수 있다. 상대가 관심을 보이지 않거나 주변의 반대로 이루어질 수 없는 짝사랑은 서양만의 전매특허가 아니었다. 질투나 집착은 헤이안 문학에서도 얼마든지 찾아 볼 수 있다.

정략결혼과 요바이夜這い[13]

이렇듯 자유로운 성애에 두드러진 변화가 생기기 시작한 것은 무사의 시대가 도래하면서 부터다. 우선 무사들이 중심이 되어 분할상속을 단독상속으로 바꾸었다. 자신들의 세력을 유지하기 위함이었다. 이 과정에서 여성은 재산 상속권을 상실하게 되고 그와 함께 지위도 점차 하락해갔다. 이렇게 하여 여성은 독립성을 상실하고 재산적 가치를 지닌 정략결혼의 도구로 전락하게 되었다. 또한 '이에家'를 계승해 가기 위한 혈통이 중시되어 아내의 간

---

13) 밤에 남자가 애인의 침소에 몰래 숨어들어 정을 맺던 풍습.(역자주)

통을 중대한 죄악으로 다스렸다. 전국戰国 시대[14]에는 사형에 준하는 행위로 간주할 정도였다. 물론 여성의 자유연애는 '이에家'의 존속에 어긋나는 일로 금기시했다.

간혹 남편이나 아버지의 죽음으로 영지를 상속받아 공무를 수행하는 여성들도 등장했는데 이들에게는 '이에'를 이어가기 위한 정조관념이 강조되었고 '이에'가 망하면 목숨을 바치는 경우도 많았다. 1232년 발간된 법전 「조에이시키모쿠貞永式目」[15]에는 미망인의 재혼을 금하는 내용이 포함되어 있었다. 이처럼 여성의 자유는 극히 좁은 범위 내로 제한되어 갔던 것이다.

이에 비해 남성에게는 대를 잇기 위한 자손번식이라는 임무가 주어졌으며 일부다처제가 도덕적 의무라는 인식이 확대되었다. 이로 인해 "남성은 정력, 여성은 정조"라는 성도덕의 이중 잣대가 생겨나게 된다.

에도 시대에는 전쟁이 사라진 탓에 주종관계를 강조하는 것 이외에 별달리 봉공의 의무를 주장할 방법이 없어 신분질서 확립의 필요성은 더욱 강해졌다. 따라서 무가의 정규 결혼은 사회질서유지를 위해 통제되었다. 다이묘大名의 정실부인은 쇼군将軍 가문에서 일방적으로 정해주거나 가문의 번영을 위해 정략적으로 맺어진 경우가 대부분이다. 혼인관계에 연애나 쾌락이 끼어들 여지가 없었고 이 때문에 생겨난 욕구불만은 부인 이외의 여성으로 향하게 되어 정실이 아닌 첩 개념의 제2, 제3의 부인을 두거나 매춘을 통해 해소하였다.

또한 무가 사회에서는 피임을 거의 하지 않았던 듯하다. 당시는 사망률이

---

14) 사회적, 정치적 변동이 격심하고 내란이 계속되던 15세기 중반에서 16세기 후반까지를 가리킨다. 일반적으로 1467년 오닌의 난応仁の乱에서 시작하여 1573년에 무로마치 막부室町幕府 제15대 쇼군 아시카가 요시아키足利義教가 오다 노부나가織田信長에 의해 교토京都로부터 추방되어 무로마치 막부가 무너지기까지의 시기를 일컫는다. (역자주)
15) 가마쿠라鎌倉 시대의 행정법전. (역자주)

매우 높았기 때문에 후계자의 조건을 갖춘 자손이 많으면 많을수록 안심할 수 있었으므로 정실인지 아닌지는 중요하게 여기지 않았다. 다만 대를 이을 아들을 낳는 것이 중요하였다.

이렇듯 남성은 혼외 성관계가 매우 자유로웠다. 반면 여성의 경우는 성적 자유를 인정하게 되면, '이에'의 정통 계승자가 아닌 자식을 출산하여 '이에'의 질서를 붕괴시킬 위험이 있었다. 따라서 여성의 혼외 성관계는 밀통密通으로 엄격하게 규제하였다. 그 현장을 확보하면 밀통한 여성과 상대 남성 모두를 죽여도 좋다는 법칙이 17세기 중반에 만들어졌다.

그런데 여기까지는 무사 계층의 이야기이고 농민들은 예로부터의 전통을 이어갔다. 농촌사회에서는 연애결혼이 일반적이었다. 서로 좋아하는 사람끼리 결혼하는 것이 당연시 되었으며, 결혼 적령기의 딸을 둔 부모는 딸의 침소를 되도록이면 출입문과 가까운 곳으로 정하여 이른바 '요바이夜這い'의 편의를 도왔다.[16] 이것이 부모의 배려였다. 특히 젊은이들의 모임이 활성화되면서 자유로운 남녀 교제의 길이 열리게 되었다. 마을 남녀청년들의 사랑방 역할을 했던 '와카모노야도若者宿'나 '무스메야도娘宿'는 성교육의 장場이 되었다.

요바이의 승낙 여부는 여성에게 주어졌다는 설도 있지만 강간에 가까웠다는 설도 있다. 어찌되었든 남녀 차별이 작동하는 불평등한 사회에서 남성이 성적인 면에서 절대적인 위치에 있었던 것은 틀림없어 보인다. 젊은이들은 자신의 성적 자치권을 발휘하게 되면서 부모로부터 자립할 수 있었다. 또한 처녀를 귀하게 여기는 경우는 있어도 처녀성은 그다지 중요하게 여기지 않았다. 따라서 처녀성은 연애나 결혼에 결정적인 영향력을 미치지 못하였

---

16) 和歌森太郎, 『日本風俗史』(下), 有斐閣, 1958, p.655.

고 섹스=결혼이라는 등식은 성립되지 않았다. 이러한 의미에서 보면 여성에게도 성적 자유의 여지가 있었다고 할 수 있다.

도시에 사는 죠닌町人[17]의 경우, 여성들은 외출을 엄격하게 제한받는 경우도 없었고 장을 보러가거나 놀러 다니거나 연극을 보러 다니는 등 남성과 함께 어울려 즐겼다. 시내의 대중목욕탕에서는 남녀혼욕이 성행하여 개국과 함께 일본에 들어온 외국인들을 경악케 했다. 무가의 자녀와 서민 여성의 결정적인 차이는 행동의 자유가 있는 대신 노동도 남성과 동등하게 분담하는 것을 당연시하였다.[18]

서민들에게 자녀는 노동력 확보라는 차원에서 인적자원이었지만 부양할 아이들이 많아진다는 것은 곧 빈곤을 의미했다. 생활고로 인해 아이를 낳자마자 살해하는 이른바 '마비키間引き'[19]가 비일비재했으며 이에 대한 죄책감은 없었다. 이러한 측면에서 볼 때 서민은 단순히 자손번성을 위해서만이 아니라 쾌락으로서 섹스를 즐겼던 것으로 볼 수 있다.

3. 메이지 국가의 성 은폐와 지식인

결혼과 연애에 있어서 행동과 규범이 무가와 서민에 따라 매우 다른 양상으로 나타났음을 살펴보았다. 그렇다면 이들은 메이지 국가의 성립으로 어떠한 변화를 겪게 되었을까? 크게 세 가지 층위로 나누어 생각해 볼 수 있다.

---

17) 에도 시대의 도시의 장인이나 상인을 일컬음.(역자주)
18) 渡辺浩, 「『夫婦有別』『夫婦相和シ』」, 『中國―社會と文化』 10號 , 2000, pp.216~221.
19) 에도 시대에 생활고로 식구를 덜기 위해 갓 태어난 자식을 죽이던 일.(역자주)

첫째, 가족제도의 확립이라는 측면이다.

메이지 민법이 규정하는 가족제도는 "구舊 무사층, 주로 메이지의 귀족, 관료의 가족질서를 정부가 공인하는 이상적인 가족의 모습으로 정착시킨 것"으로, "메이지 정부의 권력을 지탱하는 이데올로기의 기반"[20]이 되었다. 즉 전 국민의 사무라이화가 국가권력을 통해 추진된 것이다.

구체적으로 혼인은 부모 또는 후견인, 친척의 동의를 필요로 하였고 여성에게는 독립된 권리가 주어지지 않았으며 여성들에게만 간통죄가 적용되었다. 가족제도에 있어 혼인은 자식을 낳고 조상의 제사를 잇게 하는 '효행'의 수단이었기 때문에 개인의 의지보다 집안 사정이 우선되었다.

서민의 결혼에도 큰 변화가 일어났다. 메이지 이전의 서민들의 결혼은 청년회가 주로 관장했으며 자유로운 남녀교제를 통해 배우자를 선택하였다. 그런데 메이지 정부가 규정한 가족제도로 인해 서민의 결혼도 부모의 관리 하에 놓이게 되었다. 거기다 화폐경제의 침투와 교통수단의 발달로 생활반경이 확대되어 마을을 벗어나 다른 마을 사람과 혼인하는 경우가 증가하게 되었다.

다른 마을 사람과의 혼인, 즉 원거리 혼인의 경우 당사자들이 직접 만나는 경우는 거의 없었고 결혼을 결정하는 데에 당사자보다도 가족의 의사가 우선시되었다. 부모는 자식이 원하지 않는 결혼을 무리하게 시키거나 딸을 먼 곳으로 시집보내는 등 청년회의 기득권을 침범하였다. 이러한 사태의 저항수단으로 청년회에서 여자를 보쌈해가는 이른바 '가쓰기다시担ぎ出し'가 횡행하였다. 이 행위를 메이지 정부는 '약탈혼'으로 규정하고 엄금하였다. 이로

---

20) 川島武宜, 「イデオロギーとしての家族制度」, 『川島武宜著作集』 10卷, 岩波書店, 1983, p.201.

써 결혼 당사자는 물론 청년회는 점차 제도화된 결혼의 주변부로 밀려나가게 되었다.

둘째, 종래의 성문화의 탄압을 생각할 수 있다.

청년회에 대한 탄압이 보여주는 것처럼 메이지 정부는 지금까지 있었던 서민의 풍습을 잇달아 폐지해 나갔다. 특히 성이나 성기性器를 숭배하는 소박한 신앙이나 대범한 성풍습, 일본의 독자적인 성문화에 대한 탄압이 가중되었다. 전국 각지의 '도소진道祖神'[21)]과 '가도마쓰門松'[22)]가 금지되었고, 남녀의 혼욕, 산파실産小屋, 청년회, 봉오도리盆踊り[23)] 등이 폐지되었으며 춘화春画·춘본春本[24)] 또한 소각되었다. 이러한 풍습은 서구화를 목표로 하는 메이지 정부로서는 고쳐야할 인습이자 부끄러운 악습이었다. 성은 기피해야 하는 것, 부끄러워해야 하는 것으로 터부시되고 은폐되었다.

셋째, 성적 방종을 방임하는 측면이다.

메이지 정부의 탄압 속에서 살아남은 유일한 것은 유곽이었다. 1872년(메이지 5)의 창기해방령에 이어 1899년(메이지 33)의 창기 단속과 규제로 적어도 표면상으로는 인신매매가 근절된 듯 보인다. 하지만 실제로는 '접대업貸座敷業'이라고 명칭만 바꿔 국가가 공인하는 가운데 계속되고 있었다. '에도'에서 '메이지'로 시대가 바뀌었다고 해서 새장에 갇힌 새와 같은 창부의 생활이 달라질 만무했으나 거기에는 결정적인 변화가 있었다. 에도 시대에 꽃

---

21) 마을의 경계나 고개 등에 세워져 있는 자연석이나 석상 형태의 여행자 수호신.(역자주)
22) 새해에 집안에 복이 들어오게 하기 위해 문 앞에 장식으로 세우는 소나무.(역자주)
23) 백중(음력 7월 15일)날 밤 마을사람들이 모여 원 모양으로 둥글게 둘러서서 추는 춤.(역자주)
24) 남녀 간에 성교하는 모습을 그린 그림.(역자주)

피웠던 유곽문화는 붕괴되어 갔다. 이전의 고급 창부는 돈으로 사고팔고 하였지만 미의 화신이었고 당대 스타이기도 하였다. 유곽은 단순히 성을 사고파는 장소가 아니라 독자적인 규칙과 미의식을 갖춘 고도의 유희공간이었다. 그러나 권력구조의 변화로 화류계를 이해하지 못하는 사람들이 세력을 갖게 되면서 유곽의 손님들도 변화가 불가피하였다. 더불어 성을 금기시하고 공창제를 비판하는 것으로 유곽의 문화적인 기능도 박탈하였다. 일찍이 유녀계의 아이돌로 인기를 누려왔던 고급 기녀 오이란花魁은 가련한 매춘부로 전락하였다. 그리고 유곽은 없어져야 할 악소惡所로 분류되었다.

이원론二元論을 간파한 아담의 고뇌

이러한 상황을 메이지의 지식인들은 어떻게 바라보았을까? 그들은 새로운 시대에 대응할 계몽활동을 전개했다. 그 안에는 가족과 남녀관계의 개혁도 포함되어 있었다. 그런데 모리 아리노리森有礼의 남녀평등 결혼론에는 성과 관련된 언급이 전혀 없었다. 후쿠자와 유키치도 예외는 아니었다. 이것은 메이지 중반까지 문명개화를 주도한 지식인들의 부부론·가정론의 특징이라고 할 수 있다. 그들은 매춘이나 방탕, 일부다처제는 비판하면서도 성애나 성욕은 일절 언급하지 않았다. 부부 간의 애정에 대한 설명은 하고 있지만 연애에 대해서는 침묵하였다. 이것은 메이지 지식인들의 성애에 대한 혐오감 혹은 결벽성을 나타내는 것일까? 아니면 무관심했던 것일까? 그들의 주목을 끌었던 것은 아내가 아닌 첩에 둘러싸여 있거나 기생집에 드나드는 메이지 유신의 원훈元勳과 유력한 정치가들이었다. "영웅은 색을 밝힌다"라는 말을 실천이라도 하듯 저급한 성생활을 영위하는 이들에 대한 혐오가 아마도 성 자체에 대한 혐오로 이어진 듯하다.

서양인의 눈을 의식해 남녀혼욕과 춘화, 춘본류를 규제했던 메이지 정부에 반발하는 지식인은 없었다. 개화된 지식인들에게 있어 메이지 이전의 성문화나 성풍습은 문란한 것이며 버려야 할 악습에 지나지 않았기 때문이다.

메이지기 지식인들은 서양문명으로부터 영육이원론과 기독교를 배경으로 하는 연애 관념을 받아들였다. 이를 통해 정신적인 사랑이 아름다운 것이라는 가치관을 갖게 되었다. 바꿔 말해 육체와 거기서 파생되는 성욕에 대한 멸시를 익히게 되었다. 더욱이 동정녀 마리아가 처녀의 몸으로 신의 아들 예수를 잉태하였다는 기독교의 교리로 인해, 육체를 탐하는 것은 죄악이며 혼인과 성행위는 자손 존속을 위해서만 필요한 것으로 보았다. 쾌락으로서의 성은 철저히 부정되었고 피임이나 낙태는 죄악시되었다. 이러한 발상의 연장선상에서 처녀숭배사상이 싹트게 되었다. 이제까지 자유롭던 혼전관계가 전면 부정되고 처녀 혹은 처녀성이 숭배의 대상으로 부상하게 된 것이다.

다른 한편에서는 서양과학의 유입으로 성과학이 보급되기 시작하였다. 1875년(메이지 8)에 번역된 『조화기론造化機論』을 비롯한 개화 섹슈얼러지 sexology가 그것이다.[25] 『조화기론』은 전문가와 지식인층을 대상으로 한 성과학서였지만 메이지 10년대에 이르면 일반 독자들을 겨냥한 성생활 지침서도 꾸준히 발간되었다.

성과학서는 부부의 화합을 설명하고 여성의 쾌락이라는 측면도 언급하고 있다. 그리고 단순한 성욕 배출구로 여겼던 매춘의 유해성에 대해서도 설명하고 있다. 성과학은 과학이라는 이름을 빌려 마스터베이션이나 창부와의 성관계의 유해성을 경고하고 성도덕을 보급하는 역할도 담당하였다. '처녀

---

25) 上野千鶴子, 『風俗 性』 日本近代思想大系 23, 岩波書店, 1990, pp.527-535.

막'이나 '처녀의 존중'이라는 관념을 과학적으로 입증하는 기능도 달성하였다. 기독교적인 성욕에 대한 죄악감이나 금욕주의를 기반으로 한 성의식이 과학의 힘을 빌려 정당화되었던 것이다.

이처럼 서양문명을 통해 메이지 지식인들은 영霊과 육肉의 이원론을 경험하게 되었다. 영, 즉 정신이야말로 고귀하다는 인식과 성에 대한 부끄러움과 죄의식을 학습하였다. 실로 아담의 고뇌와 같은 것이었다. 지금까지 성은 특별히 강조하거나 비하하는 것이 아닌, 인간 생활의 일부로서 어느 정도 존중받고 있었다. 그러나 서양 사상이 들어오게 되면서 변화가 불가피하였다. 메이지 지식인들의 논의에는 다음 두 가지 방향의 사상적 궤적이 엿보인다. 첫째, 성을 죄악시하여 철저히 배척하거나 회피한다. 둘째, 성을 정당화할 근거를 찾아낸다. 정신과 육체를 통합하는 영육일치 사상이 확산되는 것은 메이지 말에서 다이쇼 초 무렵이었다.

첫 번째 방향으로 나아간 지식인들은 악습타파에만 전념한 나머지 일본 고유의 성풍습을 부정하고 탄압하는 정부에 전혀 저항하지 않았다. 물론 성 관련 논의에도 일절 관여하지 않았다. 기독교권에서 처녀숭배가 유행했다고 해서 일본에서도 처녀숭배를 찬미한 것으로 치부해버리는 것은 어불성설이다. 아무리 서구문화가 대세였다고 해도 처녀성에 큰 의미를 두지 않았던 일본사회가 서양식 처녀숭배와 결벽한 성규범을 그대로 받아들였다는 식의 논의는 생각해볼 문제다. 거기에는 에도의 성문화에 대한 혐오와 성에 대한 죄의식 혹은 기피의식이 일정 부분 작용했을 것이다. 예컨대 기존의 일본의 성도덕에 불만을 품어온 지식인들이 서양의 성도덕을 모델로 개선을 도모한 것은 아니었을까? 어찌되었든 결벽한 성은 자유로운 성이나 남녀교제 자체를 부정하기 마련이다. 결과적으로 이것은 단순히 에도 시대의 성문화를 부정하는 것에 그친 것이 아니라 남녀교제를 음란하고 외설적인 것으로 탈바꿈하게 하였다. 이전에는 공중목욕탕에서 남녀가 자연스럽게 혼욕을 즐겼던 것이 이제는 젊은 남녀가 나란히 걷는 것만으로도 사람들의 조롱거리가 되는 부자연스러운 상황이 연출되었다. 후쿠자와 유키치의 지적처럼 "남녀가 교제하는 일은 극히 드물었으며 간혹 있다 하더라도 사람들의 따가운 시선을 받아야 하는 상황"[26]이 되었던 것이다.

메이로쿠샤明六社[27] 지식인이나 교풍회矯風会[28]를 중심으로 난잡한 성관계와 인신매매를 근절하기 위한 활동이 전개되었다. 그 결과 창부를 멸시하는 풍조가 심화되었고, 유곽문화를 부정하고 매춘 공간만 이전에 비해 더욱 활성화되었다. 다른 한편에서는 남녀를 격리하고 성을 터부시하는 현상이 빠른 속도로 전파되어 갔다.

후쿠자와福沢식 실용주의적 성性회피

그렇다면 메이지기를 대표하는 사상가인 후쿠자와 유키치의 성의식은 어떠했을까? 후쿠자와는 일본사회가 당면한 남녀관계의 문제점으로 다음 세 가지를 들었다. 첫째는 남성의 방탕과 일부다처제, 둘째는 남녀의 불평등, 셋째는 높은 이혼율이다. [29] 여기서 가장 중요하게 언급하고 있는 것은 부부

---

26) 福澤諭吉,「男女交際論」, 中村敏子 編,『福澤諭吉家族論集』, 岩波文庫, 1999, p.99.

27) 메이지 시대 초기의 계몽적 사상단체. 1873년 모리 아리노리森有礼, 후쿠자와 유키치福澤諭吉 등에 의해 결성. 이 해가 메이지 6년이었기 때문에 '메이로쿠샤'라 명명한다. 기관지『메이로쿠잣시明六雜誌』발행, 정치·경제·교육·종교·사상·철학·여성 문제 등 여러 분야에서 문명개화와 자유주의 입장에서 봉건사상을 비판하고 개국 정책의 이론적 대변자로서 계몽활동을 전개하였다.(역자주)

28) 1886년(메이지 19), 야지마 가시코矢島楫子를 중심으로 조직된 기독교 계열 여성단체 일본기독교부인교풍회日本基督教婦人矯風會의 약칭.(역자주)

29) 후쿠자와 유키치는「이혼의 폐해」라는 글에서, 메이지 1883년(메이지 16) 현재, 일본 전국에서 결혼은 총 337,456건이고, 이혼은 총 127,162건으로 결혼보다 이혼율이 1/3이나 웃돈다고 지적하였다. 福澤諭吉,「離婚の弊害」, 앞의 책, p.188.

관계이다.

후쿠자와에 의하면 사회를 구성하는 기본단위는 부부이다. 여기서 부부는 대등하며 서로 사랑하는 사이여야 한다. 따라서 일부다처가 아닌 일부일처가 당연하며 결혼은 당사자들의 행복을 위한 것이므로 대를 잇거나 경제적 이익만을 앞세워서는 안 된다고 말한다.

> 인륜의 근원은 부부다. 부부가 있고나서 자손이 있다. 형제자매가 있다. (…중략…) 또한 남자나 여자 모두 하늘 아래 평등하므로 그 경중을 구별해서는 안 된다.[30]

이어서 "부부가 한 집에 살며 서로 돕고 또 도움을 받으며 서로 화합하고 서로 사랑하며 인간의 쾌락과 행복을 누려야 한다. 이것은 자연의 섭리이자 약속으로 그 어떤 말도 필요 없을 것이다. 단지 자식 때문에 산다고 말하는 순간 위선은 시작되는 것이다"[31]라고 단언한다. 후쿠자와는 개인보다 가문을 우선시하는 가족제도를 비판하였다. "집은 부부 둘만의 보금자리이며 서로 친애하고 서로 존경하는 것이 인간의 본분"[32]이므로 "일부일처해로동혈—夫一婦偕老同穴"[33]을 최상의 윤리로 삼아 따라야 한다. 만약 이것을 배반한 자는 인간이 아닌 동물로 간주하여 배척해야 할 것"[34]이라고 주장한다. 이어서 현실에서의 결혼은 "연령이 맞지 않음에도 불구하고 딸의 혼담을 친척에게 부탁하거나, 부잣집에서 혼담이 들어 올 경우 남자 쪽이 바보든 불구든 상관없

---

30) 福澤諭吉, 「中津留別の書」, 앞의 책, p.40.

31) 福澤諭吉, 「日本婦人論後編」, 앞의 책, p.65.

32) 福澤諭吉, 「日本婦人論後編」, 앞의 책, p.73.

33) 『시경』에 전해지는 말로 살아서 함께 늙으며 죽어서 한 무덤에 묻힌다는 의미.(역자주)

34) 福澤諭吉, 「一夫一婦偕老同穴」, 앞의 책, p.192.

이 무리하게 딸을 설득한다. 만약 싫다는 내색이라도 보이면 버릇없다고 호되게 질책한다. 자식의 혼담을 미끼로 부모의 실리를 추구"[35]하는 경우가 많아 서로 마음 맞는 사람과 결혼하기란 쉽지 않았다. "당사자가 마음에 들어하지 않는데 결혼을 강요하는 것은 창부로 팔아먹는 것과 다를 바 없다"[36]고 강하게 비판한다.

후쿠자와의 지적처럼 불행한 결혼과 부부관계를 개혁하기 위해서라도 남녀교제의 자유가 필요했던 것이다. 그런데 후쿠자와는 단지 결혼만을 위해 남녀교제의 필요성을 주장한 것은 아니었다. "본래 남녀 교제에는 두 가지 형태가 존재한다. 하나는 정감의 사귐이고 다른 하나는 육체의 사귐이다. (…중략…) 단 이 두 가지 요소 모두를 중요하게 여겨 어느 한 쪽이라도 소홀히 해서는 안 된다"[37]라고 주장하였는데, 이 안에는 반드시 섹스를 하지 않더라도 이성 간의 교제는 즐거운 것이라는 인식이 엿보인다. "일찍이 야만인은 오로지 육욕에 제압되어, 남녀 사이라 하면 오로지 육교肉交만을 생각하였으나, 세상이 진보하고 사무가 점차 빈번해짐에 따라 남녀의 교제 또한 빈번해지게 되어 쌍방이 정을 통하여" "무한의 묘미"를 찾을 수 있으며, 이것이 바로 "정교情交의 발달"[38]이라고 주장한다.

그렇다면 왜 자유로운 남녀교제가 불가능했을까? 후쿠자와는 그 원인 가운데 하나로, 예로부터 학자들이 "정교와 육교를 구별하지 못한 채 남녀의 관계를 논하니, 모두 육교를 근본으로 삼아 왔기"[39] 때문이며 남녀의 관계를

35) 福澤諭吉,「日本婦人論後編」, 앞의 책, p.75.
36) 福澤諭吉,「日本婦人論後編」, 앞의 책, p.76.
37) 福澤諭吉,「男女交際論」, 앞의 책, pp.109~110.
38) 福澤諭吉,「男女交際論」, 앞의 책, p.126.
39) 福澤諭吉,「男女交際論」, 앞의 책, p.111.

바로잡는 것이 바로 음란을 방지하는 일이라고 여겼다. 이 때문에 남녀가 서로 가까이 지내서는 안 되며 부부 이외에는 친밀하게 지내서는 안 된다는 규범이 정당성을 확보하게 된 것을 들 수 있다.

이상의 남녀교제에 관한 후쿠자와의 논의 가운데 완전히 배제되어 있는 것은 '육교'에 관한 부분이다. 즉 성에 대해서는 언급하고 있지 않다. 그가 주장하는 남녀교제론은 남녀교제는 반드시 섹스와 연결되는 것은 아니므로 자유롭게 하라는 것이다. 그런데 부부관계에는 일반적으로 섹스가 개입되기 마련이다. 후쿠자와는 이 '육교'를 어떻게 자리매김했을까? 결혼 전일까, 결혼 후일까? 어떠한 규범이 있는 것일까? 그런데 애석하게도 이에 대해서는 아무런 언급도 없었다.

후쿠자와는 성을 부정한 것은 아니었다. '육교'도 중요하며 이성에게 서로 끌리는 것도 타고난 것[40]이라고 말하고 있는 것으로 보아 성을 있는 그대로 인정하고 있는 듯하다. 거기에는 멸시라든가 죄악감은 찾아 볼 수 없다. 그럼에도 불구하고 후쿠자와의 발언은 성에 대한 억압과 서양적인 금욕의식이 팽배해 있던 메이지 시기에는 매우 신선하고 합리적인 것으로 인식되었다.

단 후쿠자와는 성을 천부의 것으로 너무 간단하게 규정하고 있다. 이것이 바로 후쿠자와식 사고방식이라 할 수 있다. 후쿠자와식 사고란 이념은 차치하더라도 당면한 최우선 과제의 해결법을 제시하는 것인데, 그 하나의 예로 남녀관계에 있어 프리러브Free love 방식이 바람직하나 일본사회에서는 아직 실행하기 어렵다고 판단하여 "일부일처해로동혈"[41]을 해결책으로 제시한 것

---

40) 예컨대 "양성이 서로에게 이끌려 서로를 즐기는 정은 천부적인 것으로, 인생에서 가장 즐거운 쾌락은 이 안에 있다"고 말한다. 福澤諭吉, 「男女交際論」, 앞의 책, p.118.

41) 福澤諭吉, 「離婚の弊害」, 앞의 책, pp.185~187.

을 들 수 있다.

후쿠자와의 눈에 비친 성규범과 자유롭지 못한 남녀관계는 과연 문명개화 이전의 것들이었을까? 말단 무사 계급 출신인 후쿠자와가 경험한 성규범과 남녀관계라는 것은 옛 무사계급에 존재하던 즉 문명개화 이전의 것들은 아니었을까? 그런 이유로 문명개화 이전의 비교적 자유로웠던 서민들의 성풍습에 대한 언급이 없었을 수도 있을 것이다. 문명개화를 외쳤던 후쿠자와는 서민들의 성규범과 성풍습을 개화하라는 논리가 실은 메이지 정부의 강압에 의한 것이라는 점을 간과하고 있으며, 결과적으로 자유로운 남녀교제를 주장하는 논리 가운데 종래의 무사 규범인 남녀유별이나 메이지 정부에 의해 추진된 남녀 격리정책 모두를 동일하게 구습으로 간주해버리는 오류를 범하게 되었다.

4. 문명개화의 역설

메이지기의 성애에 관한 인식의 변화는 곧 문명개화기의 역설이라고 표현해도 좋을 것이다. 남존여비 사상이 건재하고 개인보다도 가문을 존중하는 무가武家형 결혼 및 가족제도가 서민에게까지 보급되어 사실상 결혼의 자유는 상실되었다. 그 결과 성애의 자유는 성을 터부시 하고, 처녀에 가치를 두는 것으로 사라지게 되었고 대신 이를 보완하는 형태로 매춘업이 성행하였다. 즉 이성에 관해서만은 문명개화가 해방을 가져다주지 못했던 것이다. 문명개화가 가져다준 사민평등四民平等이란 억압과 규범의 평등화였던 것이다.

문명개화로 인해 육체보다 정신을 우위에 두는 서양적 가치가 보편화되었다. 지금까지 적당한 시기가 되면 누구나 자연스럽게 마주하게 될 '색'이나 '연戀'은 이원론을 터득한 지식인들에 의해 전면 부정되었다. 후쿠자와 유키치 이후에 등장한 지식인들은 성애를 어떻게 규정해야 할지를 놓고 고민에 빠진다. 그 하나의 답이 바로 연애였다. 저급한 성을 포함한 남녀관계가 정당화될 수 있었던 것은 숭고한 가치를 부여 받은 서양식 연애 이외에는 없었다. '연戀'은 연애로 대체되었고 연애는 고도의 정신성을 내포하는 것으로 가치를 부여 받았다. 그리고 "연애는 신성한 것",[42] "깊은 영혼으로부터 사랑하는 것"[43]이며 이것이 바로 '바른 연애'라는 성애의 위계질서가 구축되었다. 이 과정에서 이성애의 일원화도 추진되어 무가사회에서 공인되었던 '남색衆道'은 종적을 감추게 된다.

전통적인 성 풍습이나 성 기반은 국책으로만 개정되거나 폐지되는 것은 아니었다. 연애라는 새로운 사상, 성과학이라는 새로운 지식, 전통적 성풍속을 박멸하고 가족제도 확립이라는 국가 방침이 연동하여 메이지기의 변혁이 달성된 것이다. 그 결과 결혼과 연애를 둘러싼 대대적인 사회변화가 시작되었다. 처녀를 가치 있는 것으로 바라보게 되면서 여성은 남성과의 교제를 삼가게 되었다. 아무리 연애감정이 일어도 섹스는 기피하게 되었다. 처녀성과 첫 경험이 중시되었다. 당연히 연애도 기피하였다.

이것은 남성들에게도 영향을 미쳤다. 우선 처녀성에 대한 책임을 지게 되었다. 이 과정에서 섹스=결혼이라고 하는 등식이 성립되었다. 또한 처녀의 가치를 인정하게 되면서 연애의 기회도 감소하였다. 처녀의 수는 한정되어 있고 처녀와 교제할 기회도 한정되어 있기 때문이다. 결국 남성들도 연애에

---

42) 嚴本善治, 「非戀愛を非とす」, 『明治文學全集 33 女學雜誌・文學界集』, p.40.

43) 柳父章, 『翻譯後成立事情』, 앞의 책, pp.89~91.

신중해질 수밖에 없었다.

이렇게 해서 자유로운 남녀교제가 점차 소멸해가는 가운데 결혼의 양상도 변화해갔다. 서민층 여성에게도 결혼이 신분상승의 기회로 작용하게 된 것이다. 사민평등사상의 도입으로 신분 차이는 문제가 되지 않게 되었다. 부모만 욕심을 낸 것은 아니었다. 딸들도 주변의 청년들보다 지위가 높거나 재산이 많은 좋은 조건을 가진 사람을 결혼상대로 바라게 되었다. 문명개화 이후 일본인들은 사민평등사상을 통해 분수에 맞는 상대보다 남자나 여자나 가문이나 재산 등 자신이 갖추지 못한 부분을 충족시켜줄 만한 상대를 찾는 경향이 강해졌다. 메이지 입신출세주의가 결혼에도 힘을 발휘하여 사랑하는 사람과의 결혼은 점점 더 어려워지게 된 것이다.

그런데 이 시기 자유결혼과 연애결혼을 동일시하는 오류가 보인다. 자유결혼은 어디까지나 본인의 의지에 의한 것이다. 그리고 스스로 선택한 결혼이 반드시 연애결혼일 필요는 없다. 부모나 주위의 강요가 아닌 본인의 선택이라면 반드시 연애결혼일 필요는 없다는 것이다. 예컨대 재산이나 직함과 같은 조건이 마음에 든다거나 딱히 싫지 않다거나 적당한 상대가 없다면 굳이 연애결혼이 아니어도 된다는 말이다. 가난하지만 능력 있는 청년이 학업을 지원해줄 수 있는 부잣집 딸과 결혼하거나 여성의 타산적 결혼을 그린 『금색야차金色夜叉』[44]가 대중적 인기를 끌었던 것은 바로 그러한 현실을 반영한다.

결국 가족제도의 확립, 성풍습의 규제, 처녀(성)의 가치화라는 3종 세트로

---

44) 오자키 고요尾崎紅葉(1867~1903)의 대표작. 1885년 야마다 비묘山田美妙 등과 겐유샤硯友社를 설립하여 『가라쿠타분코我樂多文庫』를 창간함. 절묘한 이야기와 요염하고 아름다운 문장으로 압도적인 인기를 획득, 출판 저널리즘과 손잡고 문단을 주도해갔다. 이 가운데 소설 『금색야차』는 작가의 빼어난 미문과 남녀의 사랑이라는 테마로 선풍적인 인기를 끌었다. 돈과 사랑을 대비시킨 점은 당시의 시대 흐름을 반영한 것으로, 한국에서도 조중환에 의해 『장한몽』(1913)이라는 제목으로 번안되어 널리 읽혀졌다. (역자주)

인해 사랑 없는 결혼이 일반화되었다고 볼 수 있다. 아울러 억압적인 연애의 배출구로 매춘과 같은 남자의 유흥이 공인되었다. 가족제도를 유지하려는 자들과 구태의연한 가족제도를 개혁하려는 자들 양측 모두에게서 '부부화 합'이라는 이데올로기가 새롭게 창출되어 메이지 일본사회에 유포되어 갔던 것이다.

1. 연애는 결혼의 무덤이다

1894년(메이지 27) 기타무라 도코쿠[1]가 자살로 생을 마감하였다. 향년 스물다섯의 젊은 나이였다. 그가 짧은 생애 동안 남긴 작품 가운데 가장 주목받았던 것은 「염세시가와 여성厭世詩家と女性」(『女学雑誌』 1892.2)이다. 이 글은 아직 연애의 자유가 허락되지 않던 시대에 연애를 인생 최고의 가치로 긍정한 전무후무한 연애찬미론이다.

첫 부분은 다음과 같이 시작된다.

연애는 인생의 비약秘鑰이다. 연애가 있음에 인생이 있지 연애를 빼놓는다면 인생에 무슨 낙이 있으랴.[2]

이 글이 당시로서는 얼마나 충격이었을지 가늠해볼 수 있다.

---

1) 기타무라 도코쿠北村透谷(1868~1894): 평론가, 시인. 시마자키 도손島崎藤村 등과 잡지 『문학계文學界』를 창간. 근대 낭만주의의 선구자. 극시 「초수의 시楚囚之詩」, 「봉래곡蓬萊曲」을 비롯하여 연애와 정신적 가치를 설파한 평론 「염세시가와 여성厭世詩家と女性」, 「내부생명론內部生命論」 등을 집필. 25세의 나이에 자살로 생을 마감하였다.(역자주)

2) 北村透谷, 「厭世詩家と女性」, 『北村透谷選集』, 岩波文庫, 1970, p.81.

이 한 구절, 그야말로 폭격이라도 맞은 것 같았다. 이처럼 진지하게 연애에 몰두한 글은 일본에서는 처음 있는 일일 것이다. 지금까지 연애는 남녀 간의 일은 왠지 불결한 것이라고 여겼다. 그것을 이만큼이나 명쾌하게 간파한 자는 일찍이 없었다.[3]

이어서 도코쿠는 연애의 역할을 다음과 같이 규정하였다.

연애 이 어찌 단순히 사모하는 마음이랴. 상상세계想想世界와 실실세계實實世界의 싸움에서 패배한 상상세계가 패잔병으로 하여금 입농立籠하게 하는 아성牙城이 바로 연애로다.[4]

즉 연애를 현실세계에 부딪혀 후퇴하는 자아의 최후의 본거지로 여겼다. 여기서 주목해야 할 것은 국가와 사회의 대치되는 개념으로서 개인의 발견이다. 도코쿠에게 있어 국가와 사회란 개인이 참여하여 일체화할 수 있는 것이 아니었다. 이러한 발상의 배경에는 근대적 자아의식과 함께 근대국가의 확립에 따른 시대적 폐색감閉塞感이 자리하고 있었다.

아울러 공동체로부터 떨어져나간 고독한 자아를 다시금 사회로 연결시키는 도구로서 연애를 포착하였다. 연애를 통해야만 자아가 사회의 구성분자로 연결될 수 있다는 말이다. 도코쿠의 말을 그대로 인용하면, "남녀가 서로 사랑하는 경험을 해봐야 비로소 사회社界의 진상을 안다. (…중략…) 홀로 산다면 사회의 일분자가 절대로 될 수 없으며 둘이 하나로 결합함으로써 비로소 사회의 일분자가 되고 사회와 마주하는 자신을 명확하게 볼 수 있다"[5]는

3) 木下尙江, 「福澤諭吉と北村透谷」, 『明治文學硏究』, 1934.
4) 北村透谷, 「厭世詩家と女性」, 앞의 책, p.83.
5) 北村透谷, 「厭世詩家と女性」, 앞의 책, p.87.

것이다.

도코쿠의 연애찬미사상은 왜 그토록 충격적이었던 것일까? 그 이유는 우선 에도 시대를 지배했던 '색'이나 '연'과는 전혀 다른 정신적 연애를 주장했다는 점에서 찾을 수 있다. 도코쿠는 훗날 자신의 아내가 될 이시자카 미나코石坂美那子에게 "우리의 러브는 정욕과 다르며, 마음을 사랑하고, 희망을 사랑한다"[6]라는 내용의 러브레터를 보낸다. 이것은 '연애'라는 수입사상을 접한 메이지 지식인들의 일반적인 생각이기도 하다.

도코쿠가 가장 경계한 것은, "유곽의 연애, 즉 세속적인 이른바 호색적인 연애"[7]와 "인류의 최하등에 위치한 수성獸性을 따르는 것"[8]이었다.

그런데 메이지기 정신적 연애의 중요성을 주장한 사람은 도코쿠만이 아니었다. 그가 많은 사람들에게 감명을 주고 다른 논자보다 주목 받을 수 있었던 것은 "연애는 인생의 비약"이라는 명문을 남겼기 때문이다. 도코쿠의 이론에는 그만의 독자적인 논리도 엿보인다. 그 하나는 연애를 현실세계와 대적하는 개인의 거점으로 삼는 이른바 연애의 반反사회성에 착안한 것이고, 다른 하나는 연애와 결혼을 분리시켜 생각한 것이다.

도코쿠가 말하는 결혼이란, 이제까지 없던 "의식儀式"과 "의무"가 생기는 것이고, "상想세계에서 실實세계의 포로"가 되는 것이며, "상세계의 분방함을 잃고 실세계에 속박"[9]되는 것이었다. 다시 말해 결혼은 사람들로 하여금 정상적인 생활을 가능케 하며, "망상을 줄이고 실상實想을 증식시켜 인생의 정

---

6) 石坂美那子宛書簡, 1887년(메이지 20) 9월 4일(江刺昭子『透谷の妻 石坂美那子の生涯』, 日本エディタースクール出版部, 1995, p.118).

7) 北村透谷, 「『伽羅枕』及び『新葉末集』」, 앞의 책, p.100.

8) 北村透谷, 「『伽羅枕』及び『新葉末集』」, 앞의 책, p.100.

9) 北村透谷, 「厭世詩家と女性」, 앞의 책, p.87.

오기正午期에 들어갈 채비"[10]를 하는 것과 같은 것이라고 말한다.

그러나 다른 한편에서는 이것에 과도하게 길들여지는 것을 경계한다. "무릇 염세가라 함은 사회社界의 규율을 존중하는 자가 아니요 사회를 집 삼지 않는 자로다. (…중략…) 혼인의 결합은 그들을 적지로 내모는 것일 뿐"[11]이라고 말한다. 즉 결혼으로 인해 인생이 속박되면 사회에 대한 의무가 가중될 수밖에 없으니 결혼에 대한 과도한 희망을 갖지 말라고 충고한다.

> 혼인으로 인해 우리는 실세계의 포로가 되기 때문에 우리의 이상理想인 소천지 小天地는 더욱 좁아질 것이라고 생각한다. 처음에는 이상의 아성牙城으로 여겨 연애하던 자들도 나중에는 꺼림칙한 사랑에 속박되어 스스로를 제어하고 있음 을 느낄 것이다. [12]

도코쿠의 연애찬미론을 한마디로 정의하면 '결혼=연애의 묘지론'이라 할 수 있다. 결혼에 대한 도코쿠의 저주에 가까운 발언에 동시대인 그 누구도 반발하지 않았다. 이것은 결혼은 원래 그런 것이라는 체념인지, 아니면 결혼이라는 것이 선택의 여지가 없는 의무라는 인식이 지배적이었기 때문인지, 그도 아니면 감수성이 예민한 시인이 현실에 적응하지 못한 탓이라고 넓은 마음으로 공감해주었던 것인지 모를 일이다. 도코쿠의 사상 가운데 연애를 찬미한 부분만 부각시켜 언급했던 것은 당시뿐만이 아니다. 이것은 어느 정도 시대를 초월한 독자의 관심을 반영한 것이라 해도 좋을 것이다.

1868년(메이지 원년) 몰락한 무사 집안에서 태어난 도코쿠는 소학교 졸업

---

10) 北村透谷, 「厭世詩家と女性」, 앞의 책, p.87.
11) 北村透谷, 「厭世詩家と女性」, 앞의 책, p.88.
12) 北村透谷, 「厭世詩家と女性」, 앞의 책, p.89.

후, 사숙私塾을 전전한 끝에 14세가 되던 해에 가나가와神奈川현 의회 임시서기관으로 2달 정도 근무하게 된다. 그 후 호텔에서 서빙일을 하면서 영어 실력을 키우는 등 혈기왕성한 소년시절을 보낸다. 정치에도 관심이 많아 민권운동에 참여하여 정치가 이시자카 마사타카石坂昌孝와도 친분을 쌓는다. 그러나 1885년(메이지 18) 이 단체가 조선혁명계획을 실행하기 위한 군자금 확보를 위해 강도짓도 서슴지 않는 것에 염증을 느껴 정치운동에서 발을 빼게 된다. 정치운동이라는 목표를 상실하고난 후 인생의 낙오자라도 된 듯 번민하던 도코쿠는 그 해에 3세 연상인 이시자카 미나코를 만나게 된다. 그리고 2년 후 두 사람은 사랑에 빠지게 된다.

부유한 집안에 유력한 정치가의 딸이었던 미나코와 학력도 일정한 직업도 없던 도코쿠의 만남은 순탄치 않았다. 게다가 미나코에게는 부모가 정한 약혼자도 있었다. 그러나 미나코는 재산이나 명예를 거부할 만큼 도코쿠와의 사랑에 강한 의지를 보였다.

높은 교양과 학식을 갖추고 부모나 세상의 논리에 굴하지 않는 연인 미나코를 잃는 것은 도코쿠에게도 참기 어려운 일이었다. 결국 주위의 반대를 무릅쓰고 1888년(메이지 21) 11월 미나코와의 결혼을 감행한다. 얼마 안 되는 도코쿠의 수입으로는 생활이 되지 않아 미나코가 학업과 가정교사 일을 병행하며 가계를 꾸려갔다. 도코쿠는 1890년(메이지 23) 「당대문학의 풍조当世文学の潮模様」를 시작으로 「염세시가와 여성」 등 화제작을 잇달아 발표한다. 이듬해인 1893년 6월에는 장녀도 출생한다. 미나코가 임신 중일 때는 후렌즈普連土여학교 제자 도미이 마쓰코富井まつ子와 연애에 빠지기도 한다.

「염세시가와 여성」 발표 당시 도코쿠는 미나코와 이미 결혼한 상태였다. 이 평론은 도코쿠가 실제 결혼생활에서 느낀 결혼에 대한 실망감과 혐오감을 표명한 것이라고 알려져 있다. 그런데 그토록 화려한 연애결혼을 꿈꾸어 왔던 시인이 금세 환멸을 느꼈다는 것은 성급한 판단이다. 도코쿠의 결혼에 대한 혐오와 불신은 이미 결혼 이전부터 갖고 있었다. 그는 겉으로만 행복한 것처럼 행동하는 쇼윈도형 부부들을 비판하고 자신은 그러한 바보 같은 짓은 하지 않으리라 다짐한다.

그렇다면 결혼생활의 염증을 간파한 그가 왜 결혼을 감행한 것일까? 도코쿠의 생각은 이러했다. 자신이 만약 결혼하지 않는다면 미나코가 독신으로 있을 리 없을 것이고, 언젠가 누군가와 결혼하게 될 것이다. 결혼하게 되면 오로지 남편만을 위해 전력을 다 할 것이어서 자신은 상대해주지 않을 것이다. 또한 미나코 남편이 자신과 친구가 되어 가끔 미나코의 집을 찾는다 해도 일본의 기성도덕은 기혼여성의 남자 친구를 인정하지 않을 것이 분명하다. 그렇다면 그녀가 결혼하면 더 이상 그녀를 볼 수 없게 될 것이다. 도코쿠는 무엇보다 그것이 슬퍼서 견딜 수 없었던 것이다.

다시 말해 사랑하는 미나코를 잃지 않기 위해 어쩔 수 없이 한 결혼이었다. 거기다 결혼에 대해 비관적이었기 때문에 도코쿠는 결혼의 내실 따위는 생각하지 않았다. 아무런 기대가 없던 결혼이었기에 이상적인 결혼상像을 찾으려 하지 않았다. 결과적으로 도코쿠는 부창부수를 당연시하는 구태의연한 남편이 되어 갔다. 거기다 당시 남편의 의무였던 경제력조차 갖추지 못한 주제에 결혼파탄의 책임을 미나코에게 일방적으로 떠넘기려는 비겁한 모습까지 보이고 말았다.

무사도 정신과 여성 멸시

기타무라 도코쿠는 '순결'의 가치를 무엇보다 강조하였다.

대저 고상한 연애란 그 기원을 무염무오無染無汚한 순결에 두고 있다. 순결에서 연애로 나아가는 것이 인간의 도리에 맞는 이치다. 그러나 시작부터 순결하지 않은 연애는 일렁이는 파도에 떠오르는 육애肉愛에 불과하다. 아무런 가치도 없고 아무런 미관美観도 없다.[13)]

여기서 도코쿠가 말하는 순결이란 어떤 의미일까? 명확하게 정의내리고 있지는 않지만 육체적인 것과 정신적인 것 어느 한 쪽에 치우친 것은 아닌 듯하다. 하지만 다음 글을 읽어보면 육체적 무구無垢와 처녀성에 가치를 두고 있음을 알 수 있다.

가장 애호愛好해야 할 것은 처녀의 순결이다. 만약 황금, 유리, 진주가 귀중한 것이라고 한다면 처녀의 순결이야말로 인간 세계의 황금, 유리, 진주다.[14)]

사실 도코쿠와 미나코의 연애는 앞서 언급한 편지에도 나타나 있듯이 열렬한 플라토닉 사랑이었다. 밤을 새워 가며 이야기를 나눌 수 있는 정신적 유대감을 무엇보다 중요하게 여겼다. 참고로 당시 많은 젊은 문학자들은 자신도 동정童貞이라며 첫사랑이나 순결을 동경하고 예찬했으나 실상은 매우 달랐다. 도코쿠의 경우 동정은커녕 미나코와 연애하기 이전부터 유곽 출입이 잦았으며 성경험도 많았다. 도코쿠 자신은 결코 순결하지 않았음에도 처녀의 순결을 예찬하고 자신의 과오를 인정하려 하지 않았다. 그러나 이러한 일들이 미나코와의 연애에 장애가 되지는 않았다. "남자는 순결하지 않아도 순수할 수 있다"고 말하는 등 남녀의 차이에 따라 말이 바뀌었다. 그럼에도

13) 北村透谷, 「處女の純潔を論ず」, 앞의 책, pp.187~188.

14) 北村透谷, 「處女の純潔を論ず」, 앞의 책, p.187.

도코쿠가 결혼 후 '처녀의 순결'이라는 유치한 주장을 한 것은, 숭고하게 보였던 미나코와 정신적 사랑을 나누었던 연애시절이 그에게는 가장 행복한 순간이었기 때문이리라.

서양으로부터 도입된 연애론 가운데 일본인들이 가장 난해하게 생각한 것은 연애의 숭고함과 신성함이었다. 이것을 도코쿠는 때 묻지 않은 처녀의 무구함이라고 이해했던 듯하다. 이와 더불어 기독교에서 말하는 처녀의 가치를 중요시하였다. 기타무라 도코쿠도 민권운동을 하던 시절 자신이 매춘을 했던 것을 깊이 후회하고 처녀의 순결을 칭송하고 정신적 사랑을 예찬하였다.

그런데 서양식 연애만 영향을 미친 것은 아니었다. 기타무라 도코쿠나 후타바테이 시메이二葉亭四迷의 지사志士풍 기질이 연애와 결합되었던 측면도 있다. 이로써 완전히 새로운 '무사도적 연애론'이 등장하게 된다. 그들이 우선 배척하려고 했던 것은 의식적이든 무의식적이든 도쿠가와德川 시대의 서민적이고 유희적인 '색도色道'였는데, 그 이면에는 불교적인, 혹은 '지사'풍을 드러내는 유교적인 그리고 주자학의 도덕이 내포하고 있는 여성멸시 사상이 복잡하게 얽혀 있었다.[15] 모든 것이 수입사상이라거나 근대화의 결과라고 규정하는 것은 섣부른 판단이다. 메이지기의 여성론도 예외는 아니었다.

어찌되었든 연애찬미의 시조로 일컬어지는 기타무라 도코쿠는 연애만을 논하였고 연애를 결혼이나 가정과 연결시키지는 않았다. 도코쿠가 가정에 대해 일체 언급하지 않았던 것은 그의 관심이 어디에 있었는지 잘 보여준다. 그가 예찬했던 연애는 결혼이나 가정과 동떨어진 것이었다. 게다가 결혼을

---

15) 小谷野敦, 『「男の戀」の文學史』 앞의 책, p.138.

부정하면서도 결혼과 격리된 연애의 비전은 제시하지 못하였다. 그는 실제로 연애결혼을 실천하였지만 연애가 결혼으로 인해 파괴되어 가는 모습까지 보여줄 수밖에 없었다. 그럼에도 불구하고 결혼에 대한 그의 냉소적인 의견은 받아들여지지 않았다. 오로지 연애찬미만 부각되었던 것이다.

2. 성욕이 결여된 연애론

이처럼 연애와 가정 그리고 결혼을 분리시켜 생각하는 것은 당시 일반적인 사고는 아니었다. 메이지 20년대 이후 '가정'이라는 말이 널리 사용되었는데, 1892년(메이지 25)에 발간된 『가정잡지家庭雑誌』를 시작으로 당시 '가정'이라는 타이틀을 붙인 잡지가 러일전쟁 무렵까지 집중적으로 나타났다.

기타무라 도코쿠가 평론가로 주목받는 계기가 되었던 『여학잡지女学雑誌』에도 가정을 테마로 한 글이 빈번히 게재되었고 이와모토 요시하루巌本善治[16] 등은 사랑을 바탕으로 한 부부와 가정을 제창하였다. 연애를 통한 결혼, 남녀평등의 일부일처제, 사랑으로 가득한 가정을 설명하는 담론이 그 어느 시대보다 활기를 띠었다. 여기서 말하는 '이상적 가정'이란 서로 사랑하는 남녀와 미혼의 자녀로 이루어진 핵가족이다. 또한 "인생 최대의 쾌락은 일부일처 속에 있다"[17]고 하면서, 사랑에 기반한 결혼을 역설하고 부부가 서로 사랑해야 한다고 주장한다.

---

16) 이와모토 요시하루巌本善治(1863~1942): 여성교육가, 평론가. 여성계몽을 목적으로 『여학잡지』 간행. 메이지여학교明治女學校 교장으로 기독교 교리에 입각한 자유주의 교육을 실천했다.(역자주)

17) 田中良造,「奇思妙構 色情哲學(抄)」,『風俗 性』日本近代思想大系23, 앞의 책, p.357.

이러한 부부애의 강조는 문명개화기의 수입된 사상에서 비롯되었다는 설명이 일반적인데 과연 그럴까?

문명개화의 영향으로 보이는 일부일처제나 부부가 서로 사랑해야 한다는 주장이 반드시 서구의 영향이라고는 볼 수 없다. 도쿠가와 시대 역시 유교적 도덕규범이 지배하였지만 원조인 중국의 유교와는 다른 양상으로 나타났다. 중국 유교의 가르침은 '부부유별'이다. 즉 유가의 사상은 기본적으로 인간을 남녀의 두 성으로 나누어 각기 다른 역할을 부여하여 격리시키고 교류를 금하였다. 이 경계를 넘는 것은 부도덕한 것이었다.

그러나 에도 시대의 경우는 "언뜻 보면 『오륜五倫』의 가르침을 인용한 교훈이 다수 발견된다. 특히 '부부'에 관해서는 종종 엄격한 '구별'이 아닌 화합과 화목을 역설[18]하는 경우가 많았다. 부부관계가 오랫동안 안정적으로 지속되는 것이 가업을 위해서도 좋았으며, 부부는 '이에'라는 공동체의 공동경영자이기도 했기 때문이다. 아내는 남편의 상담 상대가 되거나 가정을 위해 남편에게 의견을 제시하는 역할도 겸하였다.

메이지기의 가정론 혹은 부부론은 도쿠가와 시대의 도덕의식과 정확히 맞닿아 있다. 다른 점이라면 일부일처제라는 것 정도다. 이때 연애결혼이든 아니든 결혼한 이상 사이좋게 살아야 한다는 것이 전제가 된다. 즉 메이지 시기에는 남녀가 어떻게 만나 가정을 이루게 되었는가가 중요한 것이 아니라 그것을 어떻게 유지해 갈 것인가에 더욱 관심을 쏟았다. 따라서 결혼적령기가 되어 경제력이 뒷받침되는 사람과 적당히 결혼하려는 여성에 대한 비판도 보인다.[19]

---

18) 渡辺浩, 「『夫婦有別』『夫婦相和シ』」, 앞의 책, p.209.
19) 『平民新聞』1904.2.21.

연애결혼은 현실에서는 그저 꿈에 불과한 환상이었기에 대부분의 가정론은 연애론보다는 가정을 이룬 후 어떻게 서로 사랑하며 살 것인지에 관심을 기울였다. 연애결혼이든 아니든 부부가 된 이상 남자나 여자나 가정에 충실하고 서로 사랑한다면 행복해질 것이라는 지극히 현실적인 대처법을 제시하는 데에 그치고 있다.

그러나 남녀의 사랑을 전제로 한 결혼을 말하면서 연애를 거론하지 않고 설명할 수 있을까?

메이지 르네상스 · 다카야마 조규

도코쿠의 연애론에는 성욕이 결여되어 있다. 아니 애초부터 그의 연애론에는 성적인 요소가 개입되지 않았다. 연애의 가치를 그토록 주장하면서 육체적인 교제나 성적 욕망에 대해서는 함구하고 있는 것이다.

'연애'와 마찬가지로 '성욕'이라는 말도 메이지기에 등장해 일반화된 것이다. 원래 '성욕'은 일반적인 의미의 욕망이었는데 모리 오가이森鷗外의 『월초月草』(1896) 서문을 계기로 지금과 같은 의미로 사용되게 되었다. 메이지 30년대가 되면서 사상평론, 성교육, 문학에 '성욕'이란 말이 쓰이게 되었다.

이 성욕에 대해서 가장 먼저 과감한 사상적 접근을 보여준 이는 다카야마 조규高山樗牛[20]다. 그는 1902년(메이지 34)에 「미적 생활을 논하다美的生活を論ず」라는 제목의 평론을 발표하였다. 여기서 인간이 살아가는 목적은 행복이며, 행복이란 인성 본연의 요구인 본능의 만족이라고 말하고 있다. 또한 이

---

20) 다카야마 조규高山樗牛(1871~1902): 평론가, 잡지 『제국문학帝國文學』 창간에 참가, 종합잡지 『태양太陽』을 거점으로 일본주의 제창했고, 니체에 경도되었다. 말년에는 니치렌日蓮에 심취하여 「니체렌은 누구인가?日蓮上人とは如何なる人ぞ」(1902.4) 등을 발표하며 사상적 변화를 일으켰다. 메이지 청년들에게 상당한 영향을 끼쳤다.(역자주)

본능을 만족시키는 생활을 '미적 생활'[21]이라 규정하였다. 조규는 '미적인 것'의 가치는 절대적이고, 가장 순수한 것은 본능의 만족이라 여겼다. 따라서 도덕을 절대적 가치로 여긴다면 바로 그것이 미적이고, 돈의 가치를 절대화하는 구두쇠라면 그것 또한 미적이라는 것이다. 조규는 "연애는 미적 생활에서 가장 아름다운 것 가운데 하나"[22]라고 하였다. 아울러 성욕이 발동하는 것은 실로 아름다운 것이며 인생의 즐거움이며 성욕이 없는 삶은 가치가 없다고 단언하였다. 또한 "성욕을 속이는 것은 하늘을 욕되게 하는 것"[23]이라고도 하였다. 물론 여기서 말하는 성욕이란 현재 사용되는 의미의 성욕이 아닌 인간의 본성을 뜻하지만, 인간의 성의 근저에 있는 정욕情欲에 대해서 전면적으로 긍정하고 있는 것은 분명하다.

조규는 성욕의 가치를 인정하고 연애와 정사를 찬미했지만, 유독 자유분방한 성애를 노래한 요사노 아키코与謝野晶子의 「흐트러진 머리乱れ髪」에 대해서는 천박한 발상이라며 비난을 쏟아 부었다. 그런데 조규만이 아니라 당시 대다수 지식인이 비판적이었다. 사사키 노부쓰나佐佐木信綱 역시 「마음의 꽃心の花」이라는 제목의 글에서, 창부나 하는 외설적인 말을 입에 올리며 성욕을 권장하는 꼴이라며 세상 사람들에게 좋지 않은 독과 같은 글이라며 강하게 비판한다.[24] 조규는 성애를 찬미했지만 미적, 관념적인 찬미에 그쳤다. 31세라는 젊은 나이로 요절한 탓인지 사상적 깊이가 부족해보이는 면도 없지 않다.

---

21) 高山樗牛, 「美的生活を論ず」, 『高山樗牛全集』 4卷, 日本図書, 1980, p.767.
22) 高山樗牛, 「美的生活を論ず」, 앞의 책, pp.771~773.
23) 高山樗牛, 「自然の兒」, 앞의 책, pp.842~843.
24) 江刺昭子, 『愛と性の自由』, 社會評論社, 1989, p.290.

3. 정사를 동경하며 홀로 죽음으로

도코쿠는 겐로쿠元禄(1688~1704) 문학을 '호색好色문학'이라며 혐오했고, 동시대 작가 오자키 고요尾崎紅葉가 묘사한 에도 풍의 미의식과 남녀관계에도 비판적이었다. 그러나 유독 정사에 대해서는 긍정적이었다.

> 인간은 늘 어느 정도 무언가에 희생한다. 어느 것에도 희생하지 않는 자는 인간으로서 고상한 취미를 갖지 못한 자다. (…중략…) '자기自己'라는 기둥에 기대어 자신을 안심시키고 즐기면서 희열을 느끼는 마음은 고목이 되어 꽃을 피우지 못하고 열매를 맺지 못한다. 정情은 일종의 전기電氣로 그 덕에 인간은 활동한다. (…중략…) 정사를 가벼이 여기지 말라.[25]

> 설령 환상에 기만당하더라도 두 사람에게는 한 점 거짓이 없어야 하며 한 점 의혹도 없어야 한다. 둘이 하나가 되고 하나가 둘이 되어 서로를 껴안고 물 속으로 투신한다. 죽음에 이를 때 낙경樂境을 맛보는 것처럼 탁수濁水 또한 감로甘露와 같은 맛일 게다. (…중략…) 정사는 용기 있는 비겁한 자가 누리는 것이다.[26]

연애의 절정기에 함께 죽는 기쁨을 도코쿠는 연애를 찬미할 때와 마찬가지로 생생하고 아름다운 문장으로 묘사하고 있다. 이미 연애를 경험해본 그로서는 감미로운 꿈에 지나지 않았을 터였다. 이미 결혼생활에 지치고 연애감정은 시들어 갔다. 그렇기 때문에 그는 혼자서 죽을 수밖에 없었던 것이다.

메이지 사상의 도달점은 뛰어난 인간정신을 발현하는 것으로 연애를 긍

---

25) 北村透谷, 「『桂川』を評して情死に及ぶ」, 앞의 책, p.306.

26) 北村透谷, 「『桂川』を評して情死に及ぶ」, 앞의 책, p.307.

정하는 것과 인간이 지니고 있는 근원적 성욕을 긍정하는 데에 있었다. 또한 가정을 중요하게 인식하기 시작하였다. 그러나 가정 안에 연애와 성욕을 포함시키기에는 아직 이른 감이 없지 않았다.

3장
다이쇼의 연애 스캔들은 어떻게 변화되었는가?

1. 정사를 바라보는 시선의 변화

기타무라 도코쿠의 자살로부터 27년이 지난 1921년(다이쇼 10), 철학자 노무라 와이한野村隈畔[1]이 자살하였다. 그는 도코쿠와 달리 홀로 죽지 않았다. 사랑하는 여자와 함께한 자살, 즉 정사였다. 도코쿠는 '이상적'이라고 생

---

1) 노무라 와이한에 대해서는 거의 소개된 바 없다. 그를 한마디로 정의한다면, "자아를 논하고 문화를 평하고 연애에 죽어간 철학자"라 할 수 있겠다. 1884년(메이지 17) 출생. 고등소학교 졸업 후 25세까지 농사를 하며 독학으로 윤리를 공부한다. 그 후 상경하여 면학과 동시에 『로쿠고잡지六合雜誌』, 『제3제국第三帝國』 등의 잡지 편집과 원고 집필에 종사한다. 결혼 후 부부가 함께 고이시카와小石川에 전병가게를 차린다. 그는 전병을 팔면서 철학을 공부하고 원고를 쓰며 생활한다. 베르그송의 생명철학에 공감하여, '순수 경험' '순수 자기 의욕'이라는 관념을 체계화하며 자아철학을 확립한다.

와이한은 엘리트가 지배하던 다이쇼기의 조류 속에서 배움은 짧지만 독학으로 사상가의 반열에 올랐다는 점에서 더욱 뛰어난 인물이라 할 수 있다. 정작 그는 평생을 배움에 목말라 했으며 사회로부터 낙오되었다는 콤플렉스에 시달렸지만, 『중앙공론』이나 『개조』 등 당대 최고의 잡지에 글을 게재하였다. 와이한의 사상은 베르그송, 자아, 문화주의와 함께 당대를 풍미했다고 해도 과언이 아니다. 정사도 아리시마보다 2년이나 앞서 실행에 옮겼다. 유행 사조로서의 다이쇼 연애지상주의를 몸소 실현했다고 할 수 있다.

그의 대표적 글로는, 『베르그송과 현대사조ベルグソンと現代思潮』(大同館, 1914), 『춘추의 철학자春秋の哲人』(六合雜誌社, 1915), 『자아 연구(自我の研究)』(天弦堂, 1915), 『자아를 초월하여自我を越えて』(天弦堂, 1917), 『현대문화의 철학現代文化の哲學』(大同館書店, 1918), 『자아비판의 철학自我批判の哲學』(大同館書店, 1919), 『신문화의 길新文化への道』(日本評論社出版部, 1920), 『문화주의 연구文化主義の研究』(大同館書店, 1921), 『현대 철학 및 철학자現代の哲學及び哲學者』(京文社, 1921), 『고독의 수행자孤獨の行者』(京文社, 1922), 『문화의 문제文化の問題』(京文社, 1922) 등이 있다. 이상은 호세이法政대학 이다 다이조飯田泰三 씨의 자료를 참고하였다.

각했던 연애결혼에 성공했지만 홀로 죽어야 했다. 반면, 다이쇼 10년대에 이르면 연애의 말로에 정사하는 현상이 두드러졌다. 메이지 이후 다이쇼기에 들어서 정사를 실행에 옮겼던 남녀는 과연 어떤 사람들이었을까? 그 주인공은 더 이상 창부에 한정되지 않았다. 다음은 이 책 1장에서 언급했던 정사사건 가운데 중요한 것만 발췌하여 정리한 것이다.

① 요시카와 가마코芳川鎌子 사건

백작부인 요시카와 가마코는 자신이 고용한 운전수와 정사를 시도하나 그녀 홀로 살아남는다. 사회적 지위가 다른 두 사람이었기 때문에 화제가 되었다. 이 내용을 소재로 한 「지바 신주의 노래千葉心中の歌」라는 유행가가 탄생하기도 하였다. 그녀가 유부녀였고 신분 차이가 많았다는 점이 연애의 장애물이었다.

② 하마다 에이코浜田栄子의 '홀로 정사'

병원장의 딸인 하마다 에이코는 집안의 결혼반대에 부딪히자 집을 나와 연인과 동거를 시작한다. 이후 임신을 하게 되고 이를 계기로 부모를 설득해보려고 했으나 뜻대로 되지 않자 음독자살한다. 양갓집 자녀가 부모의 반대에 부딪혀 자살한 경우다.

③ 마쓰이 스마코松井須摩子의 '뒤따른 정사後追い情死'[2]

1919년(다이쇼 8), 마쓰이 스마코가 병으로 사망한 시마무라 호게쓰島村抱月의 뒤를 이어 자살하자 혼외연애에 대한 비난의 여론은 동정으로 바뀌었

---

2) 연인이나 배우자의 죽음을 슬퍼하여 뒤 따라 자살하는 것.(역자주)

다. 대중들은 스마코가 연인의 뒤를 따라 자살하자 두 사람이 진심으로 사랑했음을 인정하고 동정과 찬사를 보냈다. 시대의 변화를 느낄 수 있는 대목이다. 그러나 호게쓰와 같은 무덤에 묻어달라는 스마코의 유언에는 냉소적인 반응을 보였다. 이혼을 하지 않고 동거생활을 한 호게쓰에게 법률상의 아내가 존재했기 때문이다.

스마코는 호게쓰와 연인 관계였지만 실질적으로는 부부나 다름없었다. 그녀가 자살을 선택한 이유는 연인 관계가 어긋났기 때문이 아니라 사랑하는 이를 잃었기 때문이었다. 그러나 그 보다는 호게쓰의 죽음으로 더 이상 연애생활을 이어갈 수 없었던 이유가 더 컸던 것으로 보인다.

④ 노무라 와이한野村隈畔의 정사

처자식이 있던 철학자 노무라 와이한과 그의 강연회를 들으러 온 젊은 여성과의 정사사건이다. 그는 사랑에 빠져 집을 나와 이치카와市川의 한 여관에 머물렀다. 그러나 얼마 안 되어 두 사람은 에도가와江戸川에 투신하여 정사한다. 와이한의 경우, 아내와 이혼을 해야만 새로운 결혼이 가능했으나 그는 이혼을 하기 위한 어떠한 노력도 하지 않았다.

⑤ 아리시마 다케오有島武郎의 정사

아리시마 다케오가 『부인공론婦人公論』의 기자이자 유부녀였던 하타노 아키코波多野秋子와 가루이자와軽井沢에 있는 별장에서 정사한 사건이다. 이 사건은 그 어떤 정사사건보다 대중들의 큰 관심을 모았다. 한 여성 팬은 그의 뒤를 따라 자살했으며 아리시마의 작품을 교과서에서 삭제하자는 논의가 오고가는 등 사회적으로 상당한 파급을 불러일으켰다.

이상의 정사사건을 보면 하나 같이 연애에 장애가 존재했다. 또 하마다 에이코를 제외하고 모두 기혼자의 혼외연애라는 것도 공통점이다. 그렇다고 해서 죽을 만큼 궁지에 몰려있다고도 보기 어렵다. 정사 외에 분명 다른 방법도 있었을 것이다. 그리고 와이한이나 아리시마의 경우, 법률상의 결혼이 그들의 연애를 방해한 것은 분명하지만 그들이 새로운 연애를 결혼까지 이어가려 했는지는 의문이다.

아무튼 세상의 반응은 비교적 공감하는 분위기였다. 이 부분에서 메이지 시대와의 차이가 보인다. 이를테면 하마다 에이코의 자살사건을 접한 대중들은 집안과 재산, 연애의 딜레마에 빠져 죽음을 선택한 것은 비판했지만, "마지못해 노예생활에 안주하며 타성에 젖어 산송장처럼 사느니 독을 삼키고 목숨을 끊은 그녀가 오히려 훌륭하다"[3]고 상찬하는 이들도 있었다.

사카이 도시히코境利彦는 요시카와 가마코 사건을 바라보는 대중들의 시선이 그 원인을 당사자의 탓으로만 몰고 가지 않았다고 말하며, 이것은 전에 없던 새로운 현상이라고 지적한다.[4] 아울러 많은 지식인들이 그녀를 동정했다고 한다. 아리시마의 정사 역시 평소 성인군자 이미지로 호평을 받았던 그에게 실망하는 여성 팬이 많았고 그의 죽음을 한탄하는 소리도 적지 않았으나 논평은 대체로 호의적이었다. 그 가운데 대표적인 몇몇 예를 들어 보자.

아리시마는 대단히 정직한 사람이고 그 나이가 되어도 처녀처럼 순수하다. 어떻게 보면 40대로 보이지 않을 정도로 청년 같은 감수성을 지니고 있다.[5]

시마자키 도손島崎藤村

---

3) 廚川白村,『近代の戀愛觀』, 앞의 책, p.55.

4) 堺利彦,「華族の心中事件」, 鈴木裕子 編,『境利彦女性論集』, 三一書房, 1983, p.314.

5) 遠矢良己 編,「嚴正批判有島武郎の死」,『文化パンフレット』23号, 文化生活出版會, 1923. pp.34~35.

아리시마는 지나치게 올곧았다. (…중략…) 조금만 뻔뻔스러웠다면 연애가 이 같은 결과를 초래하지는 않았을 것이다.[6]

하세가와 뇨제칸長谷川如是閑

이쯤에서 죽었기에 거짓 없는 아리시마로 있을 수 있는 것이다. 아마도 죽지 않았다면 지금껏 젊은 남녀의 경모의 대상이던 아리시마는 위선자로 남았을 것이다. (…중략…) 기뻐하며 죽음의 길을 택한 것은 그가 이해타산적이기 때문이라든가 그 무엇 때문도 아니었다. 다만 자신의 사상이 거짓되지 않았던 것처럼 그의 성격이 본능적으로 그곳을 향해 있었기 때문이다.[7]

지카마쓰 슈코近松秋江

연애를 오로지 성욕의 발현으로만 보았던 마사무네 하쿠쵸正宗白鳥도 아리시마의 죽음을 특별 취급하는 것은 "골계적인 일"이라고 비판하는 한편, "아리시마처럼 미녀와 함께 어두운 삶과 죽음의 경계를 꿈을 꾸듯 뛰어 넘은 것은 참으로 부러운 일이라는 생각도 들었다. 이 정사는 훗날 수많은 아름다운 시의 소재가 될 것"[8]이라며 그의 자살에 어느 정도 공감을 표하였다.

또한 "연애가 불타오르는 짧은 기간에 모든 사람은 예술가가 된다. 사랑하는 자들에게는 사랑 외에는 아무것도 보이지 않게 된다. 부모고 자식이고 눈에 보이지 않는 것은 물론이다. 유한有限의 한계를 돌파하여 곧 무한無限의 진수를 손에 쥐게 될 그들에게 부모의 충고나 친구의 멸시가 눈에 들어올 리 만무하다. 사회질서 따위는 아무 짝에도 쓸모없다"[9]라며 연애지상주의의 입장에서 정사를 옹호하는 이들도 있었다.

---

6) 遠矢良己 編,「嚴正批判有島武郎の死」, 앞의 책, p.49.
7) 遠矢良己 編,「嚴正批判有島武郎の死」, 앞의 책, p.38.
8) 正宗白鳥,「有島氏の死」,『正宗白鳥全集』12卷「回想」, 新潮社, 1996, pp.41~42.
9) 横山有策,「死の讚歌」, 後藤亮一 編,『哲人文豪と戀愛觀』, 表現社, 1923, p.27.

이러한 일련의 정사사건을 바라보는 대중의 시선에서 알 수 있는 것은, 연애 자체에 대한 비판이 거의 사라졌다는 것이다. 또한 기혼자의 연애에 대한 비판도 줄어들었다. 자살에 대해서도 "별로 죽을 만한 일은 아니었다"라든가 "다른 방법은 없었을까"라는 식의 안타까움을 드러내었다. 더 이상 연애 때문에 혹은 여자 때문에 죽는 것은 어리석다는 식의 비난은 보이지 않는다. 이것은 메이지 시대에 비해 연애에 대한 인식이 매우 관용적으로 변화하였음을 의미한다.

2. 바람기와 다각관계 혐오

정사와 달리 목숨을 걸지 않는 불륜이나 다각관계에 대한 비판은 심화되었다고 한다. 여기서는 세상을 떠들썩하게 한 세 가지 연애 스캔들을 소개하고자 한다.

첫째, 이와노 호메이岩野泡鳴의 동거청구소

1915년(다이쇼 4), 이와노 호메이는 세이토샤 동인의 일원이며 자신의 번역을 도와주던 스스키바라 하나에薄原英枝와 불륜을 저질렀다. 이를 자신의 아내 기요코岩野淸子에게 고백한 후 별거에 들어간다. 각 언론사에 별거통지서를 발송하고 공개적으로 동거생활을 시작한 것이다. 이것이 하나에의 전 남편과 연루되면서 간통사건으로 비화되어 '간부간부姦夫姦婦'라는 비난에 휘말린다. 게다가 기요코와 두 아이(한 아이는 전처 자식)에게 월수입의 3분의 2를 지급하라는 약속을 지키지 않자 기요코로부터 동거청구소송을 당하게 된다. 이에 호메이는 이혼청구소송을 제기하여 사태는 법정 싸움의 수렁으로 빠져들었다. 결국 호메이가 패소하여 재산을 압류하고 아내와 아이들에게 생활보조금을 지불하라는 판결이 내려졌다. 그러나 호메이는 이 판결에 불복하여 인력거꾼과 장정을 대동하여 기요코의 집에 있는 가재도구를 모두 끌어내어 들고 나갔다고 한다.

이 두 사람이 미디어를 들썩이게 한 것은 이번이 처음은 아니었다. 호메이와 기요코는 함께 살던 시절에도 "별종끼리의 동거, 육체가 이길 것인가, 정신이 이길 것인가"[10]하는 식의 흥미위주의 기사가 심심치 않게 보도되었다.

기요코는 호메이와 만나기 이전부터 여성선거권 획득운동에 참가하여 명성을 날렸다. 그녀는 정신적 사랑을 추구했지만 이를 받아들이지 못한 연인과 결국 헤어지게 되고 이를 비관한 나머지 바다에 투신해 자살하려고 했으나 구조되었다. 이 일을 계기로 호메이가 기요코에게 흥미를 갖게 되면서 둘의 만남은 시작되었다. 만난 지 5일 만에 호메이는 동거와 결혼을 제의하였고 기요코는 사랑 없는 결혼은 죄악이라며 동거만 승낙하였다. 더구나 당시 호메이는 3년 동안 별거하고 있는 아내가 있었다.[11] 호메이가 기요코에게 동거를 제의한 것은 "일단 말벗이 필요했고 나를 챙겨줄 아내가 있었으면 했다. 그러다 마음이 맞으면 함께 살아도 괜찮겠다고 생각했다. 그녀도 폭력만 휘두르지 않는다면 동거해도 괜찮다고 했다."[12] 이렇게 해서 서로를 알게 된 지 9일째부터 동거를 시작하였고, 호메이는 전처와 이혼하고 기요코와 혼인신고를 하였다. 당시 미디어가 앞 다투어 호메이와 기요코의 이혼소동을 흥미위주로 보도했음은 물론이다.

---

10) 『万朝報』1909.12.12.

11) 岩野清子, 「愛の爭鬪」, 『愛と性の自由』, 앞의 책, pp.73~74.

12) 岩野泡鳴, 「男女と貞操問題」, 『泡鳴全集』17卷, 國民図書, 1922, p.336.

둘째, 히카게日蔭 다방 사건

이는 하야마葉山의 히카게 다방에서 오스기 사카에大杉栄가 연인이던 가미지카 이치코神近市子의 칼에 찔린 사건이다. 이전부터 자유연애를 주장했던 오스기는 그의 아내 야스코大杉保子와 연인 가미지카 이치코 그리고 새로운 연인 이토 노에伊藤野枝에게 세 가지 조건[13]을 제시하며 자유연애를 실천에 옮겼다. 이쯤 되면 자유연애가 파탄으로 끝나리라는 것은 누가 봐도 뻔한 것이었다.

세상의 반응은 "그것 보라니까. 자유연애 같은 건 무리지"라며 떠들어댔고, 오스기와 이토는 동지들에게 외면당했다. 이치코는 징역형을 받고 오스기와 헤어졌다. 그러나 이치코에 대한 여론은 그다지 비판적이지 않았다. 오스기의 아내 야스코도 그와 헤어짐으로써 복잡한 다각관계는 해소되었다. 결국 이토와 오스기는 일부일처제의 모양을 갖춘 정식 부부가 되었지만 불행하게도 관동대지진 직후 부부가 함께 살해되는 비극으로 생을 마감한다.[14]

셋째, 하라 아사오原阿佐緒와 이시와라 준石原純의 연애 문제

이시와라 준은 세계적인 물리학자였으며 와카和歌 작가로서의 면모도 갖추고 있었다. 그런 이시와라가 아내와 다섯 아이들을 버리고 와카 작가였던 아사오와 동거를 시작한다. 이 사실이 매스컴을 타자 그는 도호쿠제국대학東北帝国大学에 사직서를 제출한다. 1917년(다이쇼 6), 아사오가 이시와

---

13) 자유연애의 세 가지 조건으로, 서로 경제적 독립을 할 것, 동거하지 않고 따로 살 것, 각자의 자유(성적인 부분까지)를 존중할 것을 들고 있다(大杉栄, 「一情婦に与えて女房に對する亭主の心情を語る文」, 『女の世界』 1916. 6).

14) 1923년 관동대지진 당시 조선인과 사회주의자 탄압 속에서 헌병대위 아마카스 마사히코甘粕正彦에 의해 아내 이토 노에와 함께 살해되었다.(역자주)

라를 만나게 되는데, 그녀의 과거는 불륜, 임신, 자살미수, 출산, 결혼, 이혼, 재혼, 별거 등 파란만장했다. 바람기가 다분하여 따르던 남자도 많았던 그녀가 필시 고지식한 학자 이시와라를 유혹했을 것이라는 추측이 지배적이었다.

그러나 이시와라의 아내는 별거한지 3년이 지나도록 남편에 대한 신뢰감을 드러내었다. "저는 남편을 믿으며 그도 제 마음을 믿고 있습니다. 저희 부부 사이에 제3자가 개입하는 것은 인정할 수 없습니다", "별거하고 있는 이유는 남편의 병환 때문입니다", "그는 건강회복을 위해 보슈房州에 있습니다"[15]라는 식의 발언을 통해 결혼생활이 유지되고 있음을 강조했다. 그러나 1928년(쇼와 3) 아사오와 이시와라는 파국으로 치닫게 되고 이후 이시와라는 실제로 병에 걸리고 만다.

이 세 가지 사건의 공통점은 남자가 기혼자라는 점이다. 이 경우 혼외연애에 어떻게 대처하고 있는지 엿볼 수 있다. 호메이의 경우, 양육비를 지불하는 경제적 보상으로 진부한 결혼관계를 청산하고자 하였지만, 사건이 커진 것은 약속한 대로 돈을 지급하지 않았기 때문이다. 만약 약속만 제대로 이행했더라면 문제가 되지 않았을 것이다. 오스기의 경우, 이론으로 무장하고 다수의 여성에게 그럴듯한 논리를 내세워 관계를 유지하고자 했다. 이시와라의 경우는 바로 실력행사에 들어갔다. 즉 본처와 아무런 합의 없이 바로 연애상대와 동거를 시작한 것이다. 돈이든 이론이든 실력행사든 궁극적으로는 자신의 욕구를 충족시킬 수 있었던 것이다.

결과적으로는 뒷마무리가 제대로 안 되어 사건으로 비화된 것이다. 그렇다면 이들은 모두 실패한 것일까? 답은 아니다. 왜냐하면 적어도 연애상대

---

15) 『東京朝日新聞』 1923.8.20.

와 동거(실질적인 부부생활)를 할 수 있었기 때문이다. 시마무라 호게쓰를 포함한 기혼남성의 혼외연애를 바라보는 세간의 시선은 엄격했다. 그러나 아무리 세상을 떠들썩하게 했다 한들 그들을 법률상의 아내 곁에 묶어 두지는 못했다. 법적 아내를 무시하고 연애에 충실한 삶을 사는 것은 그들에게 그다지 어려운 일이 아니었기 때문이다.

3. 기혼여성들의 연애의 향방

매스컴을 이용한 뱌쿠렌 사건

그렇다면 여성이 기혼자일 경우, 혼외연애에 어떤 방식으로 대처했을까? 그 사례가 되는 것이 뱌쿠렌 사건과 아리시마 다케오의 정사사건 그리고 무샤노코지 사네아쓰武者小路實篤의 사각관계이다. 우선 뱌쿠렌 사건의 전모를 밝혀보자.

탄광 갑부인 이토 덴에몬伊藤伝右衛門 부인이며 와카 작가로 알려진 뱌쿠렌, 즉 이토 아키코伊藤燁子가, 남편에게 이혼장을 보내고 미야자키 도텐宮崎滔天의 아들인 류스케宮崎龍介에게로 사랑의 도피행각을 벌인 사건이다. 이 이혼장은 당시 신문에도 공개되어 큰 반향을 일으켰다.

아키코는 야나기하라柳原 백작 가문의 딸로 자작 가문과 맺었던 첫 결혼에 실패했다. 그 후 와카로 마음을 달래며 지내다가 탄광업으로 재산을 모은 백만장자 덴에몬과 결혼하게 된다. 그의 막대한 재산에 마음이 동한 부모가 딸의 결혼을 적극 추진한 것이었다. 그런데 막상 결혼을 하고 보니 덴에몬에게는 여러 명의 첩이 있었으며 심지어 집에서 부리는 하녀조차 자신이 첩인 양

행동하였다. 게다가 생활비로 한 달에 50엔 밖에 주지 않았다고 한다.

아키코는 이혼장에서 다음과 같이 기술하고 있다.

"결혼 당초부터 당신과 나 사이에는 사랑과 이해라는 것이 결여되어 있었습니다. 이 인습적인 결혼에 내가 따를 수밖에 없었던 것은 내 주위 사람들이 결혼에 대해 무지하고 나 자신도 나약했기 때문입니다."

"이제 나에게도 사랑하는 사람이 생겼습니다. 그리고 나는 그 사랑으로 지금 다시 부활하려 합니다."

"이제 나는 재력을 이용해 여성의 인간적인 존엄을 무시하는 당신에게 영원한 결별을 고하고자 합니다. 나는 나의 개성의 자유로움과 고귀함을 이어나가고 또한 가꾸기 위해 당신 곁을 떠나겠습니다."[16]

이 당당한 선언은 유감스럽게도 아키코 본인이 쓴 것이 아니다. 아키코의 가출소동은 류스케와 그의 친구가 치밀하게 짠 시나리오였으며, 이혼장 내용도 류스케의 친구가 작성했다고 한다. 그들은 매스컴을 이용해 남편 덴에몬의 비도덕성과 결혼을 강요한 아키코 가문의 허물을 폭로했으며 아키코를 위한 은신처도 미리 준비해두고 있었다.

덴에몬이 이혼서류를 접수하는 것으로 같은 해 12월 아키코는 법적으로 독신이 되었다. 그렇다고 해서 그녀와 류스케의 결혼이 성사된 것은 아니다. 본가에 잠시 들른 아키코는 그 길로 감금되어 류스케와 이별하게 된다. 우여곡절 끝에 둘은 다시 함께 살게 되었지만 이미 임신 상태였던 아키코는 혼인신고도 하지 않은 채 아이를 출산하게 된다. 이 아이가 류스케의 아이

---

16) 『東京朝日新聞』 1921.10.23.

인지 덴에몬의 아이인지를 둘러싸고 다시 분쟁이 일어났으며, 그로부터 2년 후 덴에몬의 아이인 것으로 판결났다.

아키코를 둘러싼 동시대의 반향은 대단했다. 『도쿄아사히신문』 앞으로 보낸 독자들의 투서는 무려 420통에 달하였다. 그 내용은 찬반양론이 대립하였는데 비판하는 쪽이 조금 더 우세했다. 비판의 이유로는, 애인이 생긴 상태에서 이혼을 요구했다는 것과 이혼장을 매스컴에 공공연하게 발표했다는 것 그리고 10년이나 함께 동고동락한 사람에게 이혼을 요구했다는 것 등이다. 아키코의 행동에 반대하는 사람들의 대부분은 덴에몬과의 결혼 자체는 비판하였으나 비참한 결혼생활에 대해서는 동정을 보냈다. 이 가운데 여성독자의 투서가 전체의 10퍼센트에도 미치지 못하였으며, 그 중 80퍼센트가 반대의견이었다는 점은 흥미롭다.[17] 당시 미디어는 앞 다투어 『근대의 연애관』을 연재 중이던 구리야가와 하쿠손에게 이 사건을 어떻게 보는지 물었다. 그는 이에 답하여 『도쿄아사히신문』에 다음과 같은 내용의 발언을 게재하였다.

"그녀가 부군에게 이혼장을 내던지고 그 집을 뛰쳐나온 행동은 인간의 지고한 도덕성으로 볼 때 피할 수 없는 것이었다. (…중략…) 매춘결혼, 노예결혼이라는 축생도畜生道에서 벗어나 인간으로서의 자신을 완성하고 자신의 인격을 보존하기 위한 부득이한 행동이었다."

"사랑 없는 결혼은 지옥이다. (…중략…) 덴에몬의 입장에서도 다행스러운 일이다."[18]

---

17) 『東京朝日新聞』 1921.10.31.
18) 廚川白村,「燁子問題に就いて戀愛と結婚のこと」,『東京朝日新聞』 1921.10.30.

아키코는 인습적 혼인관계를 부정하고 연애를 통한 새로운 혼인관계를 구축하려 하였다. 그러나 기혼여성에게는 간통죄가 적용되었기 때문에 남성들처럼 법률혼을 유지한 채 혼외연애를 실천하기란 쉽지 않았다. 더구나 여성의 경우 경제력이 없었기 때문에 집을 나가는 것도 여의치 않았다. 부부가 상경하는 길에 아내가 도주해버리는, 남편의 입장에서는 아닌 밤중에 홍두깨처럼 극단적인 행동이겠지만 아내 입장에서는 어쩔 수 없는 일이기도 했다. 아내의 이러한 돌발적인 행동에는 매스컴에 노출시키는 것으로 자신의 행동을 이해받고자 하는 마음도 포함되어 있었다.

뱌쿠렌 사건이 보여주는 것처럼 결혼이 어떻게 이루어졌는가 하는 점도 중요하게 작용했다. 아키코의 경우, 혼외연애지만 불행한 결혼생활이었다는 점에서 대중들로부터 동정 받았다. 아키코의 행동에 이의를 제기하는 이들조차 덴에몬과의 결혼은 강요된 것이라고 비판하였다. 가장 강하게 비판했던 아키코의 친오빠 야나기와라 백작은 결국 귀족원 의원직도 사임한다. 그리고 덴에몬과의 이혼은 찬성하지만 아키코가 재혼하는 것에는 반대하는 의견도 있었다. 이 사건은 기혼여성이 가정을 깨고 새롭게 출발을 하는 것이 얼마나 어려운 일이었는지 잘 보여준다.

미인을 밝혔던 아리시마 다케오

다음은 아리시마 다케오의 정사사건이다. 아리시마는 아내와 일찍 사별하고 아이 셋을 둔 독신 남성이었으나, 연애 상대인 하타노 아키코波多野秋子[19]는 유부녀였다. 유부녀와의 정사는 간통죄가 적용되었다. 그리고 두 사

---

19) 하타노 아키코波多野秋子(1894~1923):『부인공론』의 기자로 아리시마 다케오의 연애 상대이자 정사 상대로 세상을 떠들썩하게 했다.(역자주)

람의 관계가 아키코 남편에게 발각되자, 그는 아리시마에게 돈을 내놓으라며 거래를 제시한다. 유복한 아리시마가 금전적인 대가를 지불하는 것은 그리 어려운 일이 아니었으므로 그가 죽음까지 갈 수밖에 없었던 이유에 대해 의문이 증폭되었다.

『부인공론婦人公論』 기자였던 아키코는 11월경부터 아리시마의 집에 빈번히 출입하였다. 이 즈음 아리시마는 주변 동료들에게 "미모로 나를 유혹하려는 모某 잡지사의 여기자가 있다네. 재미있지 않은가?"라며 농담처럼 말하곤 했다.[20] 그런데 새해가 밝자 아키코의 유혹은 더욱 노골화되었고 이에 아리시마도 두려움을 느끼게 된다. 아리시마는 결국 그녀의 유혹에 넘어가 연애감정을 품고 말았다.

그해 3월, 아리시마는 아키코와 더 이상 교제하지 않겠다는 뜻을 담아 편지를 보냈으나 둘의 연정을 막을 수는 없었다. 5월, 아키코의 남편 슌보波多野春房가 일주일 동안 출장 간 틈을 타 둘은 가마쿠라鎌倉로 여행을 떠난다. 출장에서 돌아온 슌보가 이를 알게 되자 아키코는 아리시마와의 관계(사실 이 둘은 성관계는 없었다)를 폭로하고 오히려 이혼을 요구한다.

생전 아리시마가 아키코와의 관계를 털어 놓았던 아스케 소이치足助素一에 의하면, "두 사람이 사귀기로 한 것은 6월 4일 후나바시船橋에서 하룻밤을 보내면서부터라고 한다. 아키코는 그때부터 이미 아리시마에게 함께 죽자고 졸랐다고 한다. 그러나 아리시마는 사람에게는 미련이 없지만 대자연에는 미련이 남으니 다시 한 번 가을을 느껴보고 싶다고, 아직 해야 할 일이 남았으니 그때까지만"이라며 죽음을 만류했다고 한다.[21]

---

20)『讀賣新聞』1923.7.10.

21) 遠矢良己 編,「嚴正批判有島武郎の死」, 앞의 책, p.61.

어느 날 슌보는 외박을 하고 온 아키코와 크게 말다툼을 벌이고 아리시마를 자신의 직장으로 불러들여 호되게 질책했다고 한다. 이후 아리시마와 아키코는 정사를 결심하고 이를 결행하기에 이른다.

> 하타노 아키코가 재촉한 것이다. 그녀는 작년 12월경부터 아리시마를 계속해서 유혹했다. 아리시마는 이를 완강히 거부했으나 6월 4일에 이르러서 그는 더 이상 버티지 못했던 것 같다. 그날로부터 5일째 되던 날 밤 그 둘은 이미 죽어 있었다. 이 얼마나 황망한 일인가, 이 얼마나 비통한 일인가![22]

평소 성실하고 청렴했던 아리시마를 유혹해 죽음에 이르게 한 여자로 아키코는 대중들의 따가운 시선을 받아야 했다. "분명 그녀는 시대가 낳은 불량여성"[23]이라고 비난했지만 당시 상당한 미모의 소유자였던 것은 분명해 보인다. '미인 기자'라는 호칭도 형식적인 것이 아니었음은 다음 에피소드를 통해서도 드러난다.

하타노 아키코는 당시로서는 보기 드문 미모의 여기자로, 이미 4년 전부터 문인들 사이에서 평판이 자자했다고 한다. 어느 날 그녀에 대해 사토 하루오佐藤春夫가 에구치 간江口渙에게 이런 말을 했다고 한다.

"자네 혹시 얼마 전에 『부인공론』 여기자가 다녀가지 않았나? 상당한 미인이란 말이야. 물론 자네도 거절하지 않고 덥석 원고를 떠맡았겠지. 그 여기자가 "제가 직접 받으러 가겠으니 꼭 약속한 날짜까지 부탁드립니다."라고 했을 거고 자네는 약속한 날짜에 틀림없이 원고를 건넸겠지."

---

22) 遠矢良己 編, 「嚴正批判有島武郎の死」, 앞의 책, p.51.
23) 遠矢良己 編, 「嚴正批判有島武郎の死」, 앞의 책, p.65.

"잘 아는군. 그 여자에게 들었나?"

"아니네. 실은 나도 그랬거든, 자네도 마찬가지일 거라 생각했네."

"그럼 사토, 자네도 제 날짜에 원고를 건넸단 말인가?"

"그랬지. 그런 미인이 부탁을 하니 평소 내 성격이랑 다르게 그렇게 되더라고. 그런데 그게 말이지 나만 그런 것이 아니라 누가 되었든 그리 했을 거라네."

실제로 하타노 아키코가 애교 섞인 목소리로 원고를 부탁하면 문단에서 소문난 거절 잘하는 작가라고 해도 쉽게 거절하지 못했다고 한다. 그녀가 직접 원고를 받으러 온다고 하면 모든 작가가 약속한 날짜에 맞춰 원고를 건넸다고 한다.[24]

한편 문단에서 아리시마는 미인을 밝히는 것으로 유명했다. 여성작가 미야케 가호三宅花圃는 "아리시마 씨가 신붓감을 찾아달라고 하는데 (…중략…) 미인이어야 한다고 했어요"[25]라고 회고하거나, 에구치 간 역시 "아리시마 다케오의 여자 취향은 이른바 미모제일주의로 속된 말로 얼굴을 상당히 밝히는 남자였다"[26]라고 밝힌 바 있다. 그 정도가 매우 심했던 모양으로, 아키타 우자쿠秋田雨雀가 회고하기를, "아리시마 다케오와 함께 강연을 간 적이 있는데, 그가 오늘 왜 이리 수다스러운가 생각해보니, 청강하는 사람 중에 꽤 아름다운 여자가 앉아 있었기 때문이었다. (…중략…) 만약 못생긴 여자들 뿐

24) 江口渙, 「有島武郎は何故心中したか」, 『わが文學半生記』 近代作家研究叢書64, 日本図書センター, 1989, pp.226~227.

25) 遠矢良己 編, 「嚴正批判有島武郎の死」, 앞의 책, p.50.

26) 遠矢良己 編, 「嚴正批判有島武郎の死」, 앞의 책, p.228.

이면, 그는 매우 우울해하며 말수도 줄어들었다"[27]고 한다. 이러한 아리시마가 아키코의 매력에 굴복한 것은 어쩌면 당연한 일일지 모른다.

이처럼 상당한 미모를 지닌 아키코였지만 그녀는 항상 죽고 싶어 했다.

> 아키코는 평소에도 죽고 싶다는 말을 입에 달고 살았다고 한다. 늘 죽고 싶어 했다. 그녀는 항상 죽음의 길동무가 되어줄 만한 이성을 찾아다니고 있었는데, 적당한 남자를 발견하지 못했다. 그러다 아리시마를 만나 처음으로 정사를 감행한 것이다.[28]

아키코는 남편 하타노 슌보의 깔끔하지 못한 여자관계 때문에 늘 속을 썩였다고 한다. 슌보가 만만하지 않은 인물이라는 것은 아리시마와 아키코의 정사사건을 계기로 표면화되었다. 신문에 보도된 내용은 "말주변 좋은 미남자로 여자들을 능란하게 유혹"[29]한다는 증언이 속속 나왔으며 영어학원에 출입하는 여성들과 관계하는 일도 잦았다고 한다.

슌보의 전처였던 남작 가문의 딸 히오키 야스코日置安子는 다음과 같이 폭로하였다. 영어를 가르치던 슌보와 친구로 지내고 있었는데, "둘이서 요코하마横浜 관함식観艦式을 다녀오는 길에 요쓰야四谷의 어느 여관에 끌려가 강제로 관계를 가졌어요. 그때 저는 아무 것도 모르는 바보였어요. 나중에 슌보가 유명한 색마라는 것을 알게 되었습니다. 저 외에도 서너 명 정도 수강하러 온 여성들과 관계를 가졌다고 합니다." "영문학자라는 간판에 속아 악독한 덫에 걸린 사람들이 가엾습니다."

---

27) 遠矢良己 編, 「嚴正批判有島武郎の死」, 앞의 책, p.228.

28) 遠矢良己 編, 「嚴正批判有島武郎の死」, 앞의 책, p.60.

29) 『讀賣新聞』 1923.7.12.

야스코는 슌보의 끈질긴 구애 끝에 결혼하게 되었다고 한다. 당시 슌보는 매우 가난하여 잡지에 기고하는 것으로 근근이 생계를 이어갔다고 한다. 그마저도 온전한 살림살이는 모두 저당잡혔다고 한다.[30]

히오키 야스코가 슌보와 이혼한 것은 "머지않아 남편은 먹고 살기 힘들어질 테니, 남양南洋으로 건너갈 것이라며 헤어지자고 하더군요. 정말 도리는 아닙니다만 저희는 그렇게 헤어지게 되었습니다"[31]라고 밝혔다. 그러나 남양으로 간다던 슌보의 말은 새빨간 거짓말이었고 얼마 안 있어 그는 아키코와 결혼하였다. 그러나 야스코의 이 발언에 대해서도 "희대의 요부이기 때문에 어느 쪽이 진실인지는 알 수 없다"[32]라는 견해도 있었다.

슌보의 애인 가운데 두 명의 여배우가 포함되어 있었다는 사실도 밝혀졌다. 그가 첫 번째 여배우에서 다음 여배우로 갈아타면서 세 사람은 살벌한 사랑싸움을 벌였다고 한다. 그런데 이 싸움에 아내 아키코가 빠져 있었다는 점도 이해하기 어려운 부분이다. 더구나 정사사건이 일어난 당시 두 번째 만나던 여배우가 스폰서를 만나 슌보를 차버리는 바람에 첫 번째 여배우와 다시 달콤한 나날을 보내던 상황이었다. 정사사건이 있은 후 기자가 자택을 방문했을 때에도 어떤 젊은 여성이 나오더니 마치 부인인 것처럼 행동했다고 한다.[33] 이처럼 슌보가 여배우들과 삼각관계로 바빴을 때 아키코와 아리시마는 후나바시에서 연을 맺었던 것이다.

슌보의 돌출된 행동은 여기서 그치지 않았다. 그는 자신이 자살하려는 것을 아리시마와 아키코가 알아채고 자신을 구하기 위해 둘이 먼저 죽은 것이

---

30) 遠矢良己 編, 「嚴正批判有島武郎の死」, 앞의 책, pp.6~8.
31) 遠矢良己 編, 「嚴正批判有島武郎の死」, 앞의 책, p.7.
32) 遠矢良己 編, 「嚴正批判有島武郎の死」, 앞의 책, p.8.
33) 『讀賣新聞』 1923.7.11.

며, 자신과 아리시마가 친구 사이였다면 아마 세 명이 함께 정사했을 것이라고 말하고 다녔다고 한다. 그는 아키코를 깊이 사랑했다고 떠들어대면서도 그녀의 유해를 인도받기를 거부하고 장례식에도 참석하지 않았다고 한다.[34] 그리고 아키코의 49재에 재혼을 발표한다. 상대는 신바시新橋의 게이샤였다. 그것도 일면식도 없던 게이샤가 슌보에게 동정하는 발언을 하자 이를 들은 손님이 슌보와의 결혼을 추진해 성사된 것이라고 한다.[35]

아키코는 혼외연애 상대와 결혼을 꿈꾸지 않고 함께 죽는 길을 택하였다. 왜 그랬을까? 그녀는 이미 결혼한 남자와 연애를 하고 본처 대신 아내의 자리를 꿰찼다. 그러나 그 자리는 그리 오래 가지 않았다. 여성편력이 심한 남편 곁에 언제 다른 여성이 들어앉을지 몰랐기 때문이다. 결혼에 대한 환상이 산산이 깨진 탓이었을까? 아키코는 현모양처가 되기보다는 차라리 일하는 쪽을 택했다.[36] 자식 딸린 남자와 결혼하여 엄마 역할을 할 여자는 아니었던 것이다. 일에 있어서도 미모를 이용해 적당히 즐길 뿐이었다. 그녀가 가장 원했던 것은 어쩌면 미모가 가장 물오른 시기에 근사한 남자와 연애하고 그 상태에서 정사하는 것이었을지도 모른다.

그런 그녀에게 수많은 여성 팬을 거느리고 사별한 뒤에도 스캔들 없이 깨끗한 사생활을 영위하던 아리시마가 가장 적당한 상대였던 것이다.[37] 아키코는 죽기 전까지 철저하게 자신을 연출하였다. 그녀가 쓴 편지나 유서는 거짓과 가식으로 가득 차 있었다.

34) 『讀賣新聞』 1923.7.10.
35) 『東京朝日新聞』 1923.7.26.
36) 遠矢良己 編, 「嚴正批判有島武郎の死」, 앞의 책, p.6.
37) 遠矢良己 編, 「嚴正批判有島武郎の死」, 앞의 책, p.226.

나를 향한 그의 순일한 사랑, 그것을 생각하면 나는 눈물을 주체할 수가 없습니다. (…중략…) 결혼하고 11년이 지난 지금도 그를 향한 나의 사랑은 깊어질지언정 조금도 줄지 않았습니다.[38]

아리시마 다케오 앞으로 보낸 편지, 1923년 3월 15일

12년 동안 변함없이 사랑해주신 점 기쁘고 감사하게 생각합니다. 제가 제멋대로 행동한 것이 당신을 죽이는 꼴이 되었습니다. 그런 생각을 하면 견딜 수가 없습니다. 당신만 홀로 남겨 두고 가게 되어 가여워 못 견디겠습니다.[39]

하타노 슌보 앞으로 보낸 유서

아무 말 없이 무조건 용서해주고 예전처럼 사랑하겠다고 맹세해준 슌보 (…중략…) 12년이라는 기나긴 세월 동안 한시도 나를 사랑하지 않은 적이 없습니다. 아직도 이 세상에서 나 하나만을 위해 살아가고 있는 그입니다.[40]

이시모토 시즈에石本静枝 앞으로 보낸 유서

그러나 위의 내용과 달리 실제로 슌보는 아키코에게 전혀 집착하지 않았으며, 그녀의 연인이 유명작가 아리시마인 것을 알고 불륜을 비난하며 돈을 요구했던 사람이다. 그리고 그에게도 여러 명의 애인이 있었던 것을 상기할 때 아키코의 편지는 속이 빤히 들여다보이는 거짓이다. 아키코는 다정다감한 남편에게 사랑받는 여자이고 싶었고 지적인 애인과 함께 생을 마감하고 싶었던 것이다. 앞서 언급한 것처럼 슌보 역시 매스컴을 앞세워 그녀의 거짓에 호응하여 거짓 순애보를 만들어 갔던 것이다. 그런 의미에서 둘은 닮은 꼴 부부였다고 할 수 있다.

---

38) 遠矢良己 編,「嚴正批判有島武郎の死」, 앞의 책, p.67.

39) 遠矢良己 編,「嚴正批判有島武郎の死」, 앞의 책, p.17.

40) 遠矢良己 編,「嚴正批判有島武郎の死」, 앞의 책, pp.19~20.

아키코에게 정사는 연애를 유지하는 것보다는 쉬운 길이었던 듯하다. 아리시마와의 관계가 남편에게 들킨 이상 그녀의 연애 앞에 펼쳐진 길이 고되리라는 것은 충분히 예상 가능한 일이었다. 게다가 그 일이 세상에 알려지면 자신을 향한 비난이 거세리라는 것도 알고 있었다. 그렇지만 선택의 여지는 없었다. 아리시마라는 매력적인 남자를 손에 넣었다는 사실을 세상에 알리고 싶은 마음 그리고 세상 사람들의 비난으로부터 자유롭고 싶은 마음, 이두 가지 모순된 욕구를 만족시킬 수 있었던 것이 바로 정사였던 것이다. 실제로 아키코는 죽음으로써 세상으로부터 쏟아지는 비난을 피할 수 있었다. 그런 의미에서 정사는 기혼여성이 혼외연애를 관철하기 위한 유일한 방법이었다고도 말할 수 있다.

그런데 아리시마의 정사사건을 접한 대중들이 둘의 죽음을 안타까워하며 하타노가 이혼하고 새롭게 출발해야 했어야 했다는 의견이 많았던 것은 매우 이채로운 반응이었다.

> 진심으로 사랑하는 여자였다면 어째서 더욱 진지하게 사랑하지 않았는가. 그리고 응당 받아야 할 비난을 왜 피하려 하는가. 죽음으로 세상의 번뇌와 인습에서 벗어나려고 한 것은 너무 소극적이지 않은가.[41]

> 설령 아리시마가 마음을 강하게 먹고 끝까지 살고자 하여 그 여성과 함께 했다면, 그가 평소에 보여 주었던 신사의 이미지가 훼손된들 지금까지 발표했던 글들이 값어치가 떨어진다 한들 무슨 상관이 있겠는가. (…중략…) 살고자 했다면, 무슨 일이 있어도, 그렇게 어려운 일도 아니었거늘 더욱 더 그의 죽음이 안타까울 따름이다.[42]

---

41) 小川未明,「殘念に思ふこと」,『東京朝日新聞』1923.7.10.
42) 遠矢良己 編,「嚴正批判有島武郎の死」, 앞의 책, pp.40~41.

위의 인용문에서도 나타나듯이 이제 더 이상 혼외연애를 무조건 나쁘게만 보는 인식은 없었다. 시대는 바야흐로 연애에 대해 관용적으로 변화해가고 있었다.

'새로운 마을新しき村'[43]의 이중불륜

아리시마의 충격적인 정사사건이 있은 다음 달, 신문을 다시 떠들썩하게 만든 것은 아리시마와 같은 시라카바白樺파 작가인 무샤노코지 사네아쓰武者小路実篤의 연애사건이었다. '사랑의 사각관계'라고 보도되었으나 오스기 사카에의 경우와 달리, 남자 둘과 여자 둘로 이루어진 전대미문의 사각관계였다. 사건의 개요는 사네아쓰와 '새로운 마을'에서 만난 젊은 여성 이카와 야스코飯河安子가 연애하던 중 임신하였고, 그의 아내 후사코武者小路房子는 같은 마을 청년 오치아이 데이조落合貞三와 사랑에 빠져 둘이서 밀월여행을 떠난다. 이른바 이중불륜이었다.

기자들의 취재에 사네아쓰는 '사랑의 사각관계'를 순순히 시인하며, "이 일의 옳고 그름은 우리 네 사람 모두 과오가 아니라고 확신하기 때문에 세상 사람들의 비판 따위에 신경쓰지 않는다. 도덕이나 법률은 시대에 따라 변하는 것이기 때문에 현재의 도덕이나 법률에 길들여진 자들이 뭐라고 떠들든 우리보다 수준 이하인 자들이니 귀 기울일 필요 없다. (…중략…) 법률은 수준 이하의 자들에게나 필요한 것이지, 법률 위에 선 자들에게는 무가치하다. (…중략…) 후사코와 나는 보다시피 매우 자연스러운 사랑의 분위기에 도취되어 있기에 앞으로도 이혼할 일은 없을 것이다"라며 당당하게 대

---

43) 무샤노코지 사네아쓰가 주도하여 조화로운 공동체 이상 실현을 위해 1918년 미야자키宮崎현 기조쵸木城町에 세운 생활공동체 마을.(역자주)

응하였다.[44]

애인과 여관에 머물고 있던 후사코도 남편과 같은 반응을 보였다. "이 일은 남편과 서로 양해를 구했던 일이기에 그다지 놀라운 일은 아니에요. 임신 5개월인데다 교양 있는 분이니만큼 많이 생각하고 결정했을 테지요. 아무튼 저는 이제부터 남편이 하는 일에 절대 간섭하지 않을 생각입니다."[45]

"저는 야스코 씨가 어떤 아이를 낳을지 너무 기대되며 기다려집니다. 저희는 이렇게 평화로운 생활을 즐기고 있는데, 신문에서 이런저런 악의적인 글들을 기사화하니 화가 나서 견딜 수가 없습니다."[46]

사네아쓰는 원래 오치아이와 아내 사이를 의심하며 질투했으나, 야스코와 연애를 시작하고부터 태도를 바꾸어 오치아이에게 아내 후사코를 행복하게 해달라고 부탁했다고 한다. 그리고 애인 야스코에게는 독점욕을 발휘하여 다른 젊은 남자들과는 말도 섞지 못하게 하였다. 『세이토』의 동인이기도 했던 후사코는 평판이 그다지 좋은 편은 아니었다. 이를테면 "애인을 차버리고 사네아쓰와 결혼"했다느니, "여학교 시절부터의 그렇고 그런 소문이 있었다"는 등 평소 남성편력이 심하고 자유분방한 반면, 야스코는 성실하고 순정적이었다고 한다.

그 후 이들의 연애사건 보도는 관동대지진의 발발로 잦아들었으며 야스코가 출산하자 후사코는 마을을 떠났다고 한다. 사네아쓰와 후사코의 이혼은 그로부터 한참 후에 이루어졌으며 사네아쓰는 이혼 후 바로 야스코와 결혼했다고 한다. 그의 바람기는 여기서 멈추지 않고 훗날 마스기 시즈에真杉静

---

44) 『大阪毎日新聞』 1923.8.8.

45) 『大阪毎日新聞』 1923.8.4.

46) 『大阪毎日新聞』 1923.8.8.

枝라는 여류소설가와도 염문을 뿌렸다고 한다.[47]

사네아쓰는 아리시마가 정사하고 자신의 연애 문제로 연일 매스컴이 떠들썩할 때 다음과 같은 시를 발표하기도 한다.

나의 뻔뻔함을

아주 조금이라도 나누어주고 싶었던

아리시마 씨에게

(…중략…)

주눅 들며 남들에게

사랑받기보다는

남의 시선 따위 아랑곳하지 않고

남들에게 미움 받으리라

여름날[48]

후사코의 이야기로 다시 돌아가면, 기혼여성이 남편과의 합의 하에 혼외연애를 자유롭게 즐겼다는 점이 이채롭다. 후사코가 마을을 떠나면서 둘의 부부관계는 실질적으로 끝이 났지만 그 후에도 연락을 끊지는 않았다고 한다. 후사코는 오치아이와 이별하고 새로운 사람과 결혼하였다. 이 둘은 서로의 이성을 인정하고 자유롭게 연애를 즐겼던 유례없는 부부였다.

이상의 세 가지 사건은 기혼여성의 연애의 향방을 보여준다. 여기서 공통

---

47) 直木三十五, 『変態戀愛實話』, 『明治大正實話全集』 11巻, 平凡社, 1929.

48) 直木三十五, 앞의 책, p.367.

된 점은 남성에 의해 연애의 향방이 좌우된다는 것이다. 뱌쿠렌의 경우 미야자키 류스케와 만나기 전까지 덴에몬과의 불행한 결혼생활을 참고 견뎌야 했다. 하타노 아키코의 경우는 남편이 상황을 악화시키자 서둘러 정사를 단행한 것으로 보인다. 이들 중 가장 자유로워 보이는 후사코의 경우 역시 남편에게 애인이 생겼기 때문에 연애의 자유가 주어졌다고 볼 수 있다. 이것을 여성의 나약함으로 볼 것인지, 아니면 결단력 있는 주체적 행동으로 볼 것인지는 생각해볼 문제다.

4. 다이쇼 시대의 정사를 생각하다

여기서는 정사를 감행한 노무라 와이한과 아리시마 다케오의 사상을 검토해 보기로 하자.

와이한과 함께 정사한 오카무라 우메코岡村梅子는, 1921년(다이쇼 10), 도쿄음악학교에 지원하였으나 낙방한다. 괴로워하던 그녀는 7월 20일부터 일주일 간 여자음악학교에서 열리는 철학 강습회에 청강생으로 참석한다. 그곳에 강사로 초빙된 사람은 바로 와이한이었다. 강의 마지막 날, 강의를 마치고 와이한에게 질문하는 청강생들 사이에 우메코도 있었다. 이후 일본 각지를 돌아다니던 와이한과 편지를 주고받으며 8월말 쯤 서로의 마음을 확인한다. 9월 21일, 와이한은 집필을 핑계로 집을 나와 이치카와의 한 여관에 머문다. 그리고 10월 3일, 우메코가 합류한다. 둘은 19일까지 여관에 머물다 다음 날 정사를 감행한다.

그렇다면 노무라 와이한은 왜 죽음을 택했을까? 그의 결혼생활은 경제적으로 쪼들리는 것 외에 다른 문제는 없었다. 와이한과 함께 도쿄로 상경한 아내는 결혼 후에도 공장에 다니면서 생활을 이어갔다. 그녀는 와이한이 정사를 하기 위해 집을 나설 때에도, 집필을 위해 여행을 떠날 때에도 아무런 의심 없이 그를 배웅하였다.

와이한이 이혼하지 못했던 것은 위자료를 줄 만한 경제적 능력이 없었고 조강지처를 쉽게 배신할 수 없었기 때문이었던 듯하다. 그러나 이혼이 현실적으로 전혀 불가능한 상황은 아니었다. 그리고 굳이 이혼하지 않더라도 집을 나와 내연녀와 동거하는 방법도 있었을 것이다. 호게쓰와 스마코의 경우나, 이시와라 준과 오스기 사카에, 이와노 호메이와 같이 주변 시선이나 도덕을 무시하고 자신의 욕망에 충실한 삶을 택했던 자들도 얼마든지 있었기 때문이다. 이렇듯 현실과 절충하거나 노력하려는 의지를 보이지 않고 정사라는 극단적인 선택을 하게 된 이유는 무엇이었을까? 오가와 미메이小川未明의 생각을 들여다보자.

> 와이한은 인생의 무상함을 느껴 자살을 시도한다. 처음에는 홀로 죽으려 했으나 그렇게 하지 못했다. 마지막에 사랑하는 사람과 죽음의 고통을 나누었다는 점에서 나는 와이한의 유약함을 발견한다.[49]

그러나 와이한이 정사를 택했던 것은 현실적인 문제 때문이 아니라 그의 사상에 이미 내재되어 있었기 때문이라고 볼 수 있다. 그렇기 때문에 이시다 도모지石田友治, 이치조 다다에一条忠衛, 오가와 미메이 등 와이한의 친구들이 그의 정사는 일반적인 정사와 다르다는 것을 세상에 알리기 위해 그가 죽음을 각오하고 애인과 이치가와 여관에 투숙할 당시 썼던 일기를 공개하기로

---

49) 小川未明,「殘念に思ふこと」,『東京朝日新聞』1923.7.10.

한 것이다. 그리고 실제로 신문 각지에 그의 일기가 공개되었다.[50]

와이한은 연애에 대해 많은 언급은 하지 않았으나 간추려 보면 다음과 같다. "사랑은 상징적 이지理智로 개발되는 것이 아닌 내면 경험의 순수한 것", "감각적이고 본능적인 것"이므로 "사랑을 통해 참된 인식"[51]을 하라고 말한다. 이어서 "나는 단언한다. 이성 간의 연애가 인간의 인식 가운데 최고의 형식이라는 것을. 무릇 연애만큼 열광적이고 직접적이며 순수하고 투철한 인식은 없다고 생각한다. 그것은 인식인 동시에 활동인 것이다. 지적 융합이 아니라 정의情意의 혼일이다. 연애의 절대성과 초超개인성은 이러한 인식의 실재적인 융화에서 기인한다."[52] 또한 "육체와 관능은 현실적으로 영원하지 않다"[53]고 주장하며 연애 안에서 영원히 이어져가는 보편성을 발견하고자 하였다.

와이한은 자유와 사랑이라는 관념을 매개로 보편성을 말하고자 했으나 그것은 현실세계가 아닌 영원의 세계, 즉 피안의 세계에서만 가능한 이야기였다. 와이한이 정사하기 전 여관에 머물며 쓴 수기[54]에서, "드디어 혁명의 날이 오다. 자유를 실현할 수 있는 절대 경지에 들어서는 날"(1921년 10월 2일)이라고 기록하고 있으며, 마지막 날짜의 글에서는, "유한의 세계에서 태어나 영겁무한의 세계로 여행을 떠난다. 이것이 철학자의 희망이자 만족이며 환희인 것이다. 내일 20일에는 기필코 단행할 것이다"라며 단호한 결심

50) 『東京朝日新聞』 1921.11.9.

51) 野村隈畔, 『自我を越えて』, 京文社, 1922, p.185.

52) 野村隈畔, 『自我を越えて』, p.185.

53) 野村隈畔, 『自我を越えて』, p.28.

54) 『東京朝日新聞』 1921.11.9. 참고로 와이한이 정사에 이르는 경위는, 야마아토 가쓰히코山跡克彦, 「젊은 철학자의 정사若き哲學者の情死」(『婦人公論』 1921.12.)에서 자세히 다루고 있다.

을 피력하였다. 이때의 혁명은 현실에서 이루는 것이 아니라, 피안의 세계에서 자유와 사랑의 이상과 가치를 실현하는 단 두 사람만의 혁명이었다.

한편 자아의 확립과 해방을 희구한 아리시마는 지적知的 생활을 배제하고 본능적인 생활에서 가치를 찾고자 했다. 그는 본능이 "가장 순수하게 드러나는 것은 서로가 사랑할때이며, 건전하게 사랑하는 사람끼리의 포옹을 통해 발견할 수 있다"[55]고 말하였다. 그것은 이성 간의 사랑이나 부모자식 간의 사랑, 형제 간의 사랑의 경우 본능은 분열되어 정신적인 면으로만 실현되지만, 남녀의 사랑은 본능이 모든 것을 지배함을 의미한다. 즉 이성 간의 사랑이야 말로 "본능이 순수에 가깝게 표출되며 모든 부분을 지배"[56]한다는 것이다. 따라서 사랑 때문에 죽는 것은 자신의 개성과 자유를 상실하는 것이 아니라 "육체의 파멸을 동반하는 성장과 자유로운 개성의 확충"[57]이라고 단언한다.

또한 아리시마는 "사랑이 있는 곳에 가정을 이루라. 사랑이 없는 곳은 가정을 해체하라. 이 자유가 허용될 때에 비로소 남녀의 생활은 혐오스러운 허위로부터 해방될 수 있다"[58]고 주장하며, 자유연애에서 자유결혼에 이르는 길을 설명하고 현실에서의 결혼의 실태, 즉 여성이 경제적 필요에 의해 생식을 도구로 사용하며 남성은 그것을 이용하고 있다고 비판한다.

이 안에는 결혼과 가정이 자아로 인해 알력이 생길 수 있다는 아리시마의 냉철한 인식도 포함되어 있었다. 그는 "개인의 생활은 자유로운 발전의 극치에 위치하며, 가정을 필요로 하지 않을뿐더러 장애라고 여긴다. 가정은 또

55) 有島武郎, 『惜みなく愛は奪ふ』, 新潮文庫, 1956, pp.56~57.
56) 有島武郎, 『惜みなく愛は奪ふ』, 앞의 책, p.105.
57) 有島武郎, 『惜みなく愛は奪ふ』, 앞의 책, p.74.
58) 有島武郎, 『惜みなく愛は奪ふ』, 앞의 책, p.109.

한 각 구성원의 생활에 희생(자주적이든 강제적이든)을 필요조건으로 할 때에만 구성된다. 그렇다면 내게 만약 이 상반된 생활 가운데 어느 곳에 중점을 두고 문학 활동을 해 나갈 것인가를 묻는다면 나는 주저 없이 개인의 생활을 선택할 것"[59]이라고 잘라 말한다.

가정에서 조차 안주할 수 없었던 아리시마는 자아를 유일한 무기로 삼아 자아에 충실함으로써 남을 이해하고 연대하고자 했던 것이다. "아무리 뛰어난 성자라 해도 아무리 악행을 저지르는 무리라 해도 모든 사람이 갖고 있는 마음의 속성은 모조리 내 마음 속에 저장되어 있다는 것을 믿습니다. 나는 내 마음을 진지하게 충실하게 편견 없이 대할 때 비로소 모든 사람의 마음을 포용할 수 있을 것이라고 믿습니다."[60] 즉 아리시마는 자아를 확충하고 본질을 추구한다면 만인이 가진 공통되고 보편적인 것에 도달할 수 있다고 생각한 것이다.

그러나 이러한 낙관적인 생각은 오래가지 않았다. 「선언 하나宣言一つ」에는 그가 느낀 절망감이 나타나 있다. 원래 아리시마는 대학 시절부터 자살을 생각했다고 한다. 후지무라 미사오藤村操의 죽음에 깊은 감명을 받아 시조四条라는 오래된 친구와 도코쿠의 자살을 떠올리며 자살론을 장대하게 써 내려 간 적도 있다. 뿐만 아니라 미국 유학 중에도 장래에 대한 불안감으로 자신을 괴롭혔고 삿포로에서 교직 생활을 하던 중에도 권총을 구입해 자살을 시도한 적도 있었다. 그는 한마디로 자살 가능성이 매우 농후한 사람이었던 것이다. 이처럼 그는 선천적으로 자기를 부정함으로써 안정을 찾고자 하는 경향이 강했으며 이해관계가 얽힌 문제에 개입되는 것을 극도로 싫어했다

---

59) 有島武郎, 「生活と文學」, 『文化生活硏究』, 1920.5, p.5.

60) 有島武郎, 「內部生活の現象」, 『有島武郎全集』 9卷, 筑摩書房, 1981, p.87.

고 한다.[61]

아키코와 헤어지려고 결심한 아리시마는 다음과 같이 말한다. "아마 연애
는 이것이 마지막이라고 생각합니다. 만약 다시 연애하게 된다면 그것은 연
애와 죽음이 강하게 결탁한 결혼이겠지요."[62] 이러한 의미에서 평소 죽고 싶
다고 입버릇처럼 말하던 아키코와 뜨거운 연애의 화염 속에 자신의 생명을
불태우는 것이 인생에서 가장 의미 있는 일이라고 생각했던 아리시마는 천
생연분이었다고 말할 수 있을 것이다.[63]

"우리는 사랑의 절정에서 죽음을 택한 것이다. 그 누구의 협박에 의한 것
도 아니다"[64]라는 아리시마의 주장에 화답이라도 하듯 동시대 사상가들은
"누구보다 성실했던 그가 연애에 빠지게 되고, 이를 영육합치로 발전시켜 영
원하기를 갈망하는 마음에서 그런 결말에 도달했다"[65]며 공감을 표하였다.

와이한과 아리시마는 자아가 강한 사람이었다. 그렇기 때문에 자아와 보
편을 매개해줄 그 무언가가 필요했던 것이다. 와이한은 현실사회에서 느꼈
던 철저한 소외감, 단절감으로 고민했으나 결국 자아와의 접점은 찾아내지
못하였다. 그의 친구들의 증언에 따르면 "신비, 자유, 영겁, 무한이라는 세계
만 동경하였다. 이른바 '모리토森戸 사건'[66] 이후 권력에 격한 반감을 가지는

---

61) 本多秋五,「有島武郎論」,『「白樺」派の文學』, 新潮文庫, 1960, p.254.

62) 遠矢良己 編,「嚴正批判有島武郎の死」, 앞의 책, p.71.

63) 遠矢良己 編,「嚴正批判有島武郎の死」, 앞의 책, p.232.

64) 모리모토 고키치森本厚吉 앞으로 보낸 유서(遠矢良己 編,「嚴正批判有島武郎の死」), 앞의
책, p.16.

65) 中桐確太郎 談,「有島氏としては当然の歸結」,『東京朝日新聞』1923.7.10.

66) 1920년(다이쇼 9)에 일어난 경제학자 모리토 다쓰오森戸辰男의 필화사건. 도쿄제국대학
의 조교수였던 모리토는 경제학부기관지『경제학연구経濟學硏究』에 러시아 무정부주의
자 크로포트킨에 관한「크로포트킨의 사회사상 연구クロポトキンの社會思想の硏究」를
발표했다. 이 글이 문제가 되어 학내 우익단체로부터 공격을 받아 회수, 처분되고 결국 실
직하기에 이른다.(역자주)

106 근대 일본의 연애론

등 사회에 대한 불만이 가중되었으며 생활도 여의치 않았던 것이 죽음의 원인"[67]이 되었다고 한다. 자아가 고립되면 될수록 그 고독한 지옥으로부터 벗어나 보편적인 세계로 들어가고자 하는 욕망도 강해졌다. 와이한의 경우, 그것은 피안의 세계에서만 가능한 것이라고 여겼던 듯하다.

아리시마는 유명 작가로서 문학작품은 물론 다수의 문화론을 남겼다. 또한 자아실현, 개성신장에 대해서도 깊이 고민하였다. 그리고 자아에 충실함으로써 인간은 인류로 이어지고, 남녀의 연애의 궁극에 도달함으로써 개인은 보편에 다다를 수 있다고 생각하였다.

와이한과 아리시마는 자아와 연애의 절대성을 확신했으며, 그것을 통해 현실을 초월한 보편적 가치에 도달할 수 있다고 믿었다. 그러나 현실세계는 사회에 대한 비판에만 몰두하여 자아를 실현하기 어려운 곳이라고 판단한 듯하다.

사회에 적응하지 못하는 자아 그리고 그러한 자아의 거점으로서의 연애, 도코쿠가 안고 있던 이러한 과제는 두 사람의 다이쇼 지식인으로 이어지고 있다. 이 두 사람의 계승자는 모두 혼외연애를 실천하는 방법으로 자살을 선택하였다. 와이한이나 아리시마나 현세에서 연애를 관철하지는 못하였다. 그런 의미에서 이 둘은 패배자였다.

구리야가와 하쿠손의 다음 발언은 상당히 시사적이다.

삶은 전쟁이다. 또한 우리는 살아가기 위해 싸우고 있다. 쉼 없이 연속되는 그 싸움이 바로 인생이다. 연애란 이처럼 피투성이가 되어 격렬하게 싸우는 것이 아닌가. 이 전쟁터에서 '운명'이라는 총에 맞은 이들이 불행히도 계속해서 전사

---

67) 『東京朝日新聞』 1921.11.9.

하고 있다. (…중략…) 뜨거운 '연애'를 통해서만 인간은 종종 환희에 차 '죽음'에 까지 이르게 되는 것이다. 웃으면서 죽어 간다. 그것은 '사랑'이 죽음을 정복했기 때문이다. 삶의 승리이자 사랑의 승리이다. (…중략…) 전쟁터로 나간다는 것은 그런 궁극의 경지에서 결코 전사하는 일은 없을 것이다. 이와 마찬가지로 연애는 결코 죽음과 일치하는 것은 아니다. 가장 강렬하게 살아가고자 하는 자만이 스스로를 기꺼이 죽음에 이르게 한다. (…중략…) 삶의 가장 강한 긍정, 가슴 벅찬 충실, 이것이 바로 연애이다. (…중략…) 따라서 안전이 제일인 사람은 (…중략…) 연애라는 피 비린내 나는 전쟁터에 가까이 가지 않는 편이 좋다.[68]

두 사람의 사상은 성공적으로 관철되었다고 볼 수 없다. 그러나 시마자키 도손이 기타무라 도코쿠의 자살 소식을 접하고 남겼던 다음 말은 와이한이나 아리시마에게도 적용될 듯하다.

그 참담한 싸움 끝에는 아무리 주워도 다 줍지 못할 만큼 빛나는 전리품이 남아 있다.[69]

---

68) 廚川白村,「有島さんの最後」,『改造』, 1923. 8, pp.96~97.
69) 島村藤村,「北村透谷二七回忌に」,『島村藤村全集』11卷, 筑摩書房, 1982, p.29.

4장
지식인은 '연애'에서 무엇을 보았을까?

1. 다이쇼 연애론이 성립되기까지

1916년(다이쇼 5) 무렵부터 인구의 유동화와 도시집중화가 진행되면서 대량의 임금 노동자가 발생하였다. 이것은 도시의 핵가족화로 가부장제의 속박이 약해졌음을 의미한다. 그들은 경제적 고난으로 인해 좋든 싫든 맞벌이를 해야 했다.

어떤 면에서는 여성이 사회에 진출할 수 있는 절호의 찬스였으나 여성이 직업을 갖는 것과 빈곤은 동일시되기도 하였다. 따라서 전업주부가 유복함의 상징이고 여성을 일터로 내보내지 않는 것이 남성의 능력이라는 인식과 함께 직업여성에 대한 뿌리 깊은 멸시가 생겨나게 되었다. 남자는 밖, 여자는 안이라는 성별 역할분담이 가능했던 것은 중류층 이상의 가정이었기 때문에 성별 역할분담은 오히려 이상적인 것으로 신격화되어 갔다.

대부분의 남성이 처자식을 부양하기 어려웠던 상황에서 첩을 두는 것은 곧 재력을 의미했으며 비난보다는 선망의 눈으로 보았으리라는 것은 상상하기 어렵지 않을 것이다. 이를 반영이라도 하듯 다이쇼 시대에는 '월첩月妾'이 유행하였다. 이는 한 명의 여자가 두 세 명의 남자와 첩살이를 하며 한

달에 4번 즐기고 급여로 6엔을 받는 식으로 중개업자의 알선을 통해 이루어졌다.[1] 그리고 이들 첩은 세간에서는 여염집 처녀로 통했다고 한다.

한편 메이지 시대에는 성욕, 가정, 연애라는 세 가지 개념이 새롭게 각광받았다. 성욕의 탐구로서 성과학이 발달하였고, 가정 본연의 모습을 탐구한 장場은 주로 가정소설과 부인잡지에서 이루어졌다. 그리고 연애의 탐구는 문학의 영역에서 이루어졌다. 사상 분야에서는 다카야마 조규가 성욕에 대해 긍정적이었으며, 이와모토 요시하루嚴本善治는 가정의 이상적인 모습을 논하였다. 앞서 살펴 본 기타무라 도코쿠는 연애를 대대적으로 찬미하였다. 이들은 각자의 분야에서 지대한 역할을 했다. 비속하고 천박한 것으로 취급되었던 성욕을 긍정하고, 가부장제를 기반으로 한 가족제도와 결별하고 부부 중심의 휴식의 장場이 되는 가정을 제창하였다. 더 이상 연애는 은밀하거나 남자들만의 것은 아니었다. 이러한 3대 테마는 메이지기에는 개별적인 것으로 다루어졌다. 그런데 이것들은 서로 떼어 놓고 생각할 수 있는 것이 아니었다. 이 점은 다이쇼 시대에 접어들어서면서 차츰 선명해진다.

예컨대 성과학 분야에서는 성의 신비한 베일을 벗겨내는 동시에 인간의 동물성을 전면에 내세웠다. 그것은 성을 과학적으로 분석하려는 움직임을 촉진시켰고 성에 대한 관심을 환기시켰다. 성기性器의 구조와 역할, 임신과정을 아는 것만으로는 호기심이 충족되지 못하였다. 그러나 성과학이 과학에 머물러 있는 한, 성이란 무엇인가, 무엇을 위한 것일까 하는 근본적인 질문에는 답할 수 없을 것이다. 무릇 인간은 자손번식을 위해서만 성관계를 갖는 것이 아니기 때문이다. 쾌락적인 측면도 당연히 존재한다. 이 때문에 성

---

1)『憲政新聞』1913.8.24.

과학은 성의 쾌락이라는 측면에도 답해야 했다. 쾌락을 추구할 때에 자위가 아닌 이상 상대방의 존재를 무시해서는 안 된다. 성과학은 성교의 상대, 즉 다양한 형태의 남녀관계에까지 파고든다. 이를테면 누구와 어떻게 성관계 하는 것이 바람직한 것인지 말이다. 한 사람과의 관계인지, 불특정 다수와의 관계인지, 남성의 경우라면 상대여자가 순수한지, 창부인지, 처녀인지 아닌 지 등등. 이것을 논하기 위해서는 남녀교제, 연애, 결혼이라는 세 가지 측면 에서 살펴보아야 한다.

다이쇼기의 성과학 서적의 내용은 메이지기의 그것과 매우 다른 양상으 로 나타났다. 메이지기의 섹슈얼러지가 즉물적이고 기능적이었다고 한다면 다이쇼기에 들어와서는 남녀관계라든가 결혼생활에 있어서의 도덕, 인생의 지침과 같은 것들로 대체되었다. 연애론이 붐을 이루던 시대는 성과학이 붐 을 이루는 시대이기도 했다. 하부토 에이지羽太鋭治나 사와다 준지로沢田順次郎 와 같은 통속 과학자들에 의해 성과학 잡지가 활발하게 간행되었던 시기이 기도 하다.[2]

당시 일반적으로 가정 문제라고 하면 부부 간의 섹스 문제, 혼외 성관계, 남편의 매춘과 같은 문제들을 다루었다. 연애 문제에 있어서는 기타무라 도 코쿠가 오로지 연애만을 찬미하고 긍정하였는데 이것이 그만의 독창적인 부분이자 한계였다. 성욕을 배제한 정신적인 것만 추구한 연애가 아주 불가 능한 것은 아니었지만 일반적인 예라고도 볼 수 없다. 도코쿠 자신 역시 연 애에 그치지 않고 결혼으로 이어갔기 때문이다. 다시 말해 성욕, 결혼, 연애 를 분리하여 각각 개별적으로 논의해왔던 메이지기와 달리, 다이쇼기의 과

---

2) 溝口元, 「『変態心理』に見る大正期の生命科學」(小田晋·栗原彬ほか編, 『「変態心理」と中村古峽』, 不二出版, 2001, p.108)/古川誠, 「戀愛と性欲の第三帝國」, 『現代思想』 1993.7, pp.110~127.

제는 이것들을 서로 유기적으로 연결시키는 데에 있었다고 할 수 있다.

그 가운데 특히 연애가 주목받았던 이유는 다음 세 가지로 나누어 생각할 수 있을 것이다. 하나는, 지금까지 연애 문제는 문학의 소재로만 다루어졌지 사상적 측면에서 논의된 바가 없었기 때문이다. 다시 말해 다이쇼 지식인들에게 있어 연애 문제는 매우 새로운 테마였던 것이다. 두 번째로, 연애가 남녀를 불문하고 대중들의 관심을 끌었기 때문이다. 다이쇼기에 들어서면서 신문 독자층이 증가하고 잡지의 발행이 급증하였다.[3] 특히 여성 독자층의 확대로 여성잡지의 창간이 두드러졌다. 예컨대 1919년(다이쇼 8)경 『부인공론』의 발행 부수가 7만 부였는데, 이는 당시 유력 잡지 『중앙공론』의 발행 부수가 12만 부였던 것을 상기할 때 결코 무시할 수 없는 숫자였다.[4] 주요 독자층은 다이쇼 중반부터 늘어나기 시작한 새로운 중간계층이었다. 인기 있는 기사를 싣기 위한 출판사나 집필자의 노력은 그 어느 때보다 고조되었을 것이다.

그렇다면 왜 연애가 대중에게 인기가 있었던 것일까? 우선은 자유로운 남녀교제가 불가능했던 것을 들 수 있다. 다음은 당시 대부분의 사람들이 연애 없는 결혼을 했고, 더구나 그 결혼생활은 즐겁지 않았기 때문이다. 연애라는 말이 정착되었지만 소설 속에서 가능한 것으로 현실에서는 이루기 어려웠기에 연애에 대한 동경의 마음만 커져갔다. 게다가 신문지상에는 연일 연애사건이 보도되었다. 연애에 대한 동경이 없던 자일지라도 스캔들에 호기심이 일지 않을 수 없었던 것이다. 마지막으로 독자와 필자 쌍방이 양성한 교양주의와 개인에 대한 관심이 증대되었던 점을 들 수 있다. 메이지 말기에

---

3) 大宅壯一,「文壇ギルドの解体期」, 『文芸評論集』 現代日本文學大系96, 筑摩書房, 1973, p.122.

4) 前田愛,「大正後期通俗小説の展開」, 『近代讀者の成立』, 岩波現代文庫, 2001, p.217.

이르자 수험경쟁이 심해졌고 입신출세주의의 부작용이 눈에 보이기 시작했다. 게다가 청일전쟁과 러일전쟁에 잇달아 승리하면서 메이지 유신 이래의 국가목표가 어느 정도 달성되자, 청년들의 관심은 '천하국가'에서 '개인'으로 옮겨가고 불투명한 미래에 대한 고민도 깊어가고 있었다. 이때 "입신출세의 요건으로 엄격하게 요구되었던 것은 극기克己, 근면, 자성自省 등의 덕목이었다. (…중략…) '수양修養'이라는 상징적인 말은 이것이 해체될 위기에서 메이지 입신출세주의의 서자로 등장"[5]하게 된다. 이러한 메이지 수양주의는 다이쇼 교양주의로 결실을 맺었다.

'교양'이라는 말을 '수양'과 분리시켜 사용한 것은 와쓰지 데쓰로和辻哲郎의 「모든 싹을 키워라すべての芽を培え」[6]에서 처음 시도되었다고 한다. 같은 시기 아베 지로阿部次郎도 와쓰지와 비슷한 의미로 '교양'이라는 말을 사용하였다. 교양의 수요층은 원래 구제旧制고등학생들이었는데 1919년 고등교육기관의 창설과 확장으로 학생 수가 비약적으로 증가하였다.[7] 이와 더불어 고만고만한 경제력과 고만고만한 지식을 갖춘 신중간층이 교양을 요구하며 새로운 독자층으로 부상하였다.

다이쇼 지식인들도 이러한 교양주의의 조류 속에 자아에 대한 철학적 사고의 연장선상에서 연애를 인식하기 시작했다. 문화주의와 같은 관념적 철학의 유행도 영향을 미쳤을 것이다. 예컨대 쓰치다 교손土田杏村은, 미美나 윤리는 비논리적이지만 학문적 가치가 있는 것과 마찬가지로, 연애 문제 역시 비논리적 주제이나 학문적으로 다룰만한 체계적 지식이라며 연애론에 학문

5) 前田愛, 「大正後期通俗小說の展開」, 앞의 책, pp.273~274.

6) 『中央公論』 1917.4.

7) 筒井清忠, 『日本型「教養」の運命』, 岩波書店, 1995, pp.43~44, pp.88~92.

적 가치를 부여하였다.[8]

거기다 연애학 분야에는 특정한 전공자가 없었기 때문에 누구든 논할 수 있었다. 따라서 교수, 철학자, 작가와 같은 지식인들이 대거 참여하였다. 또한 연애사건이 끊이지 않아 소재도 충분하였다. 이처럼 연애론이 유행하게 된 배경에는 다양한 요소가 자리하고 있었다.

2. 인생에 있어 연애의 위치

다이쇼기의 연애론 붐은 구리야가와 하쿠손의 『근대의 연애관』에서 촉발되었다. 이후 이를 추종이라도 하듯 신문, 잡지에 수많은 연애물이 등장하였다. 그 가운데 『부인공론』 1923년 9월호에 게재되었던 「인생에 있어 연애의 위치」라는 제목의 특집기사를 살펴보자. 이 안에는 64명의 각계각층의 인사들이 각자의 인생에 있어 연애가 차지하는 비중을 짧게 말하고 있다. 사상적인 깊이는 차치하고 전문적인 연애론자가 아닌, 당시 지식인들의 연애에 대한 사고를 읽을 수 있어 흥미롭다. 그 중 일부를 소개하면 다음과 같다.

연애론 붐일지라도 모두가 연애를 찬미한 것은 아니었다. 우선 부정적인 의견을 들어 보자.

> (연애는) 정신적 열병에 가깝다. 이는 인간의 정신활동에 방해가 된다. 되도록이
> 면 배척하고 싶다.
>
> 기쿠치 간菊池寬

---

8) 土田杏村,「最近諸家の戀愛觀を論ず」, 앞의 책, p.157.

인생에 있어 필요악 가운데 하나.

마쓰무라 다케오松村武雄

안으로부터 생기는 병으로 (…중략…) 정열의 소요騷擾가 생활 중추의 욕정과
함께 발화하면 무서울 것이다.

사토 소노스케佐藤惣之助

나는 처가 있는 몸이다. 사랑해서 결혼한 아내와 살고 있다. 하지만 일상생활이
연애라는 말에 걸맞게 달달하지는 않다. 그에 걸맞게 되려면 다시 한 번 다른 여
자에게 반해야하지만 대단히 번거롭다. 굳이 아내를 슬프게 하려는 마음도 들지
않는다. 그래서 연애의 가치 따위는 매우 낮게 보고 있다. 가장 거슬리는 놈들은
바로 연애를 논리로 접근하려는 놈들이다. 『근대의 연애관』이라는 책은 표제를
보는 것만으로 구역질이 난다.

나카토가와 기치지中戸川吉二

이 외에 인생에 있어 연애의 위치는 사람마다 같을 수 없다는 의견이 가장
많았다. 즉 사람에 따라 연애의 경중이나 의미가 달라지므로 한마디로 표현
할 수 없다는 중립적 입장이다. 야스나리 지로安成次郎, 이시자카 요헤이石坂養
平, 야나기타 겐키치柳田源吉, 가와지 류코川路柳虹, 후쿠다 마사오福田正夫 등이
그들이다.

한편 '연애=성욕'으로 보는 사람도 있었다. 이러한 인식의 경우, 성욕은 본
능적인 것이기 때문에 부정하지 않지만 그렇다고 거기에 특별한 가치도 두
지 않는다는 답변이었다.

연애나 색도色道나 글자만 다를 뿐 본체는 같은 것은 아닐까요?

마사무네 하쿠쵸正宗白鳥

연애는 성욕 본능의 발작입니다.

이시카와 산시로石川三四郎

연애로 인해 부부 사이가 유지되고 자손을 계속해서 증식할 수 있기는 하지만 (…중략…) 연애가 지상의 것이라고 보는 것은 확실히 착각입니다. 그것은 (…중략…) 유인물誘引物과 목적물目的物을 착각한 것입니다.

후지이 겐지로藤井健次郎

(연애는) 천부의 동물적 본능이다. (…중략…) 연애를 신성하다고 하는 것은 금수禽獸의 비명이다.

이토 쥬타伊東忠太

이 외에도 마에다코 히로이치로前田河広一郎, 가토 가즈오加藤一夫, 에도 데키레江渡狄嶺, 하라다 미노루原田実 등이 연애와 성욕을 동일시하는 견해를 피력하였다.

다음으로 연애 긍정파의 의견을 살펴보자. 우선 연애의 가치는 인정하나 인생 지상의 것은 아니라고 주장한 인물로는, 이쿠타 조코生田長江, 후지모리 세키치藤森誠吉가 있다. 연애에 대한 모멸도 연애지상주의도 무의미하다. 연애는 귀중하지만 지상의 것은 아니라는 다음 의견도 이 범주 안에 들어갈 것이다.

연애는 인생에 있어 가장 중요한 것 가운데 하나이며, 또한 인간의 운명에 관여하는 가장 강력한 것이기는 하나, (…중략…) 연애는 지상이며, 절대적이며, 신성하다는 주장에 동감하지 않는다. (…중략…) 연애만큼 당사자 이외의 사람에 대해 이기적으로 작용하는 것이 없을 것이다. 게다가 당사자들끼리 서로의 이기주의가 반발하면 가장 추악한 싸움을 발생시킨다.

아카키 고헤赤木桁平

연애는 인생에 있어 가장 높은 지위를 갖는다. 그렇다고 연애가 (…중략…) 사상, 예술, 도덕 등의 생활에서 최고의 자리를 차지한다는 것은 아니다. (…중략…) 우리의 성욕 생활 가운데 최고의 지위를 차지한다는 것이다.

쓰치다 교손土田杏村

연애가 지상 최고의 것이라고 주장하는 사람들의 면면은 다음과 같다.

(연애를) 항상 '최고'의 것으로 여기고 싶다.

구메 마사오久米正雄

연애는 인생에 있어 첫째는 신앙, 둘째는 사업(사명) 다음으로 소중한 것이다.

구라타 하쿠조倉田百三

오로지 연애만이 최고라는 생각은 하지 않지만 거룩한 것 가운데 하나다.

무로후세 고신室伏高信

(연애는) 인생에 있어 최고의 두 개의 정각頂角이다.

야나기자와 겐柳沢健

연애는 인기배우와 같다.

다다 후지多田不二

인간을 움직이게 하는 강력한 힘이라는 측면에서 보면 최고의 위치에 있다고 볼 수 있다.

니이 이타루新居格

연애는 인생을 살아가는 데에 있어 석탄과 같은 역할을 한다. 연애가 순수하고 열렬하면 할수록 인생은 보다 좋은 방향으로 진전된다. 연애 없는 노인의 생활은 어떠한가. 그것은 불 꺼진 기관차와 같다. 녹슨 더러움과 무기력함은 무엇을 의미하는가? 죽음이 아닌가?

아라이 기이치新井紀一

사람은 사랑하기 위해 태어난 것 같습니다. 바닥이 보이지 않는 옥으로 만든 술잔과 같다고 옛 법사도 말씀하셨습니다.

가미즈카사 쇼켄上司小剣

연애는 인생의 영험한 샘물이며 연애 없는 인생은 오아시스 없는 사막이다.

우부카타 도시로生方敏郎

연애지상주의자 가운데 호아시 리이치로帆足理一郎의 주장이 가장 엄격하였다. 지상 최고의 가치를 갖는 연애란, "동정을 지킨 한 남자와 한 여자만의 사랑"이며, "서로가 인격을 존중하고 존경하는 데에서 나오는 것"이라고 말한다. 나아가 삼각관계나 변심하는 연애는 "상대의 인격에 상처를 입히고 품성을 더럽히는 것"이며, 이런 측면에서 아리시마의 정사는 "자신의 인격을 유린한 적절한 예"라고 비판하였다.

찬반양론 어느 쪽에도 포함되지 않는 것으로 이쿠타 슌게쓰生田春月의 논의를 들 수 있다. 슌게쓰는 연애와 일이 마치 시소를 타는 것처럼, "삶의 양극을 이루는 것"으로, "한 쪽이 올라가면 한 쪽은 기울기 마련"이라며 자신의 연애경험에 빗대어 설명하고 있다. 또한 고지마 마시지로小島政二郎는 "연애란 여성의 배후에서 작용하는 삶의 힘이 넌지는 무섭고도 아름다운 악마의 그물"이라고 주장한다. 마치 공포를 무서워하면서도 즐기는 것처럼 인간의 양면적 성향을 드러내고 있다.

이 가운데 여성 논자는 모두 여섯 명이며 이들의 의견은 대체로 담백하고 소극적이다.

> 방 안에 꽃이 놓여 있는 모습이랄까요.
>
> 미야케 야스코三宅やす子

> (사람, 시간, 장소에 따라 제 각각이지만) 사랑이 인생에서 가장 중요한 것이라고 쉽게 말할 수는 없지 않을까요. (…중략…) 연애가 아무런 가치도 없고 부도덕한 것이라 생각하는 사람들이나 연애를 인생 최대의 목적이자 일순위로 생각하는 사람들의 의견에도 반대합니다.
>
> 이토 노에伊藤野枝

또한 연애보다는 현행의 규칙을 유지하자는 주장도 보인다.

> 연애는 서로의 생활을 풍부하게 하고 생명을 연장하며, 그 행복이 주변에까지 확산되지 않으면 진짜라고 할 수 없다. 주변 사람을 괴롭히거나 생명을 끊는 것은 참된 의미의 연애가 아니다.
>
> 야마다 와카山田わか

당대 최고의 논객 야마카와 기쿠에山川菊栄의 경우도 혼외연애나 정사에 대해 부정적이었다. 그도 그럴 것이 그녀는 개인보다 전체를 우선시하며 정치운동이라는 큰 목적을 위해 개인을 희생시킨다는 전형적인 좌익적 금욕주의자였기 때문이다. 이러한 발상은 남성중심 논리라며 다카무레 이쓰에의 비판을 받았다.

인생에 있어 연애의 비중은 남녀에 따라 다를 것이다. 그런데 남성 필진들은 여성이 남성보다 연애에 더 큰 비중을 두고 집착한다고 믿었다.

> 남자에게 연애는 단순한 이야기 거리에 불과하지만 여성에게는 모든 것이다.
>
> 나카무라 기치조中村吉蔵

> 남성은 연애를 지배하고 여성은 연애에 지배됩니다. (…중략…) 남성에게 있어
> 연애는 약간의 자리를 차지할 뿐입니다. 그러나 여성에게는 연애가 그의 인생의
> 반 이상 때로는 전부를 지배합니다.
>
> 지바 가메오千葉亀雄

그러나 이러한 남성 필진의 논의에 반박하는 여성은 없었다. 이 기획뿐 아
니라 당시 연애론 집필자의 대부분은 남성이었다. 연애가 여성들의 삶에 절
대적인 부분을 차지한다고 믿는 남성들이 주도가 되어 연애론을 이끌어 가
고 있었으며, 정작 여성들은 연애론의 유행에 참여하고 있지 않았던 것이다.
이들 남녀의 인식의 차이는 마치 건널 수 없는 강처럼 깊어만 보인다.

3. 영육일치의 허상

이상과 같이 연애론은 수년에 걸쳐 사상계에 확산되었으며 그 담당자는
주로 사상가나 학자였다.[9] 이 가운데에는 요네다 쇼타로와 같이 연애지상주
의에 대한 비판이 목적인 사람도 많았다. 연애론이 곧 연애지상주의를 의미
하는 것은 아니었던 것이다. 예컨대 쓰치다 교손은 여러 연구가의 연애론을

---

9) 土田杏村, 「最近諸家の戀愛觀を論ず」, 앞의 책, p.157.

검토하고, "인생에 있어 (연애를) 최고의 가치로 둔 사람은 한 사람도 없다. 그럼에도 불구하고 어딘가에 연애지상주의자가 존재하는 것처럼 논의하고 있는 것은 왜일까?"[10]라는 의문을 던진다. 이것은 곧 연애지상주의를 가상의 적으로 설정함으로써 연애론의 융성을 꾀한 것이라 볼 수 있다.

우선 연애의 사상적인 측면에 접근한 논자들의 이론을 검토하고, 그들이 연애를 어떻게 받아들였고 무엇을 제시했는지 살펴보자. 요네다 쇼타로는 연애는 "성욕을 초월한 순수한 정신적인 것"이며 절대가치를 갖는다고 말한다.[11] 그런데 연애는 "일정 기간에만 절대적 가치로 느낄 뿐",[12] 진선미와 같은 영구적인 절대가치에 비하면 하위에 위치한다. 따라서 "인생에 있어 순봉順奉해야 할 주의主義나 인생관은 아니"[13]라고 단언한다. 스기모리 고지로杉森孝次郎는 연애는 인생에 있어 한 요소일뿐 그 이상도 이하도 아니며,[14] 나카기리 가쿠타로中桐確太郎는 연애는 사랑의 한 형태라고 주장한다.[15]

연애의 가치를 특화한 것은 직접 연애 스캔들을 일으킨 이시와라 준石原純이었다. 이시와라도 연애를 사랑 가운데 하나라고 규정하고, "남녀 양성에서 나타나며 그리고 그것이 특별한 힘으로 상대방의 모든 인격을 필연적으로 포용할 때"가 연애라고 하였다. 그리고 연애는 "성애의 본능에 자극받아 사랑의 본질적 가치를 가장 강하고 가장 깊게 체험시키는 점에서 모든 사랑 가운데 가장 빛나는 핵심"이기 때문에, "연애는 특별히 우리 인간에게 주어진 가장 훌륭한 것으로 찬미"해야 하며, "연애 그 자체를 최고의 가치로 삼아

---

10) 土田杏村, 「最近諸家の戀愛觀を論ず」, 앞의 책, p.192.

11) 米田庄太郎, 『戀愛と人間愛』, 弘文堂書房, 1923, p.298.

12) 米田庄太郎, 『戀愛と人間愛』, 앞의 책, p.300.

13) 米田庄太郎, 『戀愛と人間愛』, 앞의 책, p.404.

14) 杉森孝次郎, 『性意識と哲學化』, 黎明社, 1924, p.67.

15) 中桐確太郎, 『予の戀愛觀』, 小西書店, 1923, p.112.

야 한다"고 소리 높여 선언하였다.[16]

논자에 따라 정도의 차이는 있지만, 사랑을 절대화하고 연애를 그 사랑 안에 포함시키는 방식으로 연애의 가치를 높였다. 연애와 사랑을 연결시키는 것이 모든 연애론의 바탕이 되고 있는 것이다. 그리고 연애를 다른 사랑과 구별하기 위해 성욕이 동원되었다.

정리하자면 당시 연애에 대한 인식은 '연애=성욕'은 아니지만 전적으로 성욕을 기반으로 하고 있다. 즉 성욕이 진화하고 발전하여 연애가 되고 성욕은 연애라는 이름 하에 긍정되었다. 이러한 생각은 구리야가와 하쿠손, 쓰치다 교손, 스기모리 고지로, 요네다 쇼타로, 나카기리 가쿠타로, 구라타 하쿠조, 호아시 리이치로 등이 공유하였다. 예컨대 요네다 쇼타로는 연애는 곧 "이성에게 끌리는 경향 또는 이성에 대한 동경"[17]이며, 교손은 성욕이란 "본능이나 욕망을 포함하면서 더 높은 차원으로 순화되어 점차 연애의 가치를 실현해 가는 것"[18]이라고 정의한다. 또한 호아시는 "사랑은 단순한 성욕이 아니라 성욕이 이상화된 것"이며, "성욕에서 탈화한 생명융합의 원리"[19]라고 보았다.

이러한 견해는 얼마든지 찾아 볼 수 있다.

성교, 연애, 성스러운 것이 일치해야 한다. 성교를 미화한 것이 연애다. 연애의 자유는 성교와 연애의 일치를 뜻한다. 성교가 미화되고 영육이 일치할 때 최고가 된다.[20]

---

16) 石原純, 『人間相愛』, 一元社, 1923, pp.103~105.
17) 米田庄太郎, 『戀愛と人間愛』, 앞의 책, pp.47~50.
18) 土田杏村, 「最近諸家の戀愛觀を論ず」, 앞의 책, p.174.
19) 帆足理一郎, 「現代戀愛生活の批判」, 『改造』 1921.4, p.150.
20) 室伏高信, 「人生に於ける戀愛の位置」, 『婦人公論』 1923.9, p.25.

성욕을 연애로 한 단계 격을 높였다는 사실이 기쁘고 마음 든든하다. [21]

영육일치라는 말 안에 정신과 육체의 대립이라는 발상은 없었다. 연애를 성욕으로 바꾸거나 성욕이 고도로 발전된 형태가 연애라고 하거나 어느 쪽이든 성욕을 정당화하였다. 즉 연애에 바탕을 둔 섹스는 전면 긍정되었다. 단 노골적인 성교예찬이 아닌 기묘한 금욕주의를 동반하였다. 섹스에 가장 긍정적이었던 이시와라는 성교가 인간의 저주받은 행위라든가, 그렇기 때문에 신의 낙원에서 추방되었다고는 생각할 수 없다고 말하고, "성교는 오히려 신에게 받은 커다란 유희"이며 "무분별하게 남발해서는 안 된다"고 경고한다. 또한 섹스는 "더없이 순수한 연애"를 필요로 하며 연애라는 동기가 없는 섹스는 잘못된 행위라고 규정하였다. [22]

성욕은 충족되지 않아도 된다는 주장 또한 많았다. 스기모리는 성욕은 반드시 충족되어야 하는 것으로 보지 않았다. 오히려 연애나 성욕으로 발산하지 못한 활력을 과학, 예술, 정치, 경제, 교육에 이르는 폭넓은 문화 활동으로 해소할 것을 권하였다. 그리고 성욕을 직접적으로 충족하는 것에 대해 비판한다. [23] 나카기리는 연애에서 섹스의 유무는 문제가 되지 않는다고 말한다. 또 섹스의 기회가 없다면 연애는 다른 형태로 나타날 것이며, 단테의 『신곡』과 같은 고금의 예술작품 또한 보상을 바라지 않는 연애로부터 나온 것이라고 말한다. [24]

---

21) 伊福部隆輝, 앞의 책, p.35.

22) 石原純, 『人間相愛』, 앞의 책, pp.105~107.

23) 杉森孝次郎, 『性意識の哲学化』, 앞의 책, pp.105~107.

24) 中桐確太郎, 『予の戀愛觀』, 앞의 책, pp.102~103.

구라타 하쿠조는 연애는 "보다 높은 형태의 성욕"[25]이라고 정의한 바 있다. 그러나 성욕에는 연애 이외의 동기(구체적으로는 정복욕, 상대를 수단으로 이용하는 인식, 섹스를 다른 목적으로 이용하는 것, 미리 쾌락을 예상하는 것)가 더해지기 마련이므로, 그 결과물인 섹스는 더 없이 불순한 것이다. 설령 불순한 동기 없이 천진난만한 섹스라 하더라도 "죄악은 아니지만 질이 낮은 것"[26]이라고 주장한다.

구라타는 "최고의 연애"는 섹스 없이 깨끗한 성욕으로 가득 차야 한다고 보았다. 또한 연애의 극치는 "육욕, 고뇌, 질투, 싸움, 격정 없는 고요한 아름다움만이 지배하는 것"[27]이며, "부부사이든 서로 사랑하는 사이든 육체적 교류는 나쁜 것"[28]이라는 극단적 결론은 내리지 않겠지만, "연애의 가장 아름다운 구도 안에 아무리 순수하다 하더라도 육체적 교류는 포함시키고 싶지 않다"는 의견을 피력하였다. 즉 성욕을 부정하고 배제하지는 않았지만 섹스는 부정하였다.[29]

구라타와 같이 성욕을 '인격화' '이상화'해야 한다는 발상은 결국 성욕의 폄하로 이어졌다. 따라서 성욕을 만족시키는 섹스의 가치도 자연스럽게 폄하되었다.

또한 섹스를 생식과 직결시킴으로써 연애의 자유가 크게 제한되었다. 예를 들어 스기모토 고지로는 연애의 바탕이 되는 모든 섹스를 "넓은 의미의 결혼"이라 정의하고, 연애는 자유지만 성교는 책임져야할 행동으로 보았

---

25) 倉田百三, 「戀愛と性欲について」, 『倉田百三選集』 2巻, 日本図書センター復刻, 1994, p.285.

26) 倉田百三, 「戀愛と性欲について」, 앞의 책, pp.286~296.

27) 倉田百三, 「戀愛と性欲について」, 앞의 책, pp.296~297.

28) 倉田百三, 「地上の男女」, 『倉田百三選集』 2巻, 앞의 책, p.184.

29) 倉田百三, 「戀愛と性欲について」, 앞의 책, p.295.

다.[30] 자손번식이 연애의 목적은 아니라고 단언하지만 스기모토가 말하는 연애의 자유란, 짝사랑 혹은 섹스와 연결이 되지 않을 때에만 해당되는 것이었다. 아무리 열렬한 연애라도 자식에 대해 책임을 질 의지가 없다면 "출산할 가능성이 있는 결혼은 매우 비사회적이고 이기적"[31]이라는 것이다.

그 중에는 생식과 섹스를 분리해서 생각하는 사람도 있었다. "성교의 목적이 반드시 출산에 있는 것은 아니다. 아이를 갖는 것과 연애는 별개"[32]라는 식의 인식은 이미 1907년(메이지 40)에 유포되었다. 그러나 남녀 결합의 목적이 아이를 낳는 것만이 아님을 입 밖으로 내어 표현하지 않았다. "즐기는 것은 과연 죄악인가, 쾌락은 과연 부도덕 한가"[33]라며 쾌락을 위한 성을 주장했던 사카이 도시히코堺利彦 조차 다이쇼기에 들어서면서 생각을 바꾸어 "아이를 낳을 자유와 낳지 않을 자유"[34]를 주장하였다.

당대 결혼관 비판

연애와 결혼을 연결시켜 생각하든 그렇지 않든 일본의 결혼 현실에 대한 비판은 거세었다. 그 중에서도 연애결혼을 주장하는 사람들은 사랑 없는 결혼을 크게 비판하였다.

경제적으로 독립하지 못 한 사람, 특히 여성이 사랑 없는 결혼으로 자신의 물질적 생활의 안정을 꾀하는 것은 명백한 일종의 노예적 매음생활이며, 야만시대의

---

30) 杉森孝次郎,『性意識と哲學化』, 앞의 책, p.95.

31) 杉森孝次郎,『性意識と哲學化』, 앞의 책, p.116.

32) 土田杏村,「戀愛と産兒調節」,『土田杏村全集』9卷, 앞의 책, p.335.

33) 堺利彦,「男女結合の目的」,『堺利彦女性論集』, 앞의 책, p.236.

34) 堺利彦,「産む自由と産まぬ自由」,『堺利彦女性論集』, 앞의 책, p.310.

매매결혼의 유풍이다.[35]

사랑이 중심이 되는 것이 아니라 가문, 돈, 의리 등을 중요하게 생각하는 이 나라 고유의 결혼법은 매우 불행한 것이다.[36]

방탕, 난음亂淫은 성욕의 유희화다. 또한 연애 이외의 요소만 과도하게 중시하는 성적결합(결혼)은 성욕의 형식화에 지나지 않는다.[37]

성욕이나 섹스는 연애에 의해 정당화되었다. 이러한 논법을 따르면 연애 없는 섹스는 규탄의 대상이 되었으며 연애 없는 결혼도 당연히 비판의 대상이 되었다. 그런데 문제는 여기서 그치지 않는다. 결혼이 여성들에게 생활 수단이 되는 것이 더 큰 문제였다. 이 문제를 둘러싸고 "연애와 결혼은 별개"라고 주장하는 사람들로부터 거센 비판이 쏟아졌다.

여자에게 있어 부인이 된다는 것은 가장 확실하고 안정적인 생활방식이다. 한 남자의 아내가 될 수 없다면 그 아내의 자리에 준하는 형식이라도 얻기 위해 목메며 그 어떤 일도 참고 인내한다. 이러한 수렁에서 연애지상주의고 뭐고 있을리 없다.[38]

현재 일본 대다수의 결혼생활은 사유재산제의 한 변형이다. 남편이라는 소유자가 아내라 이름 붙여진 가축을 키워 성적 쾌락을 얻기 위해 기계처럼 사용한다. 그리고 동시에 이것을 도살하지 않고 먹잇감으로 삼는 장소 혹은 노예제다.[39]

---

35) 廚川白村, 『近代の戀愛觀』, 앞의 책, p.28.
36) 森本厚吉, 「新婦人と文化運動」, 吉野作造・有島武郎・森本厚吉, 『私どもの主張』文化生活研究會, 1921, p.194.
37) 廚川白村, 『近代の戀愛觀』, 앞의 책, p.156.
38) 山本宣治, 「結婚 三角關係 離婚」, 『山本宣治全集』 3卷, 汐文社, 1979, p.143.
39) 山本宣治, 「結婚 三角關係 離婚」, 앞의 책, pp.136~137.

여성은 크게 한 남자의 아내, 직업여성, 매춘부로 나눌 수 있다. 이들은 재산이 많든 적든 간에 남자에게 팔려 간다는 점에서 동일하다. 다른 점이라면 결혼한 여성의 경우 성이나 노동력을 단기간이 아니라 평생을 팔아야 한다는 점이다.[40]

오늘날 대부분의 부부는 단순한 성관계와 경제관계로 이루어져 있다. (…중략…) 이리하여 가정은 정치적으로 부군처신夫君妻臣의 관계가 성립한다.[41]

결국 결혼한 여성의 현실은 "남편이란 남자에게 예속되고 성욕에 봉사하는 첩"이 되거나 "의식주의 이용을 편리하게 해주는 부엌데기"[42]에 불과한 것이다. 연애결혼이든 아니든 결혼생활 자체에 문제가 있다는 것이다.

이러한 결혼의 현실을 타개하고자 몇 가지 개혁안을 제시한다.

첫째, 법제도의 개혁이다. 메이지 민법에서는 여자에게 있어 결혼이라는 것은 다른 집에 들어가 다른 집 사람이 되는 것이고 법률상으로 부인의 지위는 무능력자로 보고 있다. 따라서 '이에'제도 즉 호주제를 폐지하는 것이 여자의 예속적 정신을 없애는 근본이 될 것이다.[43] 또한 여성에게만 간통죄가 적용되며 이혼한 여성에 대한 법이나 제도, 생활보장 시스템 또한 미흡하다. 가정 내 여성의 지위 개선을 위해 여성의 가사 노동이 인정되어야 한다는 의견도 제시되었다.[44]

둘째, 도덕상에서의 이중 잣대의 폐기이다. 예컨대 남성은 혼외연애의 자유가 있는 반면, 여성에게는 금지되어 있다. 여성에게만 요구되는 결혼 전

40) 堺利彦, 「婦人生活の三種類」, 『改造』 1923.5, p.183.
41) 杉森孝次郎, 『性意識の哲學化』, 앞의 책, p.123.
42) 与謝野晶子, 「未來の婦人となれ」, 『定本与謝野晶子全集』 17卷, 講談社, 1980, p.8.
43) 平塚らいてう, 「女として生活するうえにおいて我が現行法に對して感じたこと」, 『平塚らいてう著作集』 3卷, 大月書店, 1983, pp.250~251.
44) 杉森孝次郎, 『性意識の哲學化』, 앞의 책, p.128.

의 처녀성, 결혼 후의 정조라는 도덕은 노예제도에 다름 아니다.[45] 또한 처녀를 꽃, 눈, 가다랑어, 가지 등 만물에 비유하여 소중히 여기는 것은 "여성에 대한 일종의 모욕"이다.[46] 이것이 여성의 이혼이나 재혼에도 방해가 되고 있다. 또한 학교나 가정에서도 여성을 인격이 아닌 물질로 보고 오로지 남성의 유희와 오락의 도구, 인류생식의 기계로 적응하도록 양성하는 것은 큰 문제다.[47]

결과적으로 가부장제를 바탕으로 한 결혼제도와 남녀에 따라 각기 다르게 적용되는 도덕규범, 여성의 경제력 결여가 서로 맞물려 의무적이고 억압적인 결혼제도가 탄생한 것이며, 지금까지 논의되어 온 결혼개혁안은 연애와는 아무런 관련이 없는 것이었다.

4. 결혼은 연애를 통해서 할 것인가?

이 장에서는 연애와 결혼의 관계에 대해 알아보자. 우선 결혼과 연애를 별개로 보는 것, 결혼과 연애는 동반되어야 하는 것으로 크게 나눌 수 있다. 연애와 결혼을 별개로 보는 논자는, 나카기리 가쿠타로中桐確太郎, 구라타 하쿠조, 하세가와 뇨제칸長谷川如是閑, 무로후세 고신室伏高信, 야마모토 센지山本宣治, 스기모리 고지로杉森孝次郎, 사카이 도시히코堺利彦 등이다.

이들은 다시 결혼을 중시하는 공적公的제도 우선지향파와 연애를 중시하는 사적私的감정 우선지향파로 나뉜다. 첫 번째 논자들의 논리를 보면, "가정

---

45) 平塚らいてう, 「差別的性道德意識について」, 『資料 性と愛をめぐる論爭』, 앞의 책, p.125.
46) 堺利彦, 「處女とは一種の侮辱」, 『堺利彦女性論集』, 앞의 책, p.338.
47) 与謝野晶子, 「未來の婦人となれ」, 앞의 책, p.9.

의 의의는 사회와 개성의 중간 역할"[48]에 있으며 남녀가 성애의 만족만을 생각해서는 안 된다고 말한다. 또 "결혼이 반드시 연애의 결과라고 할 수 없으며 연애가 결혼의 목적이 되는 것은 더더욱 아니"[49]라고 말한다. 즉 연애는 어디까지나 사적인 일이며, 결혼은 공적인 일로서 그것을 유지하기 위해서는 "정을 절제하는 의지의 힘이 필요"[50]하다는 것이다.

두 번째 연애 중시파의 논자 가운데 하세가와 뇨제칸은, "성적결합에 영원성을 연결시키는 것은 현재의 사회제도의 요구"이며, "결혼이라는 제도는 사회적 생활의 편의를 위한 법칙"이고, "결혼을 본위로 삼아 성적 생활을 생각하는 것은 사랑의 지순에 이르는 길이 아니"[51]라고 주장한다.

무로후세 고신은, "간통이 존재하는 것은 제도의 결함을 나타내는 것"이며, "연애는 고정적인 것인가? 연애는 보다 유동적인 것이 아니었던가? 간통이 존립하는 것은 연애의 유동성을 증명하는 것이 아닌가?"[52]라는 의문을 제기한다. 또한 "첫사랑이 평생 지속되는 것이 아니라면 결혼 역시 평생을 목표로 해서는 안 된다"[53]고 주장하였다.

야마모토 센지는 연애시절은 인생의 절정이며 가장 아름다운 시기지만 그것을 평생 지속시키는 것은 무리며, 연애는 결혼생활의 필요조건은 아니라고 말한다.[54]

사카이 도시히코는 이처럼 제도화된 결혼과 결별할 것을 강하게 주장한다.

48) 杉森孝次郎, 『性意識の哲学化』, 앞의 책, p.78.

49) 杉森孝次郎, 『性意識の哲学化』, 앞의 책, p.115.

50) 杉森孝次郎, 『性意識の哲学化』, 앞의 책, p.115.

51) 長谷川如是閑, 『性的感情の醇化』 3巻, 栗田出版会, 1970, p.248.

52) 室伏高信, 「性のユートピア」, 『改造』 1923.5, pp.141~142.

53) 室伏高信, 「性のユートピア」, 앞의 책, p.146.

54) 山本宣治, 『戀愛陽棄』, 『山本宣治全集』 3巻, 앞의 책, pp.122~124.

정부의 보호를 받고 싶은 사람은 반드시 정부에 혼인신고를 하도록 하라. (…중략…) 그러나 정부에 부부의 연을 속박당하고 싶지 않다면 신고 따위는 하지 않아도 좋다.[55]

결혼과 연애는 별개라는 근거를 정리하면, 연애는 영원히 지속되지 않으며, 결혼은 공적인 일이자 사회적인 제도이기 때문에 양자는 양립하지 않는다는 것이다. 연애와 결혼 중 어느 것을 중시하느냐에 따라 결론이 양분되지만, 어떠한 결론이든 연애는 영원히 지속되지 않는다는 점에서는 의견을 같이 한다. 그러나 생식에 관해서는 결혼제도를 중시하는 경우 결혼=생식인 이상 책임을 중시하여 금욕적이 된다. 이에 반해 연애 중시파는 쾌락으로서의 성을 긍정하게 된다. 야마모토 센지는 예외적으로 결혼과 생식을 분리하여 생각했다. 아이를 낳든 낳지 않든 그것은 부부의 자유이고, 가령 유전적 병이 있다고 하더라도 인간은 종마가 아니므로 결혼의 자유가 있다고 주장한다.[56] 그렇다면 야마모토에게 결혼이란 과연 무엇이었을까? 그가 주정하는 연애와 분리되고 결혼과도 분리된 결혼이 어떤 의미인지, 결혼이 불필요하다면 그 이유는 무엇인지에 대한 논지가 명확하지 않다.

제도 중시파의 의견에 따르면, 현재 상황은 변화하지 않을 것이며 불행한 결혼이나 이혼, 연애사건이 앞으로도 끊이지 않을 것이라고 한다.

결혼으로 이어지지 않는 자유로운 연애는 사실상 불가능하였다. 예컨대 이야기 속 주인공 히카루 겐지光源氏나 요노스케世之介가 아닌 이상 대다수의 사람들은 독신주의를 선택하거나 결혼을 부정하기는 어려웠다. 당시 사람들에게 독신주의는 선택사항에 없었을 것이다. 즉 연애와 결혼은 별개

---

55) 堺利彦,「結婚式とは何ぞや」,『堺利彦男女性論集』, 앞의 책, p.241.
56) 山本宣治,『戀愛陽棄』, 앞의 책, pp.126~127.

라는 주장은 현실에서는 어떠한 도움도 되지 않는다는 것이다. 어차피 결혼이 해야만 하는 것이라면, 결혼은 어떠해야 하는가? 이에 대한 답을 찾기 위해 연애결혼론이 등장하게 되고 나아가 실생활의 처방전 역할을 하게 되었던 것이다.

처방전으로서의 연애결혼론

연애결혼론은 크게 두 종류로 나뉜다. 첫째는, 연애가 소멸하면 몇 번이고 결혼이 가능하다는 결혼 복수론이고, 둘째는 결혼은 평생 단 한 번이라는 생애 일회론이 그것이다.

먼저 결혼 복수론부터 알아보자.

> 연애가 일치하는 결혼 상태에서만 정조가 존재한다. 사랑 없는 곳을 떠나 사랑 있는 곳으로 향하는 남녀가 결코 정조가 없는 것은 아니다.[57]

> 결혼도 인간의 행위 가운데 하나다. 그곳에 아무런 과오가 없다고 누가 보증 할 수 있단 말인가. (…중략…) 서로 같이 있는 것보다도 헤어지는 편이 서로에게 행복하다면 서로가 취해야 할 합리적인 길이 따로 있을 수 있다.[58]

그러나 사람의 마음은 변할 수 있고 결혼에 실패할 수도 있다는 의견은 사실상 소수였다.

결혼은 일생에 단 한 번뿐이라는 논자들은 연애를 통해 결혼한 사람은 연애감정이 소멸했다는 이유로 이혼해서는 안 된다는 것이 공통된 입장이었

---

57) 『男女と貞操問題』, 앞의 책, pp.352~353.
58) 田中王堂, 「考察と批評」, 『早稻田文學』 1919.2, p.28.

다. 나카기리 가쿠타로는 『나의 연애론』에서, 이혼을 절대 금지하는 것은 아니지만 단순히 연애감정이 없어졌다는 이유로 이혼해서는 안 된다고 말하고 있다. 또한 연애감정이 소실되었다 하더라도 아이를 생각해서 이혼은 금해야 한다고 주장한다. 왜냐하면 결혼이 부모와 자식 관계로 발전한 이상 그 자식이 자립할 때까지 보호하고 이끌어주어야 할 책임이 있기 때문이라는 것이다.[59]

그런데 구리야가와 하쿠손이나 호아시 리이치로, 요네다 쇼타로 등 연애론을 주장하는 자들은 연애가 소실된다는 사실 조차 인정하지 않았다. 연애는 영구불멸하며 사랑은 옮겨가는 것이 아니라는 것이다. 결혼은 연애의 당연한 결과이며 더불어 결혼은 일생에 한 번뿐이라고 규정하였을 때 그 처방전으로서 연애결혼론은 어떠한 형태를 띠고 있을까?

다이쇼 연애론은 연애를 누구나 가능한 것으로 설정하고 있지 않다. 연애결혼도 마찬가지다. 예컨대 이와노 호메이는 자유연애로 결혼할 경우 연애감정이 소멸하면 자유롭게 헤어질 수 있어야 한다고 말한다. 따라서 여자들도 독립하여 생활할 수 있는 사회적 소양을 쌓아야 한다고 주장한다.[60] 법이나 사회제도적인 측면의 개량을 주장한 것도 이러한 변화 없이는 연애결혼이 불가능했기 때문이다. 이뿐만이 아니다. 연애를 지속시켜 가기 위한 각오와 노력, 부모나 친족, 세상의 이목으로부터 자유로워질 것을 요구하였다. 연애를 성취하게 하기 위한 제언이었던 것이다.

우리는 자유연애를 주장하지만 누구나 다 하는 것이라고는 보지 않는다. 그만큼의 자격이 있는 자들이 하는 것이며, 자격이 없는 자에게는 그것이 가능하도록

---

59) 杉森孝次郎, 『性意識の哲學化』, 앞의 책, p.102.

60) 『男女と貞操問題』, 앞의 책, p.364.

유도하는 것이다.[61]

그렇지만 연애라는 것이 반드시 제도나 의식개혁으로 이룰 수 있는 것은 아니라고 덧붙인다. 연애는 훌륭한 것이지만 누구나 다 할 수 있는 것은 아니라는 것이다.

또한 연애로 인해 다수의 실연자가 발생하자 이에 반대하는 논의도 등장한다. 이를테면 사카이 도시히코는, "아무리 사회주의가 이루어졌다고 해도 모든 실연한 이들을 구제하는 것은 불가능하다. 자유연애가 아무리 좋다 한들 실연을 막을 기술은 없다. (…중략…) 실연은 오늘날의 인간의 지혜로는 해결하기 어려운 것으로 천재天災라든가 병사病死와 마찬가지로 종교에서 답을 찾는 길 이외에는 없다"[62]고 단언한다.

하쿠손은 "결혼은 연애를 사회화하고 제도화한 자들에게만 허용되어야 한다. 그런데 세상에는 그렇지 않은 자들의 연애도 존재한다. 이것은 연애가 곧 결혼이 아님을 의미하기 때문"이라고 언급하고, 짝사랑이건 이루어질 수 없는 사랑이건 모두 소중한 사랑이며, 그러한 사랑을 가슴에 묻고 평생 동정을 지키는 것은 그 사람에게 결코 불행한 일은 아니라고 말한다. 또한 상대에게 거절당한 자가 거절한 상대에게 더욱 애정을 느낀다면 거절한 자가 오히려 손해를 본 것이라고 주장한다.[63]

나카기리 가쿠타로는 보상받지 못한 연애는 '실연'이 아니라 '실망'이라고 규정하고, 상대의 변심이나 결혼으로 인해 연애가 소멸될 경우 이것은 애초부터 연애가 아닌 성욕에 지나지 않으며, 실연은 타율적으로 일어나는 것이

---

61) 男女と貞操問題』, 앞의 책, p.363.
62) 堺利彦, 「自由戀愛と社會主義」, 『堺利彦女性論集』, 앞의 책, pp.217~218.
63) 廚川白村, 『近代の戀愛觀』, 앞의 책, pp.83~85.

아니라 자기 자신으로부터 생겨나는 것이라고 지적한다. 그리고 둘이 하나가 되는 영적 체험을 한다면 결코 소멸되지 않을 것이라고 단언한다.[64] 정신적 연애에만 머무른다면 상대가 얼마나 되든 상관없다고 말한다. 그리고 섹스 없는 연애는 무언가 부족하지만 그것 또한 상대에 대한 배려심이며 정조의 바탕이 된다고 말한다.[65] 기혼자라고 하더라도 얼마든지 정신적인 연애를 즐길 수 있으며 짝사랑이라 하더라도 충분히 가치가 있다는 것이다.

이들의 논의를 정리하면, 생활개혁의 처방전으로서 연애결혼의 주장, 연애를 실천하기 위한 개혁과 책임론, 연애 약자에 대한 구제론으로 나눌 수 있을 것이다. 연애찬미사상을 통해 연애의 가치를 인정하지 않았던 기존의 결혼제도나 남녀교제 형태 등을 신랄하게 비판할 수 있게 된 것이다.

연애의 자유를 주장하는 것은 여성의 법적 지위, 남녀평등, 직업진출 기회의 확대 등 법제도 개혁뿐만 아니라 개인의 존엄, 개성의 해방, 여성해방 등의 주장으로 이어졌다. 그것은 자유연애를 실천하기 위해서는 개인의 경제력 및 정신적 자립이 필요했기 때문이었다. 그리고 누구나가 연애를 할 수 있었던 시대가 아니었기 때문에 연애 약자에 대한 구제 방법도 마련되었던 것이다.

미디어의 측면에서 보자면 연애론이 성 담론보다는 부담이 적었을 것이며, 연애론자들 측에서는 대중들의 시선을 사회개혁으로 돌릴 수 있는 마법의 키워드였을 것이다. 아울러 독자 측에서는 무엇보다 절실한 관심거리였을 것이다.

핵가족화와 도시화가 진행되면서 종래의 가족 형태를 대체할 새로운 가

---

64) 中桐確太郎, 『予の戀愛觀』, 앞의 책, p.104.
65) 中桐確太郎, 『予の戀愛觀』, 앞의 책, pp.101~102.

족 모델이 요구되었다. 또한 부모의 슬하를 떠나 도시로 진출하는 청년들이 증가하고, 중매역할을 해 줄 사람이나 남녀가 자유롭게 만날 수 있는 장소를 확보하지 못하게 됨에 따라 결혼 자체도 힘들어지게 되었다.

현실적으로는 결혼 시기가 늦어지고 독신생활이 장기화됨에 따라 결혼 전 성애 문제가 중요해졌다. 이때 연애론은 보다 나은 결혼을 위한 매뉴얼로 기능하게 된다. 연애가 널리 보급되었다고는 하나 그 실천은 좀처럼 쉽지 않은 상황에서 연애론만이 유일한 처방전이었던 것이다.

5장
구리야가와 하쿠손은 왜 잘 나갔을까?

1. 상아의 탑을 나와서

연애결혼론에는 현실 개혁의 가능성이 내포되어 있다. 이 장에서는 연애론 붐의 주축이었던 구리야가와 하쿠손의 논의를 중심으로 연애결혼의 사상과 구조를 검토해 보고자 한다.

하쿠손은 신문, 잡지에서 연일 성욕에 대해 떠들어대고 연애를 멸시하는 데에 분노했다. 그는 인생에 있어 연애가 갖는 의미를 바르게 평가하지 않고 시대 분위기에 편승하는 경향을 비판한다.

그렇다고 해서 하쿠손이 성욕에 혐오감을 갖거나 금기시 한 것은 아니다. 다만 "단순히 성욕학 지식만 보급된다면 연애라는 인격 관계의 의미는 불명확해지고 예전부터 일본인이 갖고 있던 편견과 망상은 한층 심해질 것"[1]이라고 우려하였다. 이러한 이유에서 『근대의 연애관』의 집필을 시작하게 된 것이다. 하쿠손은 『근대의 연애관』 연재에 앞서 『상아의 탑을 나와서象牙塔を出でて』(1920)를 『도쿄아사히신문』에 게재한 바 있다. 제목에도 나타나 있듯, 하쿠손은 이때부터 아카데미즘과 통속의 중간 지점에서 논의를 전개하

---

1) 廚川白村,「再び戀愛を說く」, 앞의 책, p.9.

였다. 이것은 하쿠손이 당시 융성했던 성과학이 과학적이면서도 통속적이고 대중적이었음을 인식하고 있었기 때문일지 모른다. 하쿠손은 다음과 같이 주장한다.

> 요즈음 일부에서 성교육의 필요성을 소리 높여 주장한다. 전혀 문제될 것 없다. 그러나 그것은 단순히 생리상의 지식을 전수하는 것이 아닌 (…중략…) 인격적 결합이라는 사상을 주입하는 일이 무엇보다 우선되어야 할 것이다.[2]

이어서 "세기말의 유물론이나 개인주의로 인해 한때 파괴되었던 연애가 20세기에 들어서면서 신新이상주의적 경향의 부활과 함께 다시 긍정되고 있다"[3]고 지적하며, "어떤 비평가는 마치 연애긍정을 구시대의 구사상이라며 괴변을 늘어놓지만, 지금 20세기 새로운 철학을 대표하는 신新칸트파 학자인 리케르트Rickert, Heinrich(1863~1936)나 코헨Cohen, Morris Raphae(1880~1947)은 명확하고 강한 어조로 연애를 긍정하고 있다"[4]고 지적하며, 이러한 새로운 사상을 바탕으로 새로운 연애관을 제시해야 한다고 주장한다.

1921년(다이쇼 10) 9월 30일부터 10월 말까지 『도쿄아사히신문』에 20회에 걸쳐 연재된 『근대의 연애관』의 목차는 다음과 같다.

1. 러브 이즈 베스트
2. 일본인의 연애관
3. 연애관의 고금古昔

---

2) 廚川白村, 「再び戀愛を說く」, 앞의 책, p.64.
3) 廚川白村, 「再び戀愛を說く」, 앞의 책, p.99.
4) 廚川白村, 「三たび戀愛に就て」, 앞의 책, p.291.

4. 사랑의 진화

5. 노라는 이미 낡았다

6. 비요르손의 작품

7. 연애와 자아해방

8. 무비판에서 긍정까지

9. 결혼과 연애

10. 인생의 문제

11. 단편어斷編語

12. 에필로그

메이지기 이래 연애에 대한 모멸이 되풀이 되었지만, 하쿠손의 말을 빌자면, 1897년(메이지 30) 무렵부터 낭만주의 시대에는 청춘의 사랑을 노래하는 시인을 '세이킨토星菫党'[5]라며 야유하고 메이지 40년 전후부터는 자연주의라는 말을 곡해하여 모든 성적 관계를 모멸해왔다.[6]

> 연애찬미, 여성을 찬양하기는커녕 사람 취급도 하지 않는다. 스스로 국수国粹를 주장하고 문화를 입 밖에 내고 5대 국민의 하나라는 등 독선적이고 자만한 인종이다.[7]
> 양성의 연애관계라고 하면, 우롱하거나 조롱하거나 반 재미로 놀린다. 그래도 성이 차지 않으면 이번에는 연애를 죄악시하고 배덕난륜背德亂倫 취급까지 하는 무서운 사람들이다.[8]

---

5) 메이지기 감상적인 시를 노래한 시인을 일컬음. (역자주)
6) 廚川白村, 『近代の戀愛觀』, 앞의 책, p.7.
7) 廚川白村, 『近代の戀愛觀』, 앞의 책, pp.5~6.
8) 廚川白村, 『近代の戀愛觀』, 앞의 책, p.6.

이어서 "최근에는 성욕과 연애를 똥과 된장에 얼버무려 다시 우롱하려고 한다." 이것은 "수법을 바꿔 완강하고 고루한 구舊사상의 미망迷妄을 되풀이하는 것에 불과"[9]하다고 비판하였다. 아울러 일본인들이 성애를 경멸하고 "청교도처럼 청결한 듯 행동하나 실제로는 그와 정반대"이며, "한편으로는 성관계를 매우 배척하고 모멸하면서, 다른 한편으로는 남녀의 풍기가 다른 문명국과 비교가 안 될 정도로 문란"[10]하다고 지적하였다.

그런데 이것은 일본 고유의 사상이 아니라고 단언한다. 즉 "일본인은 본래 더 자유롭고 더 해방적이고 양성관계를 더 객관적으로 볼 수 있는 총명한 인종"[11]이었다는 것이다. 더 나아가 연애지상주의는 본래 일본 고유의 사상이며 서양인보다 뛰어난 측면이 있다고 주장한다.

> 연애지상이라는 이상주의는 결코 외국에서 도입된 것이 아니라 훌륭하고 자랑스러운 일본산 즉 국산이다. 우리 일본인이 선조시대부터 갖고 있던 고유 사상인 것이다.[12]

예컨대 기독교에서는 여자를 죄의 근원으로 보아(예컨대 판도라의 상자) 성관계를 죄로 간주하였다. 이슬람교나 불교, 유교 역시 성관계를 긍정하지 않는다. 이와 반대로 원시종교는 성관계를 전적으로 신성화한다. 이에 비해 일본의 선조들은 이들과 달리 있는 그대로 자연의 법칙에 따라 인생에 있어 성관계를 중요하게 여겼다는 것이다. 그 근거로 삼았던 것은 이자나기·이자나미의 국가탄생신화와 고대가요였다. 이러한 좋은 전통이 파

---

9) 廚川白村, 『近代の戀愛觀』, 앞의 책, p.7.

10) 廚川白村, 『近代の戀愛觀』, 앞의 책, pp.7~8.

11) 廚川白村, 『近代の戀愛觀』, 앞의 책, p.6.

12) 廚川白村, 『近代の戀愛觀』, 앞의 책, p.126.

괴된 것은 가마쿠라시대 이후 끊이지 않았던 전란과 무사도 때문이었으며, 그 결과 "기괴한 편견과 비뚤어진 근성을 품기에 이르렀던 것"[13]이라고 주장한다.

한편 하쿠손은 연애의 역사를 크게 세 단계로 나누어 설명하고 있다. 제1단계는 고대로, 성적 본능만 기능했던 '육욕의 시대'이며, 여성은 남성의 성욕 만족과 생식을 위한 도구였다. 제2단계는 중세로, 기독교의 금욕주의와 연애가 결합하여 여성을 신격화하고 숭배하는 한편, 육체적 매력을 발산하는 여성은 악마로 간주하는 '영적·종교적 여인숭배시대'이다. 다시 말해 여성에게 있어 신격은 인정하였으나 인격은 인정하지 않았다고 말할 수 있다.

마지막으로 제3단계인 근대는, '영육합일의 일원적 연애관의 시대'이다. 이때부터 연애는 양성이 "서로가 자기를 새롭게 하고 충실하게 하는 일"이라고 규정하게 된다. 엘렌 케이와 에드워드 카펜터는 이러한 연애관을 대표한다.[14]

영육일치의 사상은 당시 지식인들 대부분이 공유하고 있었으며, 육체와 정신이라는 이항대립을 극복하는 일이기도 했다. 이 두 가지 모두가 가치 있는 것으로 칭양되었다. 다만 성욕을 연애로 정당화하는 위험한 측면도 내포하고 있었다.

그렇다면 하쿠손이 연애를 그토록 강하게 주장한 것은 단지 연애가 멸시되는 풍조 때문이었을까? 아닐 것이다. 그보다는 연애가 갖고 있는 고유의 가치와 의의를 발견하고자 했기 때문이었을 것이다. 하쿠손은 오늘날 문제

---

13) 廚川白村, 「再び戀愛を說く」, 앞의 책, pp.126~128.

14) 廚川白村, 『近代の戀愛觀』, 앞의 책, pp.14~17.

가 되는 것은 민족과 계급과 양성, 이 세 가지가 충돌하기 때문이라고 보았다. 그리고 이 모든 것은 차별에서 발생하는 것이라고 말한다.

> 이 양성 간의 차별이 오늘에 이르기까지 반쟁反爭 상태에 있다는 것은, 설령 첫째, 세계평화, 둘째, 데모크라시라는 2대二大 이상이 완벽하게 실현되었다고 하더라도 여전히 최후까지 남녀 양성의 대립, 반쟁은 계속될 것임을 의미할 것이다.[15]

이어서 "여성의 잃어버린 자유를 탈환해야 하며, 무엇보다 먼저 이루어야 할 것은 이 연애 문제"[16]라고 언급한다. 이처럼 현실에 존재하는 여러 문제 가운데 최후까지 남는 것은 여성차별이며, 사회주의 혁명이나 노동운동이나 남녀의 불평등 문제를 안고 있기는 마찬가지라는 지적은 정곡을 찌르는 것이었다. 연애를 통하여 현실 문제와 마주하려는 자세는 이후에 등장하는 다카무레 이쓰에高群逸枝의 사상과도 일치한다. 다만 연애를 돌파구로 삼되 그 방향성은 정반대였다.

러브 이즈 베스트와 반反연애지상주의

하쿠손의 진면목은 제1장 「러브 이즈 베스트」에 드러나 있다. 첫 부분의 Love is best는 브라우닝[17]의 시에서 인용한 것으로 연애는 영구불멸의 힘을 갖는다는 의미가 내포되어 있다.

> 남자와 여자의 사랑, 그것은 예나 지금이나 변하지 않는 영원성, 항구성이 있다.

---

15) 廚川白村, 「再び戀愛を說く」, 앞의 책, p.123.
16) 廚川白村, 「再び戀愛を說く」, 앞의 책, pp.114~115.
17) 브라우닝Browning, Elizabeth Barrett(1806~1861): 영국의 시인. 로버트 브라우닝의 아내로 대표작으로 『포르투갈인이 보낸 소네트』 등이 있다.(역자주)

천 년이 지나도 여전히 절멸하지 않는 것이 양성의 사랑이다. (…중략…) 사랑만이 지상이다(love is best).[18]

이어서 연애가 없다면 영토 확장도 재산이나 일이나 정권도 아무런 소용이 없으며, "천 년, 백 년, 아니 불과 십 년이면 모두가 폐허가 된다"[19]며 연애의 가치를 소리 높여 주장하였다. 이 미문으로 하쿠손은 일약 스타가 되었고 '연애지상주의자'라는 딱지가 붙게 되었다.

하쿠손의 『근대의 연애관』이 찬반양론을 불러 일으켰던 것은 그것이 '연애지상주의'로 이해되었기 때문이다. 연애는 "인간의 불타오르는 정열과 감격과 동경과 원망을 백열화한 결정체"라고 보아야 하며, "유구하고 영원한 생명의 힘"[20]이 깃들어 있다고 보았다. 이 말은 사람들로 하여금 매력을 느끼게 하는 반면, "인생에 있어 가장 중요한 일이 연애란 말인가"라는 반발을 불러일으키기도 하였다.

앞서 언급한 것처럼 하쿠손이 말하는 연애는 성욕과 같은 의미는 아니었지만 그렇다고 성욕을 배제한 정신적인 것만도 아니었다. 오히려 성욕을 동반하기 때문에 연애가 가치 있는 것이라고 말한다. 즉 연애는 "정신과 육체 모두가 완전한 인격적 결합"이며, 그렇지 않은 결합은 "단순히 마음의 결합"에 지나지 않는다는 것이다. 그렇기 때문에 연애에서 최대의 가치를 찾는 것이라고 주장한다.[21] 하쿠손은 진정한 연애란 "남녀가 정신적으로, 인격적으로 결합"하는 것이라고 보았다.

---

18) 廚川白村, 『近代の戀愛觀』, 앞의 책, p.3.
19) 廚川白村, 『近代の戀愛觀』, 앞의 책, p.4.
20) 廚川白村, 『近代の戀愛觀』, 앞의 책, p.3.
21) 廚川白村, 『近代の戀愛觀』, 앞의 책, p.25, 「再び戀愛を說く」, 『近代の戀愛觀』, 앞의 책, p.115.

이처럼 선명하고 강렬한 연애찬가에 대한 비판도 있었다. '반反연애지상주의'의 전형적인 예는 다음과 같다.

지금처럼 먹고 살기 힘든 세상에서는 학문을 위해 사랑을 버리지 않으면 안 된다. 주의主義를 위해 사랑을 멀리해야하는 일은 빈번하게 일어난다. (…중략…) 각자가 사회적으로 각성하여 사회적으로 의미 있는 행동을 해야만 이 난국을 헤쳐 나갈 수 있을 것이다. (…중략…) 현대 사회가 개조되지 않는다면 개인이 아무리 노력한다고 해도 연애결혼의 기회는 매우 적을 것이다.[22]

비판의 주된 내용은, ① 현실에서는 연애의 성취나 연애결혼 모두 불가능하다는 체념, ② 연애와 같은 개인적인 일보다 사회적인 문제가 더 중요하다는 공사우선지향公事優先志向, ③ 무언가를 위해 연애를 포기하는 것을 평가하는 희생주의가 그것이다.

이러한 비판에 대해 하쿠손은 각각 다음과 같이 반론한다. 먼저 첫 번째 비판으로는 확실히 현실에서는 연애가 중요하나 금전이나 그 외 여러 조건과 충돌하여 연애를 희생해야 하는 면이 없지 않다고 말한다. 그리고 이는 요즘 사람들의 사고방식이 잘못되었기 때문이며 "이러한 불합리한 생활이 인간으로서의 유일한 최상의 생활이라거나, 이것이야 말로 인간의 길이라거나, 아주 조금의 개조도 필요하지 않다는 생각 따위를 하는 자가 있다면, 그것은 분토糞土에 익숙해져 분토의 악취를 알아차리지 못하는 자"[23]라며 강하게 비판한다.

두 번째 비판에 대해서는, 현대의 문제는 사랑과 밥줄 간의 충돌이며, 구

---

22) 石田憲次,「戀愛の人生に於ける地位」,『讀賣新聞』1921.10.15.
23) 廚川白村,「再び戀愛を説く」,『近代の戀愛觀』, 앞의 책, p.135.

폐구弊의 국가지상주의, 여성의 자유를 빼앗는 가부장제의 구구舊도덕, 그 외에 봉건시대의 구구舊사상 옹호설 등이 있다. 이것을 현대인의 경제생활에 적용하면 '밥줄' 때문에 '사랑' 중심의 자유·인도·정의·평화를 빼앗는 결과를 초래하였다고 지적한다.[24] 또한 '밥줄'과 '사랑'을 분리하여 생각하거나 연애와 사회활동을 별도로 생각하는 것은 문제를 형식적으로 바라봤기 때문이며, 먹고 살기 위한 계급투쟁이나 사랑을 위한 양성 문제가 서로 복잡하게 얽혀 있음을 인지해야 한다고 말한다. 먹고 살기 힘든 자들은 사랑의 자유도 얻기 힘들며 이 때문에 더욱 고통스럽다는 것이다.[25]

세 번째 비판에 대해서는, 봉건시대의 가족제도를 문제 삼았다. 가문이나 혈족관계를 매우 중요하게 여겼는데, 그 뿌리를 해부해보면 그 안에는 가록家祿이나 재산 등이 복잡하게 얽혀 있으며, 그 가록과 재산 문제는 훗날 여러 변천을 거듭하면서 형식화되고 제도화되어 그것이 '이에家'가 된 것이라고 말한다. 아울러 그 근원에는 무엇보다 먹고 사는 경제문제가 가장 밀접하게 연관되어 있기 때문에 의리를 말하고 인정을 말하고 가문을 위해서라고 말하는 것이며, 그 대부분은 먹고 사는 문제에서 기인한다고 지적한다. 의리를 말하고 인정을 말하고 가문을 위해서라고 말하는 것은 그 대부분이 먹을 것이나 경제 문제로 인해 사랑을 희생시킨 자들의 괴변이라고 지적한다.[26] 하쿠손은 이러한 희생을 강하게 거부한다. "자기 이외의 어떤 것을 위해, 즉 인습을 위해, 이익을 위해, 혹은 가문의 명예를 위해 자신을 버리고 몸과 마음을 바치는 자가 있다면, 그것은 명백히 위선이다. 만약 위선이 아니라면 매음이며, 노예이고, 축생도畜生道다. 단적으로 말해 인간적이지 아니하고 문화

---

24) 厨川白村,「再び戀愛を說く」,『近代の戀愛觀』, 앞의 책, p.168.

25) 厨川白村,「三たび戀愛に就て」,『近代の戀愛觀』, 앞의 책, pp.256~257.

26) 厨川白村,「再び戀愛を說く」,『近代の戀愛觀』, 앞의 책, pp.173~174.

적이지 아니하다"[27]라고 잘라 말한다.

연애지상주의에 대한 또 다른 비판으로는 이 책의 제4장 「인생서의 연애의 위치」에서도 언급한 바 있다.

> 연애를 다른 모든 도의道義 혹은 인정보다 고귀한 것으로 여기고 그것을 위해서는 다른 어떠한 것을 희생시키더라도 혹은 다른 어떠한 과격한 수단을 사용해도 좋다고 여기는 것은 참으로 잘못된 생각이다. (…중략…) 현재의 결혼제도는 너무나 인습적이고 물질적이며 사무적이기 때문에 남녀가 연애를 바탕으로 결혼해야 한다고 주장하는 것은 매우 타당하지만, 주변 사정을 고려하지 않고 그저 사랑에만 일관하여 그것이 선善이라고 말하는 것은 술이나 아편에 취한 자들의 농담과 다를 바 없을 것이다.[28]

즉 연애가 지상至上이라며 연애를 위해서라면 무엇을 해도 상관없다는 식의 행동은 곤란하다는 것이다. 이러한 비판은 연애의 가치도 인정하고 연애를 배제하는 사회의 모순도 인정하지만, 연애가 주위에 폐를 끼치거나 반사회적인 것이라면 비판 받아 마땅하다는 논리이다.

이에 대해 하쿠손은 다른 어떤 가치보다 연애가 최고라는 것이 아니라 적어도 결혼을 결정하는 데에는 연애가 최대의 조건이 되어야 한다고 반론한다.[29] 이것은 『근대의 연애관』의 주장에서 일보 후퇴한 것으로 보인다. 연재 당시에는 유물적인 성욕과중설性慾過重説, 특히 시의 사랑을 이야기한 것이라며 연애의 중요성을 강한 어조로 어필한 반면, 연재가 끝난 후 연애지상주의에 대한 반론이 밀려들자, "사회나 도덕, 실제생활에서 연애를 바라보고자

---

27) 廚川白村, 『近代の戀愛觀』, 앞의 책, p.43.
28) 野上俊夫, 「戀愛過重の思想(上)」, 『東京朝日新聞』 1921.11.4.
29) 廚川白村, 「再び戀愛を說く」, 『近代の戀愛觀』, 앞의 책, p.182.

한 것"[30]이라며 자세를 조금 낮췄다. 그런데 하쿠손이 마지막까지 양보할 수 없었던 것은 연애결혼에 대한 주장이었다.

연애가 없더라도 결혼이라는 성적 관계는 이유를 불문하고 정당하다는 등, 마치 연애를 쾌락이나 사치 따위로 생각하기 때문으로 개인으로 보자면 인격을 파괴하는 것이고, 사회적으로 보자면 기강이 퇴폐해지는 것이다. 노예여성이나 매음부, 아이를 낳는 도구로 전락하여 여성의 자유해방, 그 인격의 존중은 영원히 실현되지 않을 것이다.[31]

하쿠손은 모든 연애가 결혼으로 이어져야 한다고 주장한 것은 아니다. 모든 결혼이 연애가 바탕이 되어야 한다는 주장이다. 그는 결혼으로 이어지지 않는 연애의 가치도 충분히 인정하고 있다.

그는 "설령 단 하루 밤의 관계라고 할지라도 거기에 연애가 존재했다면 분명히 일종의 결혼이지 매음은 아니다. 그러나 사랑 없는 부부관계는 아무리 함께 40년, 50년 백발이 될 때까지 해로한다고 해도 그리고 인간이 창조한 제도가 아무리 그것을 인정한다고 해도 신의 최후의 재판소에서는 그것을 명백히 일종의 강간생활이며 매음생활"[32]로 심판 받을 것이라며 통렬히 비판하였다.

이 부분만 본다면 연애라는 이름 하에 혼외 성관계를 긍정하고 더 나아가 다수의 연애경험을 인정하는 것처럼 보인다. 그러나 하쿠손은 무분별한 연애나 불륜을 권장한 것은 아니었다.

하쿠손은 연애가 얼마나 훌륭한 것인지 그 가치를 제시하였다. 하지만 연

---

30) 廚川白村,「再び戀愛を說く」,『近代の戀愛觀』, 앞의 책, pp.104~105.

31) 廚川白村,「再び戀愛を說く」,『近代の戀愛觀』, 앞의 책, pp.122~123.

32) 廚川白村,『近代の戀愛觀』, 앞의 책, pp.26~29.

애의 실천이라는 단계에 이르면 다소 박력이 떨어지게 된다. 일이나 부富보다는 가치 있는 연애에 일생을 걸거나 계속해서 연애를 탐구해가는 일은 위험해 보일 뿐 그다지 매혹적인 이야기는 아니었기 때문이다.

그러나 '반反연애지상주의'를 주장했던 사람들의 위기감은 기우였다. 하쿠손은 연애를 결혼의 가장 중요한 조건으로 제시하기는 했지만 그것은 연애를 사회제도에 순응시키는 일이기도 했다. 연애가 감추고 있는 반역성이나 반사회성은 이렇게 해서 독이 빠지게 된다.

그런데 연애결혼 안에는 연애의 영속성을 확보하여 결혼을 지속시켜야 하는 매우 어려운 문제를 안고 있었다. 영원히 변하지 않는 연애를 주장하는 것은 간단하지만 그것은 어디까지나 이상론이지 직접 실천하기란 매우 어려운 일이기 때문이다. 이러한 난제를 하쿠손은 어떻게 극복하고자 했을까?

2. 연애를 영속시키는 법

연애의 힘, 그 아름다움에 대해서는 충분히 알았다. 하지만 과연 불타는 연애감정을 영원히 지속시키는 일이 가능할까? 아무리 격렬한 연애감정일지라도 머지않아 시들게 마련이다. '결혼은 연애의 무덤'이라는 말도 여기서 나온 것이리라. 하쿠손도 이 사실을 무시할 수 없었다. 하쿠손은 연애의 소멸을 인정하였지만 연애가 사라진 것처럼 보일뿐이지 사실은 사라진 것이 아니라고 주장한다.[33] 즉 격렬한 연애감정은 오래 지속되지 못하지만 연애가 심화되고 내재화되어 매일 먹는 밥과 같이 "지구적持久的이고 저력 있는

---

33) 廚川白村,『近代の戀愛觀』, 앞의 책, p.46.

신성한 사랑"[34]으로 지속된다는 것이다.

> 결혼은 연애의 무덤이라고 말한다. (…중략…) 사랑의 화사함이나 아름다움만
> 이 결혼 후에 사라진다는 것은 일면 타당한 진리다. 하지만 무덤이라는 것은 사
> 실 죽어 없어지는 무덤을 가리키는 것이 아니다. 외면적이던 것이 내면적인 것
> 이 되고, 그 깊이가 깊어짐에 따라 잠재적 성질이 되어 가는 것이다.[35]

그런데 위의 내용은 잘 읽어 보면 연애의 소멸을 긍정적인 표현으로 바꿔
놓은 것에 불과함을 알 수 있다. 그는 여기서 연애를 영원히 지속시키려는
노력의 필요성을 주장한다. "충동적, 육감적 연애는 영원히 지속되지 않
지만 전인격적 결합인 순수한 연애는 (…중략…) 영원성을 가지며" "그것이 영
구히 지속적으로 불타지 않는 것은 연애가 최고라는 것을 생각하지 않았기
때문이며, 이것을 영원히 불타도록 하려는 노력을 하지 않았기 때문"[36]이라
고 하쿠손은 주장한다.

> 진정한 자유에는 반드시 절제가 있어야 한다. (…중략…) 연애에서 강한 절제나
> 제어는 필수조건이다. (…중략…) 생명력에 가해지는 억압작용이 있기 때문에
> 욕망은 정화되고 순화되며 예술이 되고 종교가 되고 지식이 되고 또한 인간애가
> 되기도 한다. (…중략…) 모든 도덕은 자율적이어야 한다. 즉 자기 자신에게 가
> 하는 억압을 말하며, 거기에 비로소 진정한 자유가 있으며 연애가 있다.[37]

호아시 리이치로도 연애를 지속시키기 위한 노력을 당부하였다.

---

34) 廚川白村, 『近代の戀愛觀』, 앞의 책, pp.46~48.

35) 廚川白村, 『近代の戀愛觀』, 앞의 책, p.46.

36) 廚川白村, 「再び戀愛を說く」, 앞의 책, pp.203~205.

37) 廚川白村, 「再び戀愛を說く」, 앞의 책, p.214, 217.

한 사람의 이성에게 질리는 것은 지극히 자연스러운 일이다. 그런데 이러한 자연스러운 경향을 거꾸로 거슬러 사랑의 영원성을 얻으려는 점에서 자유인의 위대함이 있다. (…중략…) 때문에 인격의 영원성을 확립하려는 자는 시들어가는 부부 사이도 새로운 사랑의 노력으로 개선할 수 있으며 아무리 서먹한 사이가 된 부부 사이라도 미묘하고 아름다운 성애聖愛의 꽃을 피울 수 있을 것이다.[38]

한 사람의 새로운 이성을 사랑하기 위해서는 이전에 사랑을 나누었던 이성을 버리고 떠나는 것은 스스로가 사랑에 한계가 있음을 나타내는 것이다. 한계 있는 사랑은 협소한 사랑이다. 협소한 사랑의 소유자는 어차피 인격적으로도 협소한 자다.[39]

이른바 연애의 사멸은 연애가 형태를 바꿔 존속하는 것이 아닌, 바꿔 말해 단순히 변화하는 것이 아닌 '진화'하는 것이라고 말한다. 이어서 연애라는 꽃은 결국은 모성애나 근친애로 결실을 맺는다는 '연애진화론'을 제창하였다.[40]

결혼하게 되면 이 사랑은 더욱 물적인 기반 위에 다져지고 강해지고 성숙해진다. 하지만 처음 만났을 때의 화사한 로맨티시즘은 결코 오랫동안 지속되지 않는다. (…중략…) 사랑은 여기서 다시 진화하고 전이하여 더욱 복잡해지며 새로운 경지를 개척하게 된다. 즉 최초의 연애는 드디어 부부 간의 상호부조의 정신이 되고 지고지대至高至大한 정의情誼로 변화한다. 더 나아가 부모의 자식 사랑으로 변화한다. (…중략…) 사랑의 정신은 확대되어 간다. 그것은 가족에서 시작하여 다시 이웃에 미치고, 민족 전체로 파급되어 간다. 그리고 사회에 이르러 세

---

38) 帆足理一郎, 『婦人解放と家族の聖化』, 博文館, 1926, pp.434~435.
39) 帆足理一郎, 『婦人解放と家族の聖化』, 앞의 책, pp.436~437.
40) 廚川白村, 『近代の戀愛觀』, 앞의 책, p.22.

계 인류에 도달할 때 인간의 완전한 도덕생활은 이루어진다.[41]

여기서 연애는 배타적이지 않으며 도덕적인 것으로 제시되고 있다. 이 '연애진화론'은 연애결혼론자들의 공통된 주장이었다. 즉 "결혼은 천국의 보육원"이라는 말처럼 결혼은 연애의 완성을 의미하며, 결혼생활을 통해 더욱 새로운 연애생활을 향유할 수 있다는 것이다.[42] 스기모리 고지로도 성애의 결과 아이가 태어나고 모성애가 발현되는데 이러한 창조적인 과정이 없다면 결혼은 연애의 묘지가 될 것이라고 경고한다.[43]

요네다 쇼타로는 "연애를 부부애로 발전시킬 수 없다면 그 부부관계는 언젠가는 연애의 무덤이 될 것"[44]이라고 지적한다. 또한 나카기리 가쿠타로는 본래 연애는 결혼을 통해 성장하고 진화하는 것이지만 결혼생활 속에서 "연애가 힘을 잃고 시들어 버려 결국에는 질식사"[45]하는 경우도 있으므로 결혼을 연애의 무덤에 비유하는 것이라고 말한다.

이러한 연애진화론은 연애와 성욕의 관계를 논의하는 가운데 시작되었다. 처음부터 연애는 '진화'의 산물이었던 것이다. 성욕이라는 욕망이 "정화되고 순화되고 시화詩化되어 그곳에 연애라는 지상지고至上至高의 정신"[46]이 생겨난다는 것이다. 그런데 연애의 진화를 연애가 사랑으로 변화하는 것이라고 주장한 것은 하쿠손만이 아니었다. 왜 사랑으로 변화해야 했을까? 그것은 연애가 가장 "배타적인 다른 성性을 가진 두 사람의 결합"으로 다수를

41) 廚川白村, 『近代の戀愛觀』, 앞의 책, pp.24~25.
42) 帆足理一郎, 「現代戀愛生活の批判」, 앞의 책, p.147.
43) 杉森孝次郎, 『性意識の哲學化』, 앞의 책, pp.55~57.
44) 米田庄太郎, 『戀愛と人間愛』, 앞의 책, pp.55~57.
45) 中桐確太郎, 『予の戀愛觀』, 앞의 책, p.113.
46) 廚川白村, 『近代の戀愛觀』, 앞의 책, p.22.

포용하지 못하는 반면 인간애는 모든 사람을 포용할 수 있을 만큼 광범위하기 때문이다.[47]

> 연애는 두 명에 한정된다. 세 명은 용납되지 않을 만큼 협소하고 배타적이다. 사랑은 그렇지 않다. (…중략…) 두 명, 세 명, 네 명, 다섯 명 그 제한이 없다. 친구, 고향, 민족, 국민, 전 인류, 전 우주와 같이 무한한 포용력을 발휘한다. 사랑은 두 명보다는 세 명, 세 명보다는 네 명이 함께 나눌수록 한층 강해지고 깊어진다. 그런데 연애는 거꾸로 두 사람만의 관계이다. 그것에서 한 발 더 나아가 세 명, 네 명으로 관계를 확대할수록 냉담해진다.[48]

연애지상론에 비판적이었던 요네다 역시 연애에서 중요한 사람은 단 한 명뿐이어야 하며, 그 외 사람은 방해꾼에 불과하므로, 부모든 국가든 인류든 개의치 말아야 한다고 주장한다. 그에 따르면 연애는 인간애와 박애와 정반대에 자리하며 "가장 이기적"[49]이어야 한다는 것이다.

그런데 하쿠손과 마찬가지로 연애찬미와 연애결혼론을 주장했던 호아시는 "연애의 목적은 소득所得의 향락이다. (…중략…) 그 궁극적인 목적은 취한 듯한 기분과 탐닉이다. 연애에서 퇴폐적인 느낌을 떨칠 수 없는 이유도 바로 그 때문이다. 이와 반대로 사랑의 목적은 창조이며 건설이며 생명의 발전과 향상"[50]이라고 말한다. 그는 결론적으로는 연애의 가치를 인정하지 않았던 것은 아닐까? 그렇지 않다면 연애가 갖는 위험성을 사회에 순응시키려 했던 것일까? 그가 이전에 "사람은 연애가 있어야 신생新生의 환희를 느

---

47) 米田庄太郎, 『戀愛と人間愛』, 앞의 책, p.40.

48) 帆足理一郎, 「現代戀愛生活の批判」, 앞의 책, p.156.

49) 米田庄太郎, 『戀愛と人間愛』, 앞의 책, pp.52~54.

50) 帆足理一郎, 「現代戀愛生活の批判」, 앞의 책, p.160.

끼고 갱생을 경험"[51]할 수 있다며 연애를 찬미했던 것과 다소 거리가 있어 보인다.

그런데 연애에 있어 타자와 자아와의 상극은, 아리시마 다케오를 비롯한 동시대 지식인들을 고민에 빠트렸던 테마였다. 하지만 하쿠손은 이 난제를 쉽게 해결하였다. 하쿠손은 이 난제에 대한 해답을 "연인을 위해 몸과 마음을 바쳐도 아깝지 않은 봉사의 마음"[52]에서 찾고자 한다.

> 인의仁義를 입에 올리고 충효를 논하는 자들은 미처 생각하지도 못할 정도의 열 렬한 자기희생 그 지고한 도덕성은 연애에서 가장 눈부시게 나타난다.[53]

근대인의 자아의 요구와 연애는 비참한 충돌을 반복하고 있으며 입센이 묘사한 노라 역시 이것이 충돌하여 연애가 파멸되고 가정이 붕괴되었다고 주장한다. 이어서 "연애에 의존하여 자신을 버린 것처럼 보이는 것은 실은 표면적이고 외형적인 자신에 치중했기 때문으로 (…중략…) 진정으로 사랑하고 진정으로 자신을 존중함으로써 자신에게 만족하고 충실할 수 있을 것"이며, "노라처럼 자아를 버리는 일이 실은 진정으로 자아에 충실한 것"[54]이라고 주장한다.

> 자신을 위해 자기가 사랑하는 사람 앞에 자신의 모든 것을 내던진다. 이 생활보 다 더 많은 자유로운 생활이 또 있을까? 이보다 더 커다란 만족이 또 있을까? 자 기 자신에게 얽매이지 않은 곳에 그 어느 것보다 커다란 자유가 있으며 해방이

---

51) 帆足理一郎, 「現代戀愛生活の批判」, 앞의 책, pp.155~156.

52) 廚川白村, 『近代の戀愛觀』, 앞의 책, p.22.

53) 廚川白村, 『近代の戀愛觀』, 앞의 책, p.23.

54) 廚川白村, 『近代の戀愛觀』, 앞의 책, p.31.

있을 것이다. 그것이 연애다.[55]

연애론자이자 연애의 실천자인 이시와라 준도 자아의 주장이 인간상애人
間相愛라는 이상과 대립하는 것은 잘못된 자아 때문이며, 인간상애의 이상을
이룰 수 있는 자아가 진정한 것이라고 말한다.[56] 이러한 낙관적인 전망은 그
들로 하여금 연애가 갖는 부정적인 측면에 무자각하게 만들었다. 연애를 일
반적인 사랑으로 치부하고 사랑으로 수렴하는 것으로 연애를 긍정하고 지
속시키고자 하였다. 그런데 이것은 연애가 갖는 고유한 힘을 약화시키는 결
과를 낳았다. 노력이나 자기희생을 중시하는 것은 쉽게 기회주의나 억압으
로 변환되어 갔던 것이다.

3. 연애가 결혼에 꼭 필요한 이유

결혼은 연애가 전제되어야 한다는 '연애결혼론'은 왜 연애를 결혼의 필수
요소로 삼았던 것일까? 결혼제도에 대한 처방전은 이미 언급했다. 문제점을
재정리해 보면 다음과 같다.

첫째, "현대 일본어 가운데 '남편 분 마음에 들게 하다' '남편에게 사랑받다'
라는 말이 있는데 이는 다분히 성적 관계(특히 부부 관계)에서 비롯된 것이
다. 거기에 설령 어떠한 애정이 존재한다고 하더라도 그것은 주인이 애견을
사랑하는 것, 혹은 자본가가 임금노예에게 온정을 베푸는 것이지 진정한 사

---

55) 廚川白村, 『近代の戀愛觀』, 앞의 책, p.42.
56) 石原純, 『人間相愛』, 앞의 책, p.83.

람과 사람 간의 도덕적 관계는 아니"[57])라고 비판한다. 즉 결혼생활에 있어 여성이 남성의 소유물로 취급되는 것을 문제 삼는다.

둘째, "부모나 형제들에게 떠밀려 불과 한 차례의 맞선으로 사랑하지도 않는 남자에게 평생을 맡겨야 하는 불쌍한 여성과 부모나 집을 위해 몸을 팔아야 하는 매춘부 '효녀' 사이에 어떤 차이가 있을까?"[58]) 즉 결혼이 여성에게 생활의 수단이 될 때 매춘과 다를 바 없다는 점을 문제 삼았다.

셋째, "인격이 있는 사람을 집안의 명예나 재산 등을 위해 개나 고양이 장난감 취급하며 주거니 받거니 하는 일은 아무리 생각해도 야만"[59])이라고 비판하며 본인의 의지와 상관없는 결혼이 문제라고 지적한다.

넷째, 이혼율이 높은 것을 들 수 있다. 그 원인은 연애를 무시한 인습적 결혼에서 찾을 수 있다. "자기가 선택한 결혼이라면 설령 원만치 않더라도 자신에게 전적으로 책임이 있다. 최대한 노력한다면 현재의 결혼생활을 유지하려는 열의 또한 자연스럽게 발생할 것이다. 그런데 다른 사람에 의해 만들어진 결합이라면 그것은 언젠가 다시 떨어질 수밖에 없는 것으로 이혼의 불상사는 필연적으로 일어날 수밖에 없다"[60])는 것이다.

연애결혼론자인 하쿠손의 논의를 살펴보자. 결혼에 반드시 연애가 필요하다는 주장 안에는 연애 없는 섹스는 악惡이라는 인식도 포함되어 있었다. 따라서 생활방편으로 결혼을 선택하는 것은 '매음생활'에 지나지 않는다며 강하게 비판하였다.

---

57) 廚川白村, 『近代の戀愛觀』, 앞의 책, p.63.
58) 廚川白村, 『近代の戀愛觀』, 앞의 책, p.69.
59) 廚川白村, 『近代の戀愛觀』, 앞의 책, p.68.
60) 廚川白村, 『近代の戀愛觀』, 앞의 책, p.77.

간단한 중매결혼이라 하더라도 훗날 저절로 애정이 생긴다고 말한다. 참으로 지당하다. 그러나 잊지 말아야 할 것은 그 애정이 애초에 어떠한 인격적, 정신적 결합을 동반하지 않은 순연한 육체의 성교에서 비롯되었다는 부끄러운 사실이다. (…중략…) 이성 간의 접촉이기에 심한 성격차가 없는 한 20년이든 30년이든 억지로 살다보면 (…중략…) 자연히 거기에 다소의 인간다운 사랑이 생겨나는 일도 없지는 않을 것이다. 그러나 첫날밤을 생각해 보자. 부부 간의 애정생활 첫날, 첫발을 아무런 애정 없는 축생도에서 시작한 것이 되므로, 나는 이를 이름 하여 '강간 결혼' '화간和姦결혼' '매음 결혼'이라고 명한다.[61]

하쿠손은 무엇보다 결혼에는 연애가 필요하며 설령 본인의 자유의지일지라도 연애 없는 결혼은 인정하지 않았다. 이것이 메이지기 자유결혼론과 결정적으로 다른 점이다. 그는 결혼은 당사자의 자유의지로 결정해야 한다는 의견에도 반대한다. "의지는 연애가 아니다. 자칫하면 집안의 명예나 재산, 인습에 의해 그 의사가 좌우될 수 있기"[62] 때문이다. 거기에는 "쌍방의 평등한 인격과 인격의 결합이 연애이며 결혼"[63]이라는 하쿠손의 이상이 반영되어 있었다. "연애의 완성은 곧 인격의 완성이며, 자아가 충실하지 않으면 안 된다. 그것이 제도로 나타난 것이 결혼이다. 그 외의 것은 결혼이 아니다. 약탈이며 매음"[64]이라고 주장한다.

그렇다면 이러한 결혼의 폐단을 막기 위해 연애결혼이 과연 유효한 수단이 되었을까? 우선 앞서 세 번째에서 들었던 본인의 의사에 반하는 결혼은 막을 수 있을 듯하다. 원치 않는 결혼이 줄어든다면 이혼 또한 감소될 것이

---

61) 廚川白村, 『近代の戀愛觀』, 앞의 책, pp.71~72.
62) 廚川白村, 『近代の戀愛觀』, 앞의 책, p.75.
63) 廚川白村, 『近代の戀愛觀』, 앞의 책, pp.62~63.
64) 廚川白村, 『近代の戀愛觀』, 앞의 책, p.204.

다. 경제적인 면을 배제하고 순수하게 연애에 기반한 결혼이라면 매춘이라고 말 할 수 없을 것이다. 그런데 경제력을 갖추지 못한 여성이 어디까지 순수하게 연애만으로 결혼을 선택했을지는 의문이다. 거꾸로 부부관계나 남녀관계에 연애를 개입시키는 것만으로 과연 불평등한 요소가 해소될 수 있었을까?

분명 대등한 개인 대 개인의 연애관계를 성립시키는 것을 통해 남녀평등을 실현시킬 수있을 것이다. 그런데 연애관계에서도 상하, 우열관계는 반드시 존재한다. 하쿠손은 현실에 존재하는 남녀의 우열관계에 대해서는 무자각하거나 낙관적이었다. 이것이 결과적으로 연애결혼론을 현실추종과 억압으로 향하게 하였다.

4. 연애라는 이름으로 가중되는 억압

하쿠손의 연애론은 연애결혼론을 바탕으로 한다. 그렇다면 연애결혼을 실현시키기 위해 어떤 방법을 제시했을까? 하쿠손의 경우, "세계평화라는 커다란 이상을 실현하는 데에도 우선 군비축소라는 진부한 논리로부터 출발하는 것처럼, 중매결혼 폐지와 남녀칠세부동석이라는 형식을 폐지하고, 그 외 실용결혼, 재산결혼을 배척하는 가장 현실적이고 실천하기 쉬운 것부터 착수해야 한다"[65]고 말한다.

그리고 "오늘날의 맞선 방식을 개량하여 청년남녀에게 완전하고 정당한 접촉의 기회를 많이 부여하는 것으로 재래의 야만생활에서 탈각하는 방법을 강

---

65) 廚川白村, 『近代の戀愛觀』, 앞의 책, p.124.

구할 것"[66]을 제창하였다. 즉 자유로운 남녀교제를 권장한다면 중매결혼의 폐해가 근절된다는 것이다. 반발을 불러일으킬만한 과격한 발언은 아니다. 자신의 경험에 비추어 보더라도 "나의 연애론은 가정을 파멸시키려는 것이 아니며, 오히려 종래보다 합리적이고 인간적인 연애라는 것을 기초로 하여 이것을 건설하고 재건하고자 하는 생활혁신이자 이상"[67]이라고 주장한다.

연애결혼을 했다고 하더라도 결혼을 둘러싼 여러 문제, 특히 남편의 예속적 지위에 머문다거나 남편의 수입에 의존해 먹고 산다면 실질적인 변화를 기대하긴 어렵다. 그러나 하쿠손의 주장대로라면 개혁은 매우 간단하다. 왜냐하면 "일반적인 공장 노동에서 임금노예 생활을 없애는 것은 수많은 곤란을 동반하지만 여성의 가사육아노동의 경우는 최상의 연애관계만 존재하기만 한다면 충분히 개혁"[68]할 수 있기 때문이다. 요컨대 "부부생활이나 가정생활은 연애를 지고지대至高至大의 기초로 삼음으로써 비로소 경제관계를 올바르게 해결하고, 고용관계, 권리의무 관계에서 벗어날 수 있다"[69]는 것이다. 따라서 "남편의 수입으로 아내가 평생 의식주를 해결하는 것은 정당한 일이다. 또한 성교나 가사, 육아를 수행하는 것도 정당한 일이다. 다만 양쪽에 권리, 의무관계, 고용관계, 임금관계가 있어서는 안 되며" "진정한 일심동체를 완성하는 연애"가 개입된다면 성별 역할분담은 자연스럽게 해소될 것이라고 전망한다.[70]

연애 없는 결혼에서는 여성이 남편에게 부양 받는 대가로 가사를 수행하

---

66) 「嬈子問題に就いて戀愛と結婚のこと」, 『東京朝日新聞』 1921.10.30.
67) 廚川白村, 「再び戀愛を說く」, 앞의 책, pp.176~177.
68) 廚川白村, 「再び戀愛を說く」, 앞의 책, p.178.
69) 廚川白村, 「再び戀愛を說く」, 앞의 책, p.180.
70) 廚川白村, 「再び戀愛を說く」, 앞의 책, p.181.

고 섹스 상대가 되어야 한다. 남편은 경제력을 방패로 그것을 강요하며 아내에게 거부권은 없다. 따라서 종속관계이며 유사疑似매춘행위인 것이다.

그런데 연애결혼에서는 대등한 남녀가 결혼생활을 통해 필요한 노동력을 각각 분담한다. 임금노동이나 가사노동에 우열이 존재하지 않으며, 각자 적성에 맞는 일을 분담하기 때문에 강제성이나 종속관계는 성립하지 않는다. 즉 여성의 가사노동이나 성교가 연애에 기초할 경우 고용관계나 의무로부터 해방되어 온전한 부부평등이 실현된다는 것이다.

하쿠손 이상으로 연애결혼에 몰두한 자는 호아시 리이치로다. 연애찬미, 연애 없는 결혼 비판, 결혼생활에 있어 연애의 진화 등, 하쿠손 만큼이나 고심한 흔적이 역력한 호아시의 논리는 다음과 같다.

첫째, 결혼이 대전제

먼저 호아시는 결혼을 대전제로 삼았다. "가정생활을 경험하지 못한 독신 남자가 완전한 인간이라고 말할 수 없는 것처럼 독신 여성 또한 완전한 인간이라고 보기 어렵다. 남녀는 한 쌍이 되어 가정생활을 경험해야 그 인격을 향상시킬 수 있다"고 말한다. 또 건강하지 못하거나 실연, 배우자의 사망 등으로 결혼하지 못하는 사정이 있는 사람은 "사회를 위해 헌신하도록 만들어진 적임자"라 할 수 있으나, 그렇지 않고 "처음부터 가정생활을 싫어하여 사회사업에 뛰어드는 사람은 남자든 여자든 모두 마음가짐이 잘못된 사람"이라고 단언한다.[71]

둘째, 이상적인 결혼 성립 조건

71) 帆足理一郎, 『婦人解放と家族の聖化』, 앞의 책, pp.31~32.

이상적인 결혼에 필요한 조건은 다음과 같다. 첫째, 교제를 통해 본인이 직접 상대를 고를 것, 둘째, 부부가 대등한 결혼을 할 것, 셋째, 연령에 큰 차이가 없을 것, 넷째, 교육 정도가 비슷할 것을 들고 있다.[72] 두 번째 조건을 만족하기 위해서는 여성이 결혼 전에 직업경험을 축적해야 한다. 여성은 능력을 향상시켜 가정에서 수완을 발휘하고, 재산을 보유하는 것으로 "남편의 재산과 가산을 계산에 넣지 않고 자유롭게 그 인격을 품평하고, 이를 바탕으로 적당한 배우자를 고를 수 있어야 한다"[73]는 것이다. 세 번째 조건의 경우, 연령차는 열 살 연하의 아내는 "단순히 장난감이나 인형 취급하게 되어 결코 대등한 친구 관계가 될 수 없기"[74] 때문이다. 네 번째 조건은 "남자와 함께 가정을 경영해 가기" 위해서는 "충분히 교육받지 못하면 결코 남자의 상담 상대가 되거나 좋은 반려가 될 수 없기" 때문이다. 일본 남자들은 교육 받은 여성을 아내로 맞아들일 자세가 되어 있지 않다고 한탄한다. "그들은 교양 있는 아내는 자신들이 원하는 대로 가지고 놀 수 없기 때문에 교육은 여학교 출신 정도면 충분하다"며 입버릇처럼 말하는 대학출신 남성들을 비판한다.[75]

셋째, 성별 역할과 가사

호아시는 남성의 문화를 지적智的=분석과 구별, 힘의 문화=정복과 향락, 여성의 문화를 정적情的=종합과 융화, 사랑의 문화=희생적 봉사로 규정한다.[76] 이때 여성의 천직은 가정이며 "가정의 민본화, 가정의 개조는 여성의

---

72) 帆足理一郎, 『婦人解放と家族の聖化』, 앞의 책, pp.40~47.

73) 帆足理一郎, 『婦人解放と家族の聖化』, 앞의 책, p.43.

74) 帆足理一郎, 『婦人解放と家族の聖化』, 앞의 책, p.45.

75) 帆足理一郎, 『婦人解放と家族の聖化』, 앞의 책, p.48.

76) 帆足理一郎, 『婦人解放と家族の聖化』, 앞의 책, pp.10~11.

직분"[77]이라며 성별 역할분담을 온존시킨다. 즉 "남편이 사회적 노동으로 월급을 받거나 생산자로서 이윤을 얻는 것은 결코 남편의 소득만으로 생각해선 안 된다. 그것은 아내와의 공동생활에 의한 수입이며, 부부 공동의 재산"[78]이므로, "일가의 재산은 부부 공유라는 점을 명시하거나 일가의 수입을 반으로 나누어 부부가 별개의 재산으로 삼아 공동으로 일가를 경영하도록 법적으로 분명히 명시"하도록 했다.[79] 또한 "일본 여성들은 남편의 부양을 받는 경제적 종속 위치에 있음을 굴욕이라고 느끼지 말고, (…중략…) 부양 받는 것을 당연한 권리라고 자각할 필요가 있다"[80]고 주장한다. 하쿠손처럼 실제 성역할을 변화시키지 않고도 부부평등을 실현할 수 있는 것이다.

단 성별 역할분담에서 여성의 경우 "의식주 의무는 2차적 문제"이며, "천직은 교육"으로 아이들 교육만이 아니라 남편도 교육할 필요가 있다고 말한다.[81] 이를 위해서는 여성이 수양할 시간이 필요하며 가사를 간소화할 것을 권장한다. 구체적으로는 서양식 의복을 상용화하고 다타미畳가 아닌 마루와 침대를 사용하자고 제안한다.[82]

또한 여성은 무릇 "사랑을 생명으로 하며 사랑에 집착하여 모든 것을 용서한다. 남편의 과거 죄를 모두 용서한다. 단 현재의 정조를 지키기만 한다면 모든 죄를 감싸 안는다"[83]라며 여성에게 무한한 포용력을 발휘할 것을 기대한다.

---

77) 帆足理一郎, 『婦人解放と家族の聖化』, 앞의 책, pp.30~35.

78) 帆足理一郎, 『婦人解放と家族の聖化』, 앞의 책, p.228.

79) 帆足理一郎, 『婦人解放と家族の聖化』, 앞의 책, p.228.

80) 帆足理一郎, 『婦人解放と家族の聖化』, 앞의 책, p.237.

81) 帆足理一郎, 『婦人解放と家族の聖化』, 앞의 책, p.348.

82) 帆足理一郎, 『婦人解放と家族の聖化』, 앞의 책, pp.102~103.

83) 帆足理一郎, 『婦人解放と家族の聖化』, 앞의 책, p.111.

넷째, 여성들의 의식 부재 비판

비판의 대상은 여성도 예외가 아니었다. 여성해방을 주장하는 여성을 향해 "현대 여성 가운데 가정을 버리고 해방을 외치는 자들은 마치 중세 사람들이 현대를 모멸하여 은둔생활을 하는 것처럼 비겁하고 소극적인 행동이다. 왜 조금 더 적극적으로 개조하려는 노력을 하지 않는가"[84]라며 가정과 결혼을 부정하고 회피할 것이 아니라 개량하려는 의지를 촉구한다.

한편 "현대 일본 여학교 졸업생들의 결혼에 바라는 점을 조사한 통계를 보면 열에 아홉은 재산이 있는 사람과 결혼하고 싶다고 하는 모양이다. 이것은 일본 여성이 아직 매음 결혼의 미몽에서 깨어나지 않았다는 예증"[85]이라며 구습에 물든 여성들을 비판하였다.

> 대체적으로 일본 여성들은 결혼을 서두른다. 아니 어떤 면에서는 경쟁하는 듯하다. 옆 집 누구누구가, 동급생 누구누구가 결혼했는데 나는 아직이라며 한탄하는 바보 같은 여자늘이 많다. 이것은 전혀 자기 개성을 손숭하지 않기 때문이다. 자기와 잘 맞는 남자와 만날 때까지 백 년이든 천 년이든 결혼하지 않고 기다리는 것이 무엇이 치욕이란 말인가. (…중략…) 이상적인 남자가 없다면 평생 독신으로 살아도 괜찮다는 소신을 가져야 한다. 그리고 독신으로 살아가기 위해서는 부모로부터 독립할 수 있도록 직업을 갖고 경제적으로 독립하지 않으면 안 된다.[86]

다섯째, 법제도 개혁

연애결혼 보호와 육성을 위한 제도개혁을 제창한다. 구체적으로는 남성에게도 간통죄를 적용하고, 이혼 시 유책有責 배우자가 남편일 경우 경제적

---

84) 帆足理一郎, 『婦人解放と家族の聖化』, 앞의 책, p.33.

85) 帆足理一郎, 『婦人解放と家族の聖化』, 앞의 책, p.10.

86) 帆足理一郎, 『婦人解放と家族の聖化』, 앞의 책, pp.43~44.

책임을 져야 하며, 아내와의 재산분배 시스템을 확립[87]하고, 내연녀도 처벌해야 한다고 주장하였다.

여섯째, 이혼 제한

호아시는 결혼의 자유가 없는 현행 체제에서 이혼의 자유는 인정하지만, 결혼의 자유를 확립한 후에 이혼의 자유를 없애는 것을 이상으로 삼았다. 결혼의 자유란 가능한 많은 이성과 접촉하여 오랜 교제를 거쳐 "성격을 이해하고 서로 존중하며 함께 가정생활을 꾸려간다면, 서로 애정을 돈독히 하고 서로 품성을 연마하며 인격을 향상시킬 수 있을 것이며, 거기다 자녀가 생길 경우 서로 협력하여 양육을 위해 노력할 각오와 포부와 이상"을 겸비한 경우에만 결혼을 해야 한다고 주장한다. 이러한 결혼은 "영원의 결합이며, 결코 파경에 이르지 않을 것"이며, "영원히 이혼의 자유를 얻지 못할 것"이라고 단언한다.[88]

물론 이혼을 절대 인정하지 않는 것은 아니다. "진정으로 결혼의 자유를 존중하고, 그 책임을 자각한 사람은 어떤 경우라도 이것을 파괴하는 것이 아니라 적극적으로 부부관계를 개조하기 위해 노력해야 할 것이다. 남자나 여자나 서로 소멸해가는, 아니면 이미 소멸해버린 사랑의 감정을 다시 부활시키려 노력해야 할 것이다. 부정을 저지른 배우자에 대해서는 어디까지나 잘못을 깨닫도록 하고, 깨닫지 못할 경우에는 그것을 용서할 만큼의 도량을 갖추고 있어야 할 것"[89]이라며 결혼생활을 유지하기 위해 갖춰야 할 마음가짐이나 태도를 구체적으로 제시하고 있다.

---

87) 帆足理一郎, 『婦人解放と家族の聖化』, 앞의 책, pp.112~113.
88) 帆足理一郎, 『婦人解放と家族の聖化』, 앞의 책, pp.410~414.
89) 帆足理一郎, 『婦人解放と家族の聖化』, 앞의 책, p.416.

그리고 "합의 이혼을 할 경우에도 남편이나 아내나 평생을 같이 살기로 맹세한 이상 (…중략…) 다른 사람과 재혼하지 않겠다는 각오"를 해야 하는데, 그 이유는 "설령 재혼한다 하더라도 필경 이전보다 나은 가정은 영위할 수 없기 때문"[90]이라는 것이다. 또한 자녀가 있는 경우는 절대 이혼의 자유를 인정하지 않으며" "자녀를 위해 인내할 각오만 되어 있다면, 파탄 직전인 부부관계는 언제든 조화를 이룰 것"[91]이라며 어떻게 해서든 결혼생활을 유지할 것을 권장하고 있다.

일곱째, 사私보다 공公

연애라는 극히 사적인 일에 집착해 온 호아시는 실은 개인적인 것보다 국가를 훨씬 더 중시하는 사람이었다. 연애를 바탕으로 한 결혼으로 가정을 개량하고자 한 것도 개인의 행복을 위한 것은 아니었다. "모든 사회개조는 우선 가정생활의 혁명으로부터 출발하지 않으면 안 된다"고 지적하며, "사회생활의 기초는 개인이 아닌 가정에 있다. 가정은 국민도덕의 요람이며 공민公民교육의 심원이다. 따라서 가정이 청결하지 못하면 개인도 성스럽지 못하고, 사회 또한 깨끗하지 못할 것"[92]이라고 주장한다.

이것은 "개인은 가정과 이어지고, 가정은 국가와 이어지며, 국민으로서 세계로 이어진다"고 하여 "가정과 국가에 대해 우리는 전심, 전력을 다해 공헌하고 봉사해야 한다"[93]는 국체론자이자 반反연애결혼론자인 도쿠토미 소호의 주장과 겹쳐진다.

---

90) 帆足理一郎, 『婦人解放と家族の聖化』, 앞의 책, p.418.
91) 帆足理一郎, 『婦人解放と家族の聖化』, 앞의 책, pp.419~421.
92) 帆足理一郎, 『婦人解放と家族の聖化』, 앞의 책, p.2.
93) 德富蘇峰, 「現實の人生」, 『國民新聞』 1923.7.10.

호아시는 하쿠손 이상으로 연애결혼 이후, 즉 결혼생활의 내실에 대해 진지하게 고민하였다. 그 과정에서 드러난 것은 연애결혼론의 보수성이다. 제도적 결혼의 강제성과 이혼 규제, 성별역학분담의 고정, 개인보다 국가, 이러한 것들을 지탱하는 것이 연애결혼이었던 것이다. 사랑이라는 이름 하에 속박을 강화하고, 사랑이라는 이름 하에 여성을 더욱 억압했으며, 여성에게 무한한 노력과 봉사를 요구하였다.

기회주의적 개혁론

그렇다면 구리야가와 하쿠손은 왜 그토록 인기가 있었던 것일까? 하쿠손이 살아간 시대에는 유난히 정사와 불륜이 빈발했다. 현실에서는 연애에 몰두할수록 반사회, 반도덕적 행동으로 치달았다. 그 극한이 정사다. 대중은 자극적인 재미와 흥미를 느끼는 동시에 자신의 생활에는 불안과 권태감을 느꼈을 터였다. 왜냐하면 대부분의 사람들이 기존의 결혼생활에 안주하거나 혹은 안주하기를 기대하기 때문이다. 정사나 불륜사건은 대중의 관심을 연애로 몰아갔고 대중들 또한 그것에 동경과 불안감을 느끼면서도 한층 연애론을 갈망하게 된 듯하다.

당시의 연애론은 실은 연애결혼론에 가깝다. 단 한 번의 연애로 결혼에 도달하면 부부로서 영원히 함께 해야 한다는 주장은 그 좋은 예이다. 논의의 핵심은 연애 자체를 추구하기보다 결혼해서 일단 부부가 되면 연애를 부부애로 변화시켜야 한다는 이른바 결혼론, 부부론에 있었기 때문이다.

구리야가와 하쿠손도 도입부에서는 "Love is best"라는 로맨틱한 연애찬미로 사람들을 매료시켰으나, 마지막 부분에서는 격렬한 연애도 평온한 부부애나 부모자식 간의 사랑으로 안전하게 수렴해 간다. 이러한 인식은 도코쿠와도 중첩된다. 다만 차이가 있다면 같은 현상을 때론 긍정적으로 때론 부정적으로 바라보았다는 점이다. 하쿠손의 긍정적인 생각이 바로 그의 저작을 베스트셀러 대열에 올려놓았던 동인이었다고 할 수 있다. 결혼은 연애를 바탕으로 해야 한다는 단 한 가지 조건만 지켜진다면 누구라도 하쿠손이 주장하는 부부관계를 어렵지 않게 실천할 수 있을 것이다.

연애결혼은 처방전으로서의 의미도 갖는다. 정사나 불행한 결혼을 해결하기 위해 제창된 연애결혼론은 이것만으로 모든 문제를 해결하지는 못하지만 개혁의 첫걸음이었던 것은 분명해 보인다. 또한 연애와 성욕의 통합을 꾀하고 그것을 가정으로 연결시키는 것으로 연애와 섹스와 결혼의 삼위일체를 제창하기도 하였다. 단 쾌락으로서의 성은 경시했다. 연애관계에서만 성을 인정했던 것이다. 개별적으로 논의되어오던 이 세 개의 카테고리를 통합하려는 시도는 매우 참신하다. 이것을 '연애결혼 이데올로기'라고 쉽게 치부해 버릴 일은 아니다. 물론 연애와 결혼이 결합되면서 발생하는 마이너스 측면도 간과할 수 없다. 그렇지만 연애 없는 결혼이라면 더욱 불행했을 것이다. 당시 일본의 이혼율이 세계 1위라는 신문기사도 심심치 않게 보이며, 실제로 1913년에는 부부 만 쌍 가운데 2천 쌍이 이혼했다는 기록도 보인다.

당시 연애결혼 주장이 매우 급진적이었을지 모르지만 그 도달점은 부부간의 애정이라든가 일부일처제를 지탱하는 매우 안정적인 결론으로 끝맺고 있다. 게다가 이러한 부부관계를 둘러싼 담론은 도쿠가와 시대 이래의 '부부상화夫婦相和' 사상과 연속선상에 있으며 그러한 사상을 받아들일 사상적 토대가 이미 마련되어 있었다고 볼 수 있다. 즉 적당한 참신성과 기성도덕에 위배되지 않는 안정감을 동시에 제공했던 것이다.

다이쇼기의 연애론은 연애론을 환골탈태시키는 것으로 광범위하게 수용되었지만, 그것은 연애가 갖는 반역성에 독기를 뺀 평범한 인생 처세훈으로 통용되었다. 그 이면에는 현실적인 변화 없이 연애라는 감정 하나면 모든 것이 장밋빛으로 변할 것이라는 기만성도 은폐되어 있다. 그런데 보수성과 통속도덕이 결합된 이러한 사상적 결함은 관점을 달리하면 거꾸로 유효한 전략이 될 수도 있다. 그것은 정치적 제도 개혁 없이 가능한 방법, 이른바 정신혁명을 꾀하는 것이었다. 메이지기 이래 별다른 진전이 없었던 제도개혁보다는 사람들의 의식개혁을 꾀하는 편이 전략적이라는 것이다. 정치나 제도에 의존하지 않고도 주체적으로 바꿀 수 있기 때문이다.

아무리 폐쇄적인 사회라 하더라도 연애나 연애결혼을 금지할 리는 없다. 국가와 대치하지 않더라도 일반 사람들의 의식만 바꾼다면 연애결혼은 얼마든 실현 가능한 일이었다. 무엇보다 공사에 휘둘리지 말고 개인을 확립하자는 아직 달성하지 못한 후쿠자와의 주장을 일반 민중 의식수준에서 이룰 수 있는 가능성은 바로 이 연애결혼론 안에 숨어 있는 것이다.

물론 현실적으로는 그렇게 낙관적이지 않았다. 현실에서는 연애결혼은커녕 결혼상대조차 찾지 못한 이들이 다수였고 이들을 위한 결혼소개업체가 번성하였다. 연애상대보다는 경제력을 갖춘 사람을 선호한다는 점을 이용한 악덕업자들이 횡행하기도 하였다. 예컨대 신원불명의 남자를 재력가로 속여 소개비를 받거나(『東京朝日新聞』 1922.4.25) '다마玉'라 불리는 중매업자끼리 가입비를 받아 챙기고 여러 번 선을 보게 하여 돈을 뜯어내는 경우도 비일비재하였다.(『讀賣新聞』 1922.4.4)

중혼이나 첩 주선도 공공연히 이루어졌고 처지가 딱한 여성일수록 첩으로 주선하기 쉬워 환영 받았다고 한다.(『讀賣新聞』 1922.4.6) 사진만 보고 결혼을 결정하는 세태는 여성들에게 결혼이 여전히 생활수단이었음을 반영하고 있다. 그렇다면 남성 지식인들이 연애론에 열을 올리고 있을 때 여성들은 어떤 생각을 하고 있었을까? 다음 장에서는 연애론 붐에 왜 여성들이 참여하지 않았는지 살펴보고자 한다.

6장
여성은 왜 연애론에 개입하게 되었을까?

1. 연애론과 여성의 거리

남성들에 비해 여성들은 연애론에 적극적으로 나서지 않았다. "연애는 여성에게 있어 매우 중요한 문제"라는 남성들의 추측은 보기 좋게 빗나갔다. 적어도 연애론은 남성들의 전유물이었고 그 안에 여성들의 논의는 존재하지 않았다. 반면 남성들은 여성의 영역이라고 치부되어 왔던 연애론을 통해 새로운 도전을 꾀하려 했던 듯하다.

그러나 여성들이 처음부터 성과 연애에 무관심했던 것은 아니었다. 연애론이 유행되기 이전인 1914년 무렵 『세이토』를 중심으로 정조논쟁이 펼쳐진 바 있다. 여기서 여성들은 처녀의 가치와 연애를 둘러싼 열띤 논쟁을 전개하였다. 그리고 이 논쟁이 매스컴의 주목을 받게 되면서 남성 지식인들도 논쟁에 가세하였다.

정조논쟁에 이어 1915년에는 낙태논쟁이 벌어졌다. 성애를 둘러싼 문제가 깊이 있게 논의되었다. 그렇다면 왜 남성들이 시작한 연애론에는 참여하지 않았을까? 그에 대한 답을 찾기 위해 먼저 여성들이 주체가 되었던 논쟁의 내용을 살펴보도록 하자.

정조논쟁의 불씨를 당긴 것은 이쿠타 하나요生田花世[1]였다. 그녀는 자신이 먹고 살기 위해 정조를 희생했던 체험을 고백하고, "지금 현재의 일본 가족제도와 사회제도가 여자를 이처럼 곤란에 빠뜨리는 것이다. 여자의 재산소유를 인정하지 않는 법률이 존재하는 한 그리고 여자에게 일자리가 주어지지 않는한, 여자는 영원히 '먹는 것과 정조'와의 싸움에서 자유롭지 않을 것이다. 아마도 정조보다 먹는 것이 우선되어야 한다고 요구하는 여성이 하루에도 수백 명을 넘을 것"[2]이라고 말한다.

뒤를 이어 하라다 사쓰키原田皐月[3]가 낙태죄로 옥중에 있는 여자가 남자에게 쓰는 편지 형식의 글에 촉발되어 낙태논쟁이 벌어졌다.[4] 이들 논쟁의 특징은 자신의 '체험'을 기반으로 하는 특징을 갖는다. 이 '체험주의'는 두 가지 의미가 있다. 하나는 논의의 틀이 자신의 체험에서 나온 것이라는 점이다. 연애론 붐에 여성들이 참여하지 않았던 이유는 바로 여기서 찾을 수 있을 듯하다. 히라쓰카 라이초를 비롯한 당시 신여성들은 연애론 붐이 일던 시기엔 이미 연애를 마치고 출산과 육아에 돌입한 상태였다. 다른 하나는 논의의 선개가 자신의 체험을 폭로하거나 체험을 긍정하는 형태를 띠는 점이다. 예컨대 낙태를 "용서하기 어려운 죄악"[5]이라며 하라타에게 반론을 제기했던 이토 노에伊藤野枝[6]는 실제 생활에서 아이를 내버려둔 채 연인 오스기 사카에大

---

1) 이쿠타 하나요生田花世(1888~1970): 소설가, 시인. 생활고에 시달리며 꾸준히 문예활동에 전념한 여성이다.(역자주)

2) 生田花世,「食べることと貞操と」, 折井美耶子 編『資料 性と愛をめぐる論争』, メドス出版, 1991, p.17.

3) 하라다 사쓰키原田皐月(1887~1933): 소설가. 1915년「옥중의 여자가 남자에게獄中の女より男に」를 발표하며 낙태 논쟁을 불러일으켰다.(역자주)

4) 原田皐月,「獄中の女より男に」, 折井美耶子 編『資料 性と愛をめぐる論争』앞의 책.

5) 伊藤野枝,「雑感」, 折井美耶子 編『資料 性と愛をめぐる論争』, 앞의 책, p.153.

6) 이토 노에伊藤野枝(1895~1923): 소설가, 여성해방운동가. 라이초에 이은『세이토』의 2대 책임자이다. 당당히 불륜을 저지르고 결혼제도를 부정하는 논문을 집필하는 등, 당시로서는 파격적인 행보를 보인 여성이다.(역자주)

杉栄[7] 품으로 떠나버리거나 남의 손에 맡겨버리는 등 낳기만 하고 책임감이 없는 사람이었다.

요컨대 성 경험이 있는 여성은 정조에 관대하며 산아제한이나 중절에 반대하는 여성은 낙태를 부정하는 식이었다. 결국 논리를 정당화하는 것은 자신의 체험이었다. 정조논쟁이든 낙태논쟁이든 당시로서는 용기 있는 논쟁이었으나 기본적으로 자신의 체험에서 벗어나지 않았다.

좋게 말하면 실생활을 반영한 현실적인 논의라 할 수 있지만 달리 생각하면 자신에게 절실한 문제만 추수하여 논리의 나약함을 초래하였다고 할 수 있다. 이러한 지적은 동시대 남성 지식인들 사이에서도 제기되었다. 사카이 도시히코堺利彦[8]는 히라쓰카 라이초의 실생활 경험 미숙과 부족을 들며 "새로운 경험에 기대어 갑자기 태도를 바꾼다거나 자기가 신기하게 느낀 것을 다른 사람들도 신기하게 느낄 것을 강요하는 태도는 매우 주관적인 것으로 아직 미성숙한 사람들의 사고방식"[9]이라고 비판하였다.

『세이토』 동인들의 논쟁이 여성사나 페미니즘 영역 이외의 분야에서 다루어지고 있지 않은 것도 논의의 폭이나 깊이가 깊지 않기 때문은 아니었을까? 이 점은 남성 지식인들의 논의와 비교해볼 때 더욱 명료해진다. 무엇보다 남성들의 경우 자신의 체험을 끌어들이지 않는다. 앞서 언급한 연애론의

---

7) 오스기 사카에大杉栄(1885~1923): 사회운동가, 아나키스트, 무정부주의자. 도쿄외국어대학 재학 중 고토쿠 슈스이幸徳秋水가 이끈 평민사平民社에 가입하여 사회주의 운동에 참가, 필화사건으로 몇 차례 투옥되었다. 슈스이의 영향으로 아나키스트가 되었고, 제1차 세계대전 후 노동운동 주도권을 둘러싼 아나키즘과 볼셰비즘의 대립에서 중추역할을 맡았다. 1923년 관동대지진 당시 조선인과 사회주의자 탄압 속에서 헌병대위 아마카스 마사히코甘粕正彦에 의해 아내 이토 노에와 함께 살해되었다.(역자주)

8) 사카이 도시히코堺利彦(1871~1933): 사상가, 저널리스트. 고토쿠 슈스이 등과 『평민신문平民新聞』 창간했고, 사회주의를 신봉, 비전론非戰論을 주장하여 여러 차례 투옥되었다. 일본공산당日本共産党 초대 위원장이었으며, 그 후, 노동파勞農派로 전신하여, 일본대중당日本大衆党・전국노농대중당全國勞農大衆党에 참여하였다.(역자주)

9) 堺利彦, 「婦人界の三思想家」, 『堺利彦女性論集』, 앞의 책, pp.355~356.

창시자라 할 수 있는 구리야가와 하쿠손은 자신의 연애사라든가 결혼생활에 관해 일절 언급하지 않았다. 하라 아사오原阿佐緖[10]와의 불륜으로 세간을 떠들썩하게 한 이시와라 준石原純[11]조차 연애론에 자신의 사적 감정을 개입시키지 않았다. 소설을 통해 자신의 성 편력을 폭로했던 이와노 호메이岩野泡鳴[12]도 연애나 결혼을 논의하는 장에서는 자신의 체험을 배제한 논의를 펼친다. 그로 말할 것 같으면 실생활에서는 바람을 피워 '동거청구소송'에 휘말리는 등 아내에게 무책임한 사람이었다. 그러나 연애론에서는 "더 이상 사랑의 감정이 없는 아내와는 같이 살 필요가 없으므로 변심에 상응하는 책임과 그 대가를 치르고, 별거든 이혼이든 해야 정직한 만족을 얻을 수 있을 것"[13]이라며 극히 이성적이고 냉철한 판단을 내린다. 그리고 자유연애를 하기 위해서는 "타자에게 조금이라도 무리한 요구를 하지 말고 타자에게(설령 그것이 부모형제라도) 폐가 되어서는 안 된다"[14]고 말하며 이를 위해서는 여자도 경제력을 갖춰야 한다고 주장한다.

그러나 자신의 경험에 얽매이지 않는 남성의 논리 역시 실생활과 이론을 별개로 치부함으로써 논의의 이중 잣대를 형성하거나 현실과 동떨어진 탁상공론에 그칠 우려가 있다. 여기서 '남성의 이론' '여성의 이론'을 구분하는 것으로 남녀의 논리구축능력의 차이를 주장하고자 하는 것은 결코 아니다. 당시는 여성이 남성보다 보편적인 이론을 구축하기 위한 기초수학능력이

---

10) 하라 아사오原阿佐緖(1888~1969): 가인歌人, 유부남 이시와라 준과 불륜을 일으켜 유명세를 탔다.(역자주)

11) 이시와라 준石原純(1881~1947): 물리학자, 가인. 상대성이론 및 고전양자론의 연구, 자연과학지식의 보급계몽에 힘을 쏟았다.(역자주)

12) 이와노 호메이岩野泡鳴(1873~1920): 소설가, 시인. 자연주의 소설을 주로 집필했고, 여성 편력으로 유명세를 타기도 했다.(역자주)

13) 岩野泡鳴,「艶福家としての大杉氏」,『泡鳴,全集』17卷, p.426.

14)『男と女の貞操問題』, 앞의 책, p.358.

부족했음을 지적하고자 한 것이다. 그리고 당시 사회분위기는 지금보다 훨씬 남성 중심적이었기 때문에 여성들 입장에서는 자신과 관련된 가장 절실한 문제에 관심을 쏟았고, 남성 지식인들의 현실과 분리된 '이론을 위한 이론'에 불만을 느꼈을 가능성도 충분하다. 그럼에도 불구하고 정조논쟁이나 낙태논쟁에서 연애 문제가 빠졌던 것은 여성들 논의의 결함으로 지적하지 않을 수 없다. '연애=선'이라는 것이 대전제가 되었고, 그 때문에 라이초는 법률상 결혼을 거부하고 애인과 동거했으며, 아키코는 기혼자 요사노 뎃칸与謝野鉄幹[15]과 연애를 감행한 것이다. 이토 노에의 경우 남편과 자식까지 버리고 오스기에게 내달리는 일탈도 마다하지 않았다.

그런데 흥미로운 것은 노에를 제외하고 대다수의 여성은 단 한 명의 남자와 평생을 함께하는 경우가 많았다는 점이다. 한 번 만나 연을 맺고 나면 더 이상 연애는 여성들의 관심사에서 벗어나게 되는 것일까? 이런 이유로 남성 지식인들의 연애론에 여성들이 참여하지 않았던 것일까? 그러나 연애결혼을 몸소 실천했던 여성들이 연애론에 냉담했던 데에는 또 다른 측면이 있었을 것이다.

연애강자의 행동과 논리

잡지에 평론을 기고할만한 수준을 갖춘 여성들은 거의 대부분 연애결혼을 실천했다. 주요인물로 요사노 아키코, 히라쓰카 라이초, 야마카와 기쿠에, 이토 노에, 이쿠타 하나요, 야마다 와카山田ゎ♭[16]를 들 수 있다. 즉 그녀들

---

15) 요사노 뎃칸与謝野鐵幹(1873~1935): 시인, 가인. 문예지 「묘조(明星)」창간했다. 요사노 아키코의 연하의 남편으로 유명세를 탔다.(역자주)

16) 야마다 와카山田ゎ♭(1879~1957): 여성해방운동가, 사회사상가. 엘렌 케이에 경도되어 모성주의를 주장, 모성보호논쟁에 참여하였다.(역자주)

은 연애에서 승리하고 나아가 그 연애를 결혼으로 발전시키는 데 성공한 이른바 '연애결혼의 승리자'들이다. 이 점과 연애론의 단절은 무관하지 않다.

무엇보다 그녀들에게 연애나 연애결혼은 그리 어려운 일이 아니었다. 그렇다고 장애가 전혀 없었다는 의미는 아니다. 설령 장애가 있다 하더라도 그녀들은 가볍게 극복해버렸다. 어떤 면에서 연애의 장애물과 진지하게 마주하지 않았다고도 할 수 있을 것이다. 이론 없이도 실천에 성공했기 때문에 이론을 추구할 의욕도 생기지 않았던 것이다.

요사노 아키코는 자신의 연애체험을 다음과 같이 말하고 있다.

> 나는 연애를 가장 순수하고 가장 열렬하고 가장 총명한 본능이라고 실감한 적이 있었다. 그 후 상당한 시간이 지나고 나서야 식자들이 '연애는 맹목적'이라고 말하는 의미를 알게 되었다. 그리고 다시 시간이 지났다. 그때는 연애가 맹목적인 것이 아니며, 연애에 눈뜨기 시작할 무렵의 연령대가 현실을 깊게 알 만한 경험이 없다는 사실을 알게 되었다. 초기에 나는 연애에 편중하는 여자였다. 그 후나는 이성과 감정을 같은 선상에 놓고 맞붙게 하는 여자였다. 지금은 어디에도 치우치지 않고 자신의 생활에 필요한 모든 것에 그때그때의 필요에 따라 균형을 지키려고 하는 여자다.[17]

이어서 연애가 모든 것의 중심이라는 "연애중심설을 피력하고 싶을 때가 인생의 어느 시기엔가 반드시 한 번은 있다"고 지적하고 그러나 그 감정이 오래가지 않는 것이 문제라고 말한다. "연애중심설은 오래 지속되지 않는다. (…중략…) 이 시기에는 자칫 잘못 생각하여 연애 감정이 식어버린 것처럼 말한다. 생식본능에 뿌리내리고 있는 한 연애는 결코 평생 식지 않는다.

---

17) 与謝野晶子, 「私の戀愛觀」, 『定本与謝野晶子全集』 15卷, 앞의 책, p.325.

다만 연애를 편중하거나 혹은 과중한 꿈이 식을 뿐이다. 연애감정은 변화하면서 지속되는 것"[18]이라고 주장한다. 연애론 붐이 일기 훨씬 이전인 1916년(다이쇼5)에 발언한 내용이다. 이 역시 "이것은 나만의 연애 과정"이라고 부언하는 것으로 사적 체험의 영역에서 벗어나지 못하고 있다.[19]

이들 여성들이 범한 치명적인 착오는 모든 사람이 연애나 연애결혼을 성취할 수 있는 것이 아니라는 사실을 지각하지 못한 점에 있다. 즉 그녀들에게는 너무도 당연시되었던 연애나 연애결혼이 다른 일반 여성들 사이에서는 관심의 대상이 아니었다는 것이다. 비단 연애 문제만이 아니다. 동시대 여성운동 대부분이 여성들의 지지를 얻을 수 없었던 이유는 바로 이 일반 여성들과의 괴리에서 찾을 수 있을 것이다.

동시대 여성 지식인을 대표하는 라이초나 아키코 모두 연애결혼의 실천자들이다. 즉 당대의 승리자였다. 조강지처를 쫓아내고 사랑하는 남자와 도피행각을 벌이며 결혼을 단행한 승리자였던 것이다.

또 다른 측면으로는 연애결혼을 몸소 실천했기 때문에 연애결혼에 대한 기대를 갖지 못했을 것으로 생각된다. 연애결혼을 했다 하더라도 실제 결혼생활에는 그다지 변화가 없다는 것을 누구보다도 절실히 깨닫고 있었다. 가사는 온전히 여성들의 몫이었으며 그 위에 집필활동도 병행하며 수입 없는 남편을 대신해 생계를 책임져야 했다.

이토 노에의 다음 술회가 이를 뒷받침한다.

> 결혼 실패의 모든 원인이 단지 연애에 있는 것은 아니다. 타인의 의지를 개입시킨 탓이라고만 생각했던 것이 바로 내가 결혼에 대해 맹목적이었음을 증명한다.

---

18) 与謝野晶子, 「私の戀愛觀」, 앞의 책, p.326.

19) 与謝野晶子, 「私の戀愛觀」, 앞의 책, p.327.

(…중략…) 나는 나의 연애에는 성공했다. (…중략…) 우리는 정말로 행복했다. (…중략…) 하지만 그것은 꿈이었다. (…중략…) 우리는 이른바 사회적 승인을 거친 결혼제도 안으로 들어간 것이다. 나는 사랑에 눈이 멀어 동거를 당연한 것으로 생각했으며 아무 의심 없이 그 생활을 긍정했다. (…중략…) 그러나 내 마음 속 깊은 곳에는 이 생활을 만들어가기 위해 치른 비싼 대가가 응어리로 남아 있다.[20]

내가 지금보다 젊었던, 아직 소녀시절의 꿈이 반은 남아 있었을 때에는 연애를 인생에서 가장 의미 있는 것으로 숭배했다. (…중략…) 하지만 머지않아 나는 인간이 그런 것으로 만족하고 살아갈 수 없다는 사실을 알게 되었다. 아무리 서로 사랑하여 하나의 생활을 꾸린다고 해도 결국 두 사람이 서로 다른 사람이라는 사실에는 변함이 없다. (…중략…) 인간의 진정한 행복은 결코 타인으로부터 주어지는 것이 아니다. 자신만의 것을 살리는 것을 통해 얻을 수 있는 행복이 진정한 행복이라고 나는 생각한다.[21]

히라쓰카 라이초는 혼인신고를 하지 않음으로써 결혼제도를 거부했다. "우리는 결혼 자체에는 반대하지 않는다. 그러나 오늘날 결혼이라는 관념이나 현행 결혼제도에는 결코 복종할 수 없다. 현행 결혼제도에 따른다면 평생을 권력복종 관계에 있어야 한다. (…중략…) 우리는 이런 야만스럽고 부조리한 제도에 복종하면서까지 결혼할 생각은 없다. 아내가 될 생각은 없다"[22]며 당당하게 사실혼을 단행하였다.

연애론의 중심축을 이루는 연애결혼론의 기만성을 자각한 측면도 보인

---

20) 伊藤野枝, 「自由意志による結婚の破滅」, 『戀愛・結婚・家庭論』 近代日本名著 14卷, 德間書店, 1966, p. 234.

21) 伊藤野枝, 「自己を生かすことの幸福」, 『戀愛・結婚・家庭論』, 앞의 책, p. 236.

22) 平塚らいてう, 「世の婦人たちに」, 『「青鞜」女性解放論集』, 岩波文庫, 1991, pp. 203~204.

다. 요사노 아키코는 '문제는 연애의 여부가 아니라고 말한다.' "남자의 재력에 기대어 결혼하고 출산하는 여자는 설령 그것이 연애를 통한 남녀관계라고 하더라도 경제적으로는 의속주의依属主義를 벗어나지 못하고 남자의 노예가 되거나 혹은 남자의 노동의 성과를 침해하고 도용하고 있는 존재라고 생각한다"[23]고 주장하였다.

특히 현행 결혼제도를 비판하며 "남자에게 기대어 가정에서 무위도식하는 여성을 노예 여성의 일종으로 보고, 설령 육아와 집안일에 근면한 여성이라 하더라도 어느 정도 직업능력을 갖추지 못한 여성은 시대에 뒤떨어진 것이므로 이를 부끄럽게 여기는 풍습을 만들고 싶다"[24]고 하는 포부를 밝히기도 했다.

그런데 이렇듯 연애결혼의 기만성을 알고도 왜 그것을 논평의 주제로 삼지 않았을까? 연애론 붐 시대에 정작 여성들이 참여하지 않았던 것은 여전히 남는 의문이다.

2. 사소설과 여자다움의 속박

어찌되었든 그녀들은 연애에 있어 승리자다. 그리고 그 상대는 모두 학력이나 사회적 지위나 명성으로 볼 때 하이클래스에 속한다. 자신보다 뛰어난 남성을 원했던 듯하다. 지적으로 뛰어난 사람을 남편 혹은 애인으로 삼음으로써 자신도 성장해간 사례는 야마카와 기쿠에山川菊米나 이토 노에 등 일본

---

23) 与謝野晶子, 「女性の徹底した獨立」, 『定本与謝野晶子全集』 16卷, 앞의 책, p.549.
24) 与謝野晶子, 「婦人と経濟的自覺」, 『定本与謝野晶子全集』 17卷, 앞의 책, p.66.

페미니스트들에게서 흔히 볼 수 있다.[25] 유일하게 히라쓰카 라이초만 경우가 조금 다르다.

사실 여성이 논단에 데뷔하는 계기도 유명한 남편의 힘을 비는 경우가 대부분이었다. 일 자체도 남편의 지도나 협력을 얻었다. 남편이 대필한 것으로 보이는 문장들도 있었다. 여성 스스로는 이를 어떻게 받아들였을까? 과연 그녀들은 남편과 대등한 관계였을까? 앞서 라이초는 예외라고 하였는데, 그것은 그녀의 남편 오쿠무라 히로시奧村博史가 생활을 위한 노동을 전혀 하지 않고 그림, 피아노, 연극 등에만 몰두하던 5살 연하였기 때문에 가능했을 터였다.[26]

그런데 첫 연애 상대였던 모리타 소헤이와의 관계에서는 경우가 조금 달랐다. 이른바 '바이엔 사건'이라 불리는 '정사미수사건'으로 라이초는 일약 유명인사가 되었다. 그 사건은 다시 작가 모리타 소헤이에 의해 소설로 집필되었고 그것을 계기로 라이초의 운명에 결정적인 영향력을 미치게 된다. 만약 소설『바이엔』이 세상에 등장하지 않았다면 그녀가 주관한 잡지『세이토』가 그토록 화려한 조명을 받을 수 있었을까? 소설을 통해 이미 유명인사가 되었던 것이 어찌되었든 세간의 주목을 끄는 데 유효했기 때문이다. 물론 어떤 면에서 라이초도 스캔들의 피해자라 할 수 있겠지만 결과적으로는 플러스가 된 셈이다. 그 후 라이초는 자신의 사생활을 폭로하는 것으로 세간의 관심을 모으며 계속해서 미디어의 중심에 설 수 있었다.

이러한 라이초의 행보는 동시대 여성들에게 상당한 파급력을 미쳤고 라이초 스스로도 자신만의 스타일로 굳혀 나갔다. 학력이나 사회적 지위가 높

---

25) 佐々木英昭,『「新しい女」の到來』, 앞의 책, p.189.

26) 塚らいてう,『元始, 女性は太陽であった(完)』, 大月書店, 1973, p.169.

지 못한 여성들로서는 미디어에 발표할 기회가 제한적이었고 설령 발표한다 하더라도 주목받기란 쉽지 않았다. 그렇기 때문에 대담한 테마나 사생활을 폭로하는 형식의 글을 즐겨 쓸 수밖에 없었다. 그런데 유독 오쿠무라와의 결혼생활에 대해서는 일절 언급하지 않았다. 그것은 비단 라이초만이 아니다. 요사노 아키코를 비롯한 대다수의 여성들이 그러했다.

그렇다면 앞서 체험주의를 앞세웠던 여성들이 왜 자신의 결혼생활에 대해서는 침묵했을까? 여기서 사소설은 유효한 단서를 제공한다.[27] 사소설 필자는 기본적으로 남성이다. 적어도 메이지부터 다이쇼에 간행된 작품은 거의 대부분이 남성에 의한 것이다. 이들 작품에는 아내나 애인 등 필자와 가장 친밀한 관계에 있는 여성들이 등장한다. 즉 사소설에서 '남성은 표현하는 주체'이고 여성은 '표현되는 객체'인 것이다. 그것은 사회적 분위기로 볼 때 필연적인 일이었다. 사소설은 두 가지 요건을 충족해야 한다. 하나는 표현되는 쪽이 권리의식이나 법적 지식을 갖지 않아야 한다는 것, 즉 어떤 식으로 표현되든 거기에 저항하지 않아야 한다는 것이다. 다른 하나는 표현되는 쪽이 표현하는 쪽에 대항할만한 수단이 없어야 한다는 점이다. 이 두 가지 요건이 충족되어야 남성이 과감하게 여성의 치부를 건드릴 수 있게 되는 것이다. 즉 자신이 모델로 삼은 상대가 어떻게 그려지든 의의를 제기할만한 상황이 아니어야 안심하고 사소설을 쓸 수 있다는 말이다.

거기다 모델이 배우자인 경우 그녀는 피해자인 동시에 공범자가 된다. 왜냐하면 작품이 폭로적이고 파격적일수록 작가와 작품이 주목받고 그에 따른 경제적 이익을 얻을 수 있기 때문이다. 아내는 작가인 남편의 수입으로

---

27) 사소설에 대해서는, 『「白樺」派の文學』 앞의 책, 鈴木登美 『語られた自己』(岩波書店, 2000), イルメラ·日地谷=キルシュネライト, 「自然主義から私小說へ」(『岩波講座日本文學史12卷 「20世紀の文學1」』, 岩波書店, 1996)을 참고.

6장 여성은 왜 연애론에 개입하게 되었을까?   179

생활을 꾸려가는 것으로 무언의 가담을 하게 된다.

실생활을 폭로당하는 것이 싫다하더라도 그것을 감수하지 않으면 가계를 꾸려갈 수 없다. 일본에서는 여자가 이혼하면 자립하여 생활할 방법이 거의 없었다. 참는 수밖에 달리 방법이 없었던 것이다.

이제 여성작가들이 사소설을 쓰지 않은 이유가 분명해졌다. 여성들은 자신의 배우자를 묘사하는 데에 한계가 있었다. 즉 남성들의 경우 글을 통해 역공하는 대항수단을 갖고 있었으며 여성과의 관계를 끊는 것으로 저항하는 수단을 갖고 있었기 때문이다. 반면 여성들은 글을 쓰고 싶어도 쓸 수 없는 상황이었다.

실제로 라이초는 훗날 '바이엔 사건'에 대해 집필해달라는 권유를 받고 『고개峠』라는 작품에 착수하지만 남편 오쿠무라의 반대로 집필을 중단한다.[28] 요사노 아키코의 경우도 폭로성 글은 찾아보기 힘들다. 여성으로 하여금 사소설을 집필하지 못하게 하는 또 하나의 요인은 성에 대한 결벽증과 수치감을 생각할 수 있다. 유명한 사소설일수록 남성작가 자신의 성체험을 폭로하는 양상을 보인다. 라이초를 비롯한 여성 논객들은 낙태나 정조, 처녀성에 대해서는 활발한 논의를 전개했지만 쾌락으로서의 성은 정면으로 마주하지 않았던 것이다.

예컨대 라이초가 지적하듯 당시 여성들은 피임을 추악하게 여겼는데, 그 이유가 "성행위를 그 결실인 아이에 대한 책임으로부터 분리하여 단지 자신들의 찰나적이고 관능적인 향락만을 추구하는 데에 도덕적 불만"[29]을 느꼈기 때문이라고 한다. 나아가 성행위에 대해서도 "그 결과로 생길지 모르는

28) 平塚らいてう, 『元始, 女性は太陽であった(下)』, 大月書店, 1971, pp.55~556.

29) 与謝野晶子, 「避妊の可否を論ず」, 折井美耶子 編, 『資料 性と愛をめぐる論争』, 앞의 책, p.193.

미래의 아이나 그 종족에 미칠 영향" 등을 충분히 고려해야 하며 "자기 자신을 모멸하고 둘의 사랑을 오욕하는 낙태보다 오히려 어떤 의미에서는 더욱 두렵고, 기피해야할 추악하고 고통스러운 행위라고 생각"[30]한다며, "만약 아이를 원치 않는다면 사랑의 생활 전반을 거부해야 할 것"[31]이라고 주장한다.

요사노 아키코는 다음과 같이 발언한다.

> 처녀에게 성욕을 설파하는 것은 무분별하게 처녀의 호기심을 선동할 뿐이다. 해가 되면 되었지 득이 될 것은 없다고 생각한다. 나는 20세 전후의 처녀에게 성욕이 자연적으로 자각되는 일은 없다고 생각한다. 성욕 때문에 연애가 성립된다고 말하는 것은 생리학적, 심리학적 진리일 뿐, 여성의 실생활과는 다르다. 오히려 결혼 혹은 연애를 통해 성욕을 자각하는 여성이 많을 것이다. 애초에 남자가 유혹하지 않는다면 성욕을 자각하는 일은 없을 것이라는 것이 여성의 생리적 사실, 심리적 사실이다.[32]

남편을 존중하고 배려하는 것 그리고 성관계에 혐오를 느끼는 것이 바로 여성 논객들을 얽매이게 한 '여자다움'의 속박이 아니었을까? 히라쓰카 라이초 등 여성 지식인들은 대담하고 분방하며 사회적 이목이나 도덕 등에 얽매이지 않는 자유인인 것처럼 이야기되는 경우가 많다. 그러나 과연 그랬을까? 표면적으로는 반역적일지 모르나 실은 보수적 측면도 상당히 있었던 듯하다.

결국 모든 지식인 여성들은 연애를 하고 결혼에 이르렀으며, 결혼은 대부

---

30) 与謝野晶子, 「『個人』としての生活と『性』としての生活との間の争闘について」, 折井美耶子 編, 『資料 性と愛をめぐる論争』, 앞의 책, pp.165~166.

31) 平塚らいてう, 「『個人』としての生活と『性』としての生活との間の争闘について」, 折井美耶子 編, 『資料 性と愛をめぐる論争』, 앞의 책, p.171.

32) 与謝野晶子, 「婦人と性欲」, 『定本与謝野晶子全集』 15卷, 앞의 책, p.589.

분 한 번에 그치고 임신과 출산, 육아는 물론 가사와 일을 병행하는 매우 성실한 인생을 살아간다. 요사노 아키코는 무려 열한 명의 아이를 출산한 것으로 높게 평가하지만 그 반면, 왜 그토록 많은 아이를 낳았을지 의문이 가는 것도 사실이다. 그녀 스스로도 그렇게 많은 아이를 과연 원했을지 말이다.

이렇게 볼 때 진정한 승리자는 바로 힘 있는 여성과 연애하고 결혼에 성공한 남성일지 모른다. 요사도 뎃칸与謝野鉄幹도 아내인 아키코에게 생활비를 부담하게 했으며, 라이초의 경우 전적으로 생활을 책임졌다. 오쿠무라는 전형적인 가부장적 사고를 가진 남자는 아니었지만 가정을 책임지는 유형은 아니었다. 그 때문에 혼인신고를 하지 않고 동거하는 데 동의했을지 모른다. 둘 사이에 아이가 태어나 호적이 없는 '사생아' 신세가 되어도 오쿠무라는 전혀 무관심했다고 한다.[33] 라이초는 훗날 오쿠무라에 대해 그 어떤 일에도 자신의 뜻을 굽히지 않는 점에서 자신보다 훨씬 강한 사람이며, 철저한 에고이스트라 평한 바 있다. 또한 그런 그에게 생활을 위한 노동을 강요할 수 없었던 고충을 털어놓기도 하였다.[34] 모성보호 논쟁에서 라이초가 여성들에게 자립을 요구하지 않았던 것을 이해할 수 있는 지점이다. 왜냐하면 그녀는 남성(남편)에게조차 자립을 요구하지 않은 도량 넓은 여성이었기 때문이다. 다만 넓은 아량으로 모든 것을 받아준 그녀가 도움의 손길을 국가에게 요구했던 것이 문제라고 할 수 있다. 이성과 연애를 하고, 연애를 통해 결혼(동거)하고, 또 결혼 이후 아이를 낳고, 가사와 육아를 전적으로 여자가 담당하는 식의 기성의 사회 통념을 자각 없이 반복해오면서 결과적으로 논리의 빈약함을 초래한 것으로 보인다.

---

33) 平塚らいてう,『元始, 女性は太陽であった(下)』, 앞의 책, p.584.
34) 平塚らいてう,『元始, 女性は太陽であった(完)』, 앞의 책, p.172.

무엇보다 스스로의 경험을 통해 연애결혼 자체가 행복을 약속하는 것이 아니며 연애결혼이 생각만큼 숭고한 것이 아니라는 것을 잘 알고 있었다. 이들은 온갖 미사여구로 포장된 연애결혼에 더 이상 속지 않았다. 문제는 거기서 사유가 멈췄다는 것이다. 여성 논객들은 남성 지식인들의 연애결혼론에 대응하려 하지 않았고 연애도 결혼도 부정하지 못했다.

그렇다면 피임과 낙태에 대한 혐오는 어디에서 기인한 것일까? 메이지 이전에 존재하던 마비키 풍습과는 전혀 다른 세태다. 자손번식을 위한 것이 아닌 쾌락의 부정은 메이지 정부에 의한 성 풍속 탄압의 성과가 아니었을까? 그것도 아니라면 남성 지식인들처럼 서양사상을 수용한 결과였을까?

3. 절실했던 생식의 벽

일단 연애결혼에 승리한 여성들이 직면한 다음의 난관은 생식이었다. 이들에게 출산과 육아는 커다란 장벽이었다. 이 때문에 정조, 낙태에 이어 모성보호가 주요 관심사로 부상하였다.

요사노 아키코는 모성주의를 부정하고 철저히 여성의 경제적 자립을 주장하며, "인간은 모성과 모성에 의한 행위만이 아니라 모성과 별개의 무한한 능력과 그 능력이 발전된 무한한 종류의 행위가 있기 때문"[35]이라고 말한다. 국가에 의존하지 않고 아이를 양육하기 위해서는, "여성들에게도 모든 업종의 노동과 직업을 요구하고 또 그 준비과정으로 여성들의 고등교육도 요구

---

35) 与謝野晶子, 「婦人改造の基礎的考察」, 『与謝野晶子評論集』, 岩波書店, p.267.

해야 한다"[36]라고 주장하며, "이러한 조건들은 장차 남자들을 개조하기 위한 기초 조건"[37]이라고 강조한다.

또한 모성보호를 주장하는 것은 "모성보호라는 구실로 국가보조금으로 불로소득의 유민생활"을 하는 것이라고 비판하며, 그 국가보조금이 남편들이 일하여 부담한 납세로 충당되는 것이기에 "남자의 노동성과를 훔쳐 남자에게 기생하는 것"이라고 일침을 가하였다.[38]

이어서 "먹을 것이 궁한 극빈자에게 쌀을 공급하는 차원에서, 어머니의 역할을 다할 수 없는 가난한 사람들을 국가가 보호하는 것은 국가의 의무라고 생각하고 전적으로 찬성"하지만, "정신적으로나 경제적으로 노동과 자활, 자립, 자기 방어를 할 수 있는 개인이 아버지가 되었든, 어머니가 되었든, 아내가 되었든, 국가의 보호에 의해 수동적이고 예속적인 삶을 사는 것은 인간의 위엄과 자유와 능력의 포기를 뜻하는 것이므로 반대"[39]한다고 강조한다.

반면 라이초의 경우는 "여성의 천직은 역시 어머니"라고 주장한다. 따라서 "새 시대 어머니의 역할은 단순히 아이를 낳고 기르는 것에 그치는 것이 아니라, 건강한 아이를 낳고 잘 키워내야 하며, 종족의 보존, 계승 이상으로 종족의 진화, 향상을 도모하는 것이 바로 생명이라는 가장 신성한 화염을 대대로 이어가는 것이 여성들의 인류에 대한 위대한 사명"[40]이라는 것을 자각해야 한다고 역설한다.

또한 "아이의 수나 질은 국가사회의 진보발전과 그 장래의 운명과 깊은 관

36) 与謝野晶子, 「婦人改造の基礎的考察」, 『与謝野晶子評論集』, 岩波書店, p.273.

37) 与謝野晶子, 「婦人改造の基礎的考察」, 『与謝野晶子評論集』, 岩波書店, p.275.

38) 与謝野晶子, 「堺枯川様に」, 『定本与謝野晶子全集』17卷, 앞의 책, p.343.

39) 与謝野晶子, 「平塚, 山川, 山田三女子に答ふ」, 『与謝野晶子評論集』, 앞의 책, p.233.

40) 平塚らいてう, 「社會改造に對する婦人の使命」, 『平塚らいてう評論集』, 앞의 책, p.122.

런이 있으므로 아이를 낳고 키우는 어머니의 직무는 더 이상 개인적인 일이 아니라, 사회적이고 국가적인 일"이라고 지적하며, "국가는 어머니가 이러한 의무를 다하는 데에 따른 충분한 보수를 지급하여 어머니를 보호할 책임이 있다"고 말한다.

이렇게 볼 때 "임신, 분만 및 육아를 수행하는 어머니가 국고에서 돈을 받는 것, 즉 보호받는 것을 노약자나 폐인이 양육원 신세를 지는 것과 동일시하는 것은 매우 잘못된 생각"이라며 요사노 아키코의 주장을 반박하였다. 이어서 모성보호는 약자구제라는 관점에서 볼 것이 아니라 공공사업에 종사하는 것으로 보고, 이에 대한 정당한 보상을 지급하는 것이 마땅하다고 말한다. 즉 "관리, 군인, 교육자, 의원이 봉급을 받는 것이 은혜를 입는 것이 아니듯, 어머니가 국가로부터 보수를 받는 것 또한 은혜를 입는 것이 아니"[41] 라는 것이다.

아울러 "만일 불성실하고 나태하여 어머니의 역할을 다하지 않는 여성이 있을 경우, 그 때야말로 국가는 정당한 방법으로 예컨대 보수를 지급하지 않거나 나아가 양육권까지 박탈하는 등 엄하게 처벌하면 될 것"[42]이라며, 출산과 육아를 국가의 직무에 빗대어 엄격한 노동규율을 적용시켰다.

뿐만 아니라 태어날 아이를 위해 개인의 절대 자유를 관리해야 하며 "생식행위를 포함한 결혼영역"을 제한할 필요가 있다고 주장한다. 즉 매독이나 간질병자, 정신병자, 건강한 아이를 낳을 가망이 없는 사람들은 연애를 제한하여 결코 결혼에 이르지 못하게 해야 한다고 강조한다.[43] "국가가 국가의

---

41) 平塚らいてう, 「社會改造に對する婦人の使命」, 『平塚らいてう評論集』, 앞의 책, p.123.

42) 平塚らいてう, 「社會改造に對する婦人の使命」, 『平塚らいてう評論集』, 앞의 책, pp.128~129.

43) 平塚らいてう, 「結婚の道德的基礎」, 『平塚らいてう著作集』 3卷, 大月書店, 1982, p.18.

진보발전과 중대한 이해관계에 있는 국민의 생식행위를 오늘날처럼 개인의 자유에 방임하지 말고, 아이의 권리를 보호하기 위해 국법으로 그에 제한을 가할 필요가 있다"[44]며 결혼과 생식을 제한할 것을 국가에 요구하였다.

이렇게 볼 때, 라이초의 발상은 엘렌 케이의 논리와 정확하게 맞닿아 있다. 엘렌 케이 역시 종족의 사명과 연애의 개인적 행복을 동격으로 보았지만, 궁극적으로 개인의 행복은 종족의 생명 향상에 필요할 때에만 긍정하였다. 따라서 결혼생활 중 피임은 '불결의 시작'이자 '불건전'한 것이며, 사랑하는 두 남녀가 성년이 되어도 아이를 갖지 않는 것은 종족에 대한 일종의 죄로 취급되었다.[45] 마찬가지로 '생명선'[46]이라 하여 건강하지 못한 유전자를 가진 이들의 생식을 제한해야 하며, 연애의 자유는 새 생명을 창조하는 목적에 부합될 때에만 허용해야 한다고 말한다.[47] 급기야 고령자나 나이 차이가 많은 커플의 성애는 되도록 금해야 한다는 주장을 폈다.

엘렌 케이의 이러한 논의는 라이초뿐만 아니라 구리야가와 하쿠손을 비롯한 남성 지식인들에게도 영향을 미쳤다. 요컨대 연애결혼은 지지하지만 그것은 어디까지나 종족 향상을 위한 것이어야 하며, 이에 부합하지 않을 경우 연애와 결혼을 규제해야 한다는 것이다.

이처럼 연애결혼 논의에 생식의 신성화를 접목시키는 것으로 오히려 출산, 육아라는 성 역할을 강화하는 결과를 초래하였다. 하쿠손을 비롯한 남성 지식인들은 엘렌 케이의 주장 가운데 연애결혼 찬미론만 흡수하였고, 라이초를 비롯한 모성주의파 여성 지식인들의 경우는 모성에 집착하였다. 나아

---

44) 平塚らいてう, 「結婚の道德的基礎」, 『平塚らいてう著作集』 3卷, 앞의 책, p.162.

45) エレン・ケイ, 『戀愛と結婚』(上), 岩波文庫, 1973, pp.129~130, p.137.

46) エレン・ケイ, 『戀愛と結婚』(上), 앞의 책, p.162.

47) エレン・ケイ, 『戀愛と結婚』(上), 앞의 책, p.153.

가 모성이라는 성 역할에 의문을 제기하는 것은 고사하고 모성을 강하게 어필하는 데 주력하게 된다.

그렇다면 남녀관계에 국가가 개입하는 것을 거부하는 의미에서 혼인제도조차 거부했던 라이초가 어떻게 국가에 의한 모성지원을 주장할 수 있었을까? 그리고 호적에 입적하지 않은 사생아가 어떻게 국가의 보호대상이 될 수 있으리라 생각했을까? 훗날 총동원체제 하 수많은 여성 지식인들이 체제협력에 매진하게 되는 것은 이처럼 국가에 대한 인식이 부족했던 탓이었으리라.

4. 제2차 연애론 붐

여성들이 연애론에 관심을 갖지 않았던 이유를 체험주의 탓만으로 돌리기엔 다소 부족한 감이 있다. 왜냐하면 다이쇼기 연애론 붐 이후 뒤늦게 여성들 사이에서 연애논쟁이 발발하였기 때문이다. 이를 편의상 '제2차 연애론 붐'이라 칭하자. 남성 지식인들의 연애론에 비하면 소규모이지만 남성 지식인들의 연애론에 대한 반박도 포함되어 있어 살펴보고자 한다. 논쟁의 흐름을 한눈에 볼 수 있도록 주요 논의를 소개하면 다음과 같다.

1928년 (쇼와 3)
- 야마카와 기쿠에 「경품증정 특가품인 여자景品つき特価品としての女」(『婦人公論』 1월호)
- 가미치카 이치코 「새로운 연애이론에 대해新しき戀愛の理論について」(『女性』 3월호)

- 다카무레 이쓰에 「신간양서추장新刊良書推奨欄」(『東京朝日新聞』5월 18일자)에서 콜론타이의『연애의 길戀愛の道』비판
- 다카무레 이쓰에 「야마카와 기쿠에씨의 연애관을 비난하다山川菊栄氏の戀愛観を難ず」(『婦人公論』5월호)
- 야마카와 기쿠에 「도그마에서 나온 유령ドグマから出た幽霊」(『婦人公論』6월호)
- 작가 「신『연애의 길』콜론타이 부인의 연애관(新『戀愛の道』コロンタイ夫人の戀愛観」(『中央公論』7월호)
- 다카무레 이쓰에 「짓밟힌 개가 짓는다踏まれた犬が吠える」(『婦人公論』7월호)
- 다카무레 이쓰에 「관료적 연애관을 배제한다官僚的戀愛観を排す」(『中央公論』8월호)
- 작가 「로맨티시즘과 리얼리즘ロマンチシズムとリアリズム」(『婦人公論』9월호)
- 야마카와 기쿠에 「콜론타이의 연애론コロンタイの戀愛論」(『改造』9월호)
- 야기 아키코 「연애와 지유사회戀愛と自由社会」(『自由連合新聞』29호, 11월 1일자)

1929년 (쇼와 4)
- 야마카와 기쿠에 「오늘날의 연애를 어떻게 보는가?今日の戀愛をどう見る?」(『婦人公論』1월호)
- 다카무레 이쓰에 「어떻게 연애를 해야 하는가いかに戀愛すべきか」(『婦人公論』1월호)
- 야기 아키코 「다카무레 이쓰에 씨에게高群逸枝さんに」(『黒色戦線』4월호)
- 다카무레 이쓰에 「연애와 강권戀愛と強権」(『黒色戦線』5월호)

이상의 연애논쟁은 두 가지 흐름으로 압축할 수 있다. 하나는 소련 여성혁명가 콜론타이의 소설『연애의 길』을 둘러싼 논의이며, 다른 하나는 다카무

레 이쓰에가 야마카와 기쿠에 사이에 있었던 논쟁을 들 수 있다. 전자는 이른바 '한 잔의 물—杯の水 논쟁'[48]이라고도 불린다. 후자는 남성 지식인들의 연애론에 대한 안티테제라고 볼 수 있다.

우선 야마카와 기쿠에의 「경품증정 특가품인 여자」를 살펴보자. 이 논의는 "결혼에 연애 하나만 있으면 되는가?"라는 도전적인 발언으로 시작된다.

> 요즈음 여자는(…중략…) 일생을 팔아넘길 상대를 찾아야 하는 상품이라는 점에서 예나 지금이나 변함이 없다. 여성이 남성에게 경제적으로 종속되어 있다는 사실을 간과한 채, 즉 전통적인 남녀관계의 근본은 언급하지 않고 연애의 흥취에만 몰두하고 만족하는 것은 상품인 여성을 옛 옷을 양장으로 바꿔 입힌 외형만 근대화된 것에 지나지 않는다.[49]
>
> 1년, 2년 세월이 흐르면서 식구는 점차 늘어가고 집안일은 날로 번거로워질 즈음이 되면 결국 남는 것은 오늘날과 같은 남성본위적인 경제적 기초 위에 뿌리내린 전통적 부부관계뿐이다. 이러한 결합 위에 특수한 색채와 의의意義라는 포장을 입힌 연애 따위는 기껏해야 달콤한 추억으로 남는 것이 고작일 것이다.[50]
>
> 남자가 집안의 경제적 중심을 이루고 여자는 단지 여기에 얹혀사는 현 가족생활의 기초가 변하지 않는 한, (…중략…) 경제적 종속관계가 없는 대등한 개인 대 개인이라는 단순 명료한 연애관계가 결혼 후에도 유지되는 것은 불가능할 것이다.[51]

이어서 좋은 혼처를 구하고자 기를 쓰는 부모와 딸을 향해 "창고정리", "특

---

48) '한 잔의 물' 논쟁이란, 성욕을 충족시키는 것은 한 잔의 물을 마시는 것과 같다는 콜론타이의 섹스관을 둘러싼 논쟁이다. 즉 목이 마르면 갈증을 해소하는 것처럼 성욕을 충족시키는 것은 자연스럽고 당연한 일이라며 섹스를 전면 긍정한다. 그것은 또한 물을 마시는 일처럼 매우 간단한 일이어서 별다른 의미를 갖지 않는다고 말한다. 실제로 콜론타이의 『연애의 길』의 여주인공은 정치운동에 바빠 연애할 틈이 없지만, 시간과 상대가 나타나면 적당히 섹스를 즐긴다. 설령 상대가 어머니의 연인이어도 상관 없다.

49) 山川菊榮, 「景品つき特価品としての女」, 『愛と性の自由』 앞의 책, pp.192~193.

50) 山川菊榮, 「景品つき特価品としての女」, 앞의 책, p.192.

51) 山川菊榮, 「景品つき特価品としての女」, 앞의 책, p.192.

가품 제공"이라는 광고를 내는 것과 다를 바 없다고 일침을 놓았다.[52]

오늘날 대다수 처녀들은 부모가 구해준 구매자 대신 자신이 직접 고른 구매자에게 일생을 팔려고 하는 정도의 자각수준에 그치고 있다. 과거에는 그래도 여성을 위해 결혼을 결정하는 가족제도였다고 하면, 요즈음은 이를 대신하여 개인의 이해타산이 더 크게 지배하고 있다. 즉 근대의 처녀는 부모에게 거래를 시키는 대신 스스로 거래하기 시작한 것이다.[53]

여성들이 성적 대상으로 전락하는 것에 만족하여 성에 의존해 생활하는 것에 아무런 불만이나 수치도 느끼지 않는다면 매춘부와 다를 바 없다. 결국 성적 노예나 일개 상품으로 살아갈 수밖에 없을 것이다.[54]
상품으로 길러진 여성들은 같은 여성을 상품으로만 본다. 따라서 성 대신 노동으로 생활하는 여성, 즉 비매품으로 살아가는 여성들을 '비인기품목'이라느니 '이월 상품'이라느니 하며 업신여기는 남성들에게 동조하는 것도 마다하지 않는다.[55]

또한 진정한 연애를 실현하기 위한 기반이 부재한 현실도 한탄한다.

경제적 타산이나 종속을 벗어나야만 비로소 존재하고 유지될 수 있는 진정한 연애. 이러한 진정한 연애의 발생과 성장의 기초 요건이 되는 여성의 경제적 독립에 대한 요구가 연애에 대한 갈망만큼 주목받지 못하는 이유는 무엇일까?[56]

야마카와의 지적은 그야말로 정곡을 찌르고 있다. 자신을 상품화하는 젊은 여성에 대한 비판도 타당하다. 하지만 미혼 여성이 홀로 생활을 꾸려갈

52) 山川菊榮, 「景品つき特価品としての女」, 앞의 책, p.191.
53) 山川菊榮, 「景品つき特価品としての女」, 앞의 책, p.195.
54) 山川菊榮, 「景品つき特価品としての女」, 앞의 책, p.195.
55) 山川菊榮, 「景品つき特価品としての女」, 앞의 책, p.194.
56) 山川菊榮, 「景品つき特価品としての女」, 앞의 책, pp.193~194.

만한 직업이 거의 없다시피한 당시로서는 연애는 물론이고 결혼은 생활을 위한 필수품이었다고 해도 과언이 아니다. 야마카와는 "여성이 연애를 팔지 않아도 되는 시대는 곧 여성이 결혼하지 않아도 살 수 있는 시대, 즉 근면한 노동을 통해 살아갈 수 있는 시대"[57]라고 결론을 내리고 있으나 실은 현실적인 대안은 되지 못하였다.

어찌되었든 연애결혼론을 전면에서 비판한 야마카와의 주장은 당시 사카이 도시히코를 비롯한 평론가들의 감탄을 자아냈다고 한다.

연애결혼론은 연애라는 이름으로 여성을 억압적인 결혼생활로 몰아넣는 사기인지도 모른다. 하지만 연애결혼이라는 처방전의 의미를 너무 과소평가한 것은 아닐까? 공적인 것은 사적인 것에 우선한다는 하쿠손 이래의 진부한 감각을 지니고 있던 야마카와에게 연애는 어쩌면 주된 관심사가 아니었을지도 모른다.

한편 남성 지식인들이 대거 참여했던 연애론 붐을 가미치카 이치코神近市子는 다음과 같이 피력했다.

연애 문제 앞에서 만큼은 정치 또는 문예의 적 동지가 일변해 서로 동등하고 순연한 로맨티스트, 자연주의자라는 것을 나는 불가사의하게 생각한다.(…중략…) 근대 연애관을 쓴 구리야가와 하쿠손 씨부터 용감한 자연주의 연애 사도 도쿠다 슈세이, 무샤노코지 사네아쓰 씨, 지금은 아나키스트로 변신한 블라디미르ウラジーミル[58]에 이르기까지 모두 같은 연애지상주의자라는 것은 의외다. (…중략…) 그것은 아마도 성적 지배자라는(…중략…) 공통된 입장에 서있기 때

57) 山川菊榮, 「景品つき特価品としての女」, 앞의 책, p.195.

58) 본명은 블라디미르Vladimir 일리치 울리야노프Il'ich Ul'yanov(1870~1924). 소련의 혁명가 · 정치가이며, 마르크스주의 이론의 혁명적 실천자로서 소련 공산당을 창시하였으며, 러시아 혁명을 지도하고, 1917년에 케렌스키 정권을 타도하여 프롤레타리아 독재하의 소비에트 사회주의 공화국을 건설하였다. 마르크스주의를 제국주의와 프롤레타리아 혁명에 관한 이론으로 발전시켜 국제적 혁명 운동에 막대한 영향을 끼쳤다.(역자주)

문이리라. 지배적 입장에 있는 자들에게 로맨티시즘은 늘 귀중한 보호막이었다. 현재 연애에서 지배적 위치를 점한 남성이 계속해서 이 보호막을 소중히 하려 드는 것은 당연할 것이다. 그들에게 그 보호막은 그들의 긍지와 질리지 않는 연애의 쾌락을 보증해주는 것이기 때문이다.[59]

이어서 과도한 연애 욕구는 과음이나 과식과 마찬가지라며 지나치게 연애에 의존하는 것을 경고한다.[60] 궁극적으로는 연애를 포기하길 권유한다.

> 여성은 스스로를 위해 어느 정도까지 연애감정을 포기하는 법을 배워야 한다. (과잉된 연애의식을 포기할 때만이) 사회와 여성의 행복과 모순되지 않는 절대 자유의 연애 양식이 가능해지며, 또한 그것이 새로운 사회의 남녀 행복의 원천이 될 수 있을 것이다. 한 발은 여성을 연애지상이라는 진흙구덩이에 빠뜨려놓고 다른 한 발은 절대 자유의 정상에서 춤추게 하는 것은 불가능하다.[61]

가미치카 역시 남성 지식인들의 연애론에 비판적이었으나 과도한 연애 의존을 버리라거나 연애를 포기하라는 식의 권유만으로는 현실을 타개할 수 없음을 인지한 듯하다.

한편 다카무레 이쓰에는 야마카와의 연애론에 대해 "야마카와 기쿠에 씨의 연애관을 비판한다"라며 논쟁을 걸었지만, 야마카와로부터 "도그마에서 배태된 유령"이라는 비난을 받으며 일축당하고 만다. 본격적인 논쟁으로 이어지지 못했던 것은 아나키즘 신봉자 다카무레 이쓰에와 마르크시즘 신봉자 야마카와 기쿠에의 논의가 연애는 뒷전으로 한 채, '무정부주의자 대 마르크스주의자'의 대치 양상을 띠었기 때문이다.

---

59) 神近市子, 「新しき戀愛の理論について」, 『婦人問題資料集成』, ドメス出版, p.220.

60) 神近市子, 「新しき戀愛の理論について」, 앞의 책, p.220.

61) 神近市子, 「新しき戀愛の理論について」, 앞의 책, p.221.

다만 다카무레의 경우, 다이쇼 말에서 '제2차 연애론 붐'을 거치며 다수의 연애론 집필을 통해 독자적인 연애론을 구축해 나간다. 다카무레의 활약으로 여성에 의한 연애론이 탄력을 받게 된다. 남성 지식인들의 연애론을 정면에서 부정한 다이쇼기 연애론 총결산이라고도 할 만하다.

연애론에 연애론으로 맞대응한 다카무레 이쓰에

다카무레 이쓰에를 간략히 소개하면, 1894년(메이지 27) 출생, 1920년(다이쇼 9) 결혼, 이듬해 『신소설』(4월호)로 문단 데뷔, 첫 시집 『방랑자의 시放浪者の詩』와 『세월을 따라月日の上に』로 천재 시인으로 주목 받았다. 다카무레는 결혼 이듬해인 1922년 첫 아이를 사산한 후 아이가 없었다. 1924년(다이쇼 13) 무렵부터 시도 때도 없이 드나드는 남편 측 객식구로 인해 가사부담이 눈덩이처럼 불어났으며 적자로 늘 허덕여야 했다. 손님 뒤치다꺼리에 더하여 다카무레는 늘 부엌 쪽방에서 돈벌이를 위한 난문을 써댔다고 한다. 그녀가 연애에 관해 논하기 시작한 것도 바로 이 무렵부터다.

결혼생활의 중압감을 견디다 못한 다카무레는 결국 1925년 9월 22일 가출을 결심하게 된다. 그녀와 동행한 사람은 객식구로 얹혀살던 남편 친구 후지이 규이치藤井久一였다. 그는 당시 스물 아홉, 다카무레 서른이었다. 당시 미디어는 이 둘의 가출을 불륜으로 판단하고 동반자살 우려가 있다며 호들갑을 떨었지만 실은 그런 관계는 아니었다고 한다. 다카무레는 집을 떠나며 남편 앞으로 "안녕히, 안녕히. 더는 못 따르겠어요. 불쌍한 당신 그리고 불쌍한 나, 다음 생에는 멋진 여자로 태어나 당신의 사랑스러운 아내이자 좋은 아내가 되겠어요"라는 내용의 유서도 남겼다고 한다.

시모나카 야사부로下中弥三郎에게 남긴 또 한 통의 유서에는 기슈紀州 지방의 나치산那智山에서 시작해 시코쿠四国 순례여행에 나선다는 내용이 담겨 있었다고 한다. 아내가 가출하자 남편 하시모토 겐조橋本憲三는 상당한 충격을 받았다고 한다. 남편의 신고로 경찰이 출동하는 등 일대 소동이 벌어진 후로 하시모토는 아내에게 지극히 헌신적인 남편으로 변화하였다.

다카무레는 1930년(쇼와 5) 『부인전선婦人戦線』을 창간하나 이듬해 폐간되고 말았다. 이후 뜻한 바 있어 이른바 '숲속의 집森の家'[62]에 틀어박힌다. 외출은 물론이고 사회생활을 전면 중단하고 하루 10시간 이상 씩 오로지 연구에 집념하는 생활을 이어간다. 심지어 1935년에는 "다카무레는 앞으로 식사준비는 물론 그 어떤 가사에도 일절 관여치 않겠다"라는 내용의 계약을 맺기에 이른다. 가사 외에도 연구에 필요한 자료수집과 노트 정리, 표 작성까지 모두 남편 하시모토가 분담한다는 약속이 포함되어 있었다. 가출 이후 은둔하며 연구에 집념을 불태웠던 기간 중 가장 적극적으로 매달렸던 것이 바로 연애에 관한 논의였다.

다카무레는 과연 어떤 연애론을 주장했을까? 논점을 크게 다섯 가지로 나누어 정리할 수 있다.

첫째, 남성 지식인들의 연애결혼론 비판

우선 남성 연애결혼론에 대해서는, "지금까지의 연애론은 공상적이다. 희망론이자 이상론이다" "다분히 공상적 연애론으로 적극적인 마인드가 없다" "요컨대 종래의 연애론은 여성으로부터 나온 것이 아니기 때문에 공상적이

---

62) 1931년 다카무레 부부의 거주 및 연구를 위해 지어진 서양식 2층집으로, 헨리 데이빗 소로우의 『숲속의 생활』을 본 따 '숲속의 집'으로 명명함. 다카무레는 이 집에서 일절 외출과 면회를 거부한 채 여성사 연구에 몰두했다.(역자주)

지 예언적인 것은 아니다"⁶³⁾ 정도로 요약할 수 있을 듯하다.

연애와 성욕에 관련해서는, "연애와 성욕은 생물의 성생활에 처음부터 끝까지 공존하는 것이지 결코 한 쪽이 문화적 현상이고 다른 한 쪽이 동물적 현상인 것은 아니다" "연애와 성욕은 각각의 기능과 목적을 달리하는 것으로 성생활을 풍부하게 하고, 연애는 성욕이 순화된 것이라든가 그렇기 때문에 결국 성욕으로 환원되어야 한다고 생각하는 것은 잘 못된 것"이라고 말한다.[64] 한마디로 연애란 "성욕이기도 하고 선택할 수 있는 본능이기도 하며, 또 서로 교감하는 가운데 싹트는 일종의 숭고하며 심령적인 미감美感 등이 모두 포함된 것"[65]이라고 정리한다. 또한 근대 연애사상의 특징은 "육체의 발견, 육체를 의식하는 것, 왜곡된 형태로 연애에 도입하여 영육일치론을 형성한 것"에 지나지 않으며, "과학자와 연애론자가 서로 타협"[66]한 결과라는 지적도 덧붙이고 있다.

한편 남녀 간의 투쟁을 해결하는 방안으로 연애를 제시한 구리야가와 하쿠손에 대해서는, "남녀 간의 반쟁反爭은 남자 대 여자의 반쟁이기보다 연애의 권위가 유린된 사회제도에 대한 반쟁이며, 양성 간의 사랑을 중시하기보다 제도를 철폐하도록 주장하는 편이 빠를 것"[67]이라고 말한다. 이어서 "남녀문제를 해결하는 방편으로 사랑을 소리 높여 주장하는 것은 공상에 불과하다고 잘라 말한다.[68]

---

63) 高群逸枝, 「新女性主義の提唱」, 鹿野政直・堀場清子, 『高群逸枝語錄』, 岩波現代文庫, 2001, pp.244~245.

64) 高群逸枝, 「戀愛と性欲」, 『アナキズム女性解放論集』, 黑色女性社版, 1982, p.270.

65) 高群逸枝, 「戀愛と强勸」, 『續・アナキズム女性解放論集』, 黑色戰線社, 1989, p.173.

66) 高群逸枝, 『戀愛創生』 叢書女性論24, 大空社復刻, 1996, p.510.

67) 高群逸枝, 『戀愛創生』 叢書女性論24, 앞의 책, p.514.

68) 高群逸枝, 『戀愛創生』 叢書女性論24, 앞의 책, p.515.

둘째, 야마카와 기쿠에 비판

이어서 야마카와 기쿠에의 연애론은 남성의 논리를 답습한 것이라 비판하며, "연애를 개인의 사적인 일이라고 한다면 식욕도 개인의 사적인 일이다. 연애나 식욕보다 차원이 높은 사회적 의무는 과연 무엇일까. 만약 그 사회적 의무라는 것이 사회적 업무와 현행제도 개혁을 위한 협력 등 이러한 일체의 활동을 뜻한다면, 식욕을 억제당하는 무산자가 자신을 가로막는 대상물에 대해, 또 연애를 억압당하는 여성이 자신을 저해하는 대상에 대해 뚜렷한 자각을 지니고 지적을 가하면서 이를 배격하는 것을 사회적 업무로 삼아야 할 것"[69]이라고 충고한다.

특히 "공적인 일과 사적인 일이라는 관념은 일부 지배자가 대중들을 기만하기 위해 만들어낸 관료적 의견"[70]일뿐이며, 연애가 곧 임신과 출산으로 이어지는 여성의 경우는 "연애는 일대 사건"이라고 전제한 후, "연애의 뒤처리, 즉 임신과 출산 문제를 오늘날처럼 사적인 일로 치부해 매장해버리고 모든 책임을 약자인 여성에게 떠넘긴다"면 여성의 입장에서는 점점 연애하기 어려워질 것이라고 역설하였다.[71]

셋째, 엘렌 케이의 주장 전면 부정

또한 남녀를 불문하고 당시 연애론의 사상적 기반이 되었던 엘렌 케이의 이론도 전면 부정한다. 이를테면 "그녀(엘렌 케이)는 연애결혼을 주장하지만 그것은 어디까지나 결혼을 전제로 한 연애론자였다. 그녀는 연애를 믿지

---

69) 高群逸枝,「新女性主義の提唱」, 鹿野政直・堀場清子,『高群逸枝語錄』, 앞의 책, p.248.

70) 高群逸枝,「踏まれた犬が吠える」,『續・アナキズム女性解放論集』, 앞의 책, p.103.

71) 高群逸枝,「無政府戀愛を描く」,『アナキズム女性解放論集』, 앞의 책, p.169.

않는다. 그녀는 결혼으로 연애를 제한하고자 했다",[72] "그녀는 연애를 억제하고 사회제도에 순응하라고 말한다. 그녀는 연애를 살리기 위해 제도를 개혁하라는 식의 말은 하지 않는다. 이혼의 자유 이외에 연애를 살리라는 주장은 없었다. 그녀는 권리와 책임이라는 개념을 연애에 끌어들였다. 하지만 이런 것은 연애와는 무관한 개념이다. 어찌되었든 지금 연애 중이라는 사실이 무엇보다 중요할 것이다."[73] "이처럼 연애를 선택한다는 것은 이미 한계에 부딪혔다. 그것은 종족이나 육체, 혈연이 개입되어 특수하고 차별적이며 계급적인 것이 되어 버렸다. 그러한 선택에서 차별되고 배척된 대다수의 사람들에게 더 이상 연애의 가능성은 없는 것일까?"[74]라는 식의 비판적 의견을 피력하였다.

이것은 엘렌 케이의 논리에 의존했던 히라쓰카 라이초나 구리야가와 하쿠손을 부정하는 일이기도 했다. 종족의 향상과 발전이라는 견지에서 병자와 장애자의 연애와 결혼을 제한했던 우생사상이나, 연애를 결혼으로 결실 맺도록 하는 연애결혼론이나 모두 다카무레가 볼 때는 무용지물이었던 것이다. 그리고 이것은 새삼스러운 일이 아니며 "오늘날 대부분의 처자들은 결혼지옥을 예상하고 있으며 결혼제도가 의미가 없다는 것도 알고 있다."[75]라는 말로 끝맺었다.

넷째, 결혼제도의 부정

다카무레 이쓰에는 결혼제도 자체를 전면 부정하였다. 결혼제도는 "순수

---

72) 高群逸枝, 『戀愛創生』 叢書女性論24, 앞의 책, p.221.

73) 高群逸枝, 『戀愛創生』 叢書女性論24, 앞의 책, pp.223~224.

74) 高群逸枝, 『戀愛創生』 叢書女性論24, 앞의 책, p.238.

75) 高群逸枝, 「いかに戀愛すべきか」, 『續・アナキズム女性解放論集』, 앞의 책, p.137.

한 일부일처를 의미하는 것이 아닐뿐더러 매우 불순한 형식이다. 사랑이 본위가 되면 제도는 필요치 않다"[76]라고 말하며, 아울러 "애정이 바탕이 된 두 사람에게 제도는 무의미하다. 또한 애정이 없는 두 사람에게도 제도만큼 저주스러운 것은 없다. 결국 제도는 무용지물이다"[77]라고 강조한다.

가출의 시家出の詩[78]

(…전략前略…)
그렇다면 결혼이란 무엇인가?
소유 피소유의 다른 이름이 아닐까?
자신의 자유를 끈으로 속박하는 것은 아닐까?
하물며 여자에게 있어서는.
(…중략…)
여자의 진정한 자각은,
결혼제도의 개혁 따위가 아니라,
결혼제도의 철폐를 요구한다.

비판의 칼날은 결혼을 암묵적으로 전제하는 여성의 의식으로 향하였다. "우리의 연애관은 '결혼제도의 개량'이 아닌 '결혼제도의 폐지'로 향하고 있다"[79]고 강조하며, "여성이 아무리 경제적으로 독립한다고 하더라도 결혼제도를 자연적인 것으로 간주해서는 안 된다. 결혼제도에 대한 철저한 자각이

---

76) 高群逸枝, 「新女性主義の提唱」, 鹿野政直·堀場清子, 『高群逸枝語錄』, 앞의 책, p.253.
77) 高群逸枝, 『戀愛創生』叢書女性論24, 앞의 책, p.281.
78) 高群逸枝, 『東京は熱病にかかつてゐる』『高群逸枝語錄』, 앞의 책, pp.371~374.
79) 高群逸枝, 「いかに戀愛すべきか」, 『續·アナキズム女性解放論集』, 앞의 책, p.133.

없이는 여성의 해방을 주장할 자격이 없다. 결혼제도는 곧 반자연의 극단이며, 여성으로부터 성의 지배자로서 자유를 무리하게 빼앗[80]는 강제적인 제도라며 강하게 비판한다.

> 우리나라의 자연주의 문인들은 종종 자신의 아내의 추한 일면을 소설화한다. 다야마 가타이는『이불蒲団』에서 도쿠다 슈세이는『곰팡이黴』에서, 모두 가정의 어둠을 아내 탓이라고 돌린다. 그런데 여성 문인들은 싸워서 이혼하지 않는 한, 집안일은 의식적으로 피한다. 거기에는 분명히 여성들의 심약함이 있다.[81]

그렇다면 어떻게 해야 할 것인가? 다카무레는 다음과 같이 제안한다.

> 가정을 내팽개친다고 하더라도 지금 당장 완전하게 그렇게 되지는 않을 것이다. 예컨대 현재 이 사회도 내팽개치고 싶지만 지금 당장은 그렇게 할 수 없는 것과 마찬가지다. 그렇다면 어떻게 해야 할 것인가? 답은 간단하다. 첫째, 우선 의식을 의식적으로 내팽개처라. 둘째, 가정 이외의 직업을 자각하라. 우리나라 직업여성·노동여성이 직업을 결혼하기 전 일시적인 일로 여기는 한 가정을 결코 내팽개칠 수 없을 것이다. 셋째, 남편의 것이 아닌 자신의 경제력을 갖출 확신이 없다면 되도록 아이를 낳지 않도록 하라. 넷째, 설령 정신적으로라도 언제 어떻게 내던져지든 평정심을 유지할 수 있는, 좋게 말하면 큰 깨달음의 대오철저大悟徹底의 경지, 나쁘게 말하면 다소 뻔뻔스러운 경지에 이르도록 하라.[82]

다섯째, 연애를 근거로 한 변혁론

다카무레가 주장하는 연애는 결코 까다로운 것이 아니다. "연애란 무엇인

80) 高群逸枝,「新女性主義の提唱」, 鹿野政直·堀場清子,『高群逸枝語錄』, 앞의 책, p.252.
81) 高群逸枝,「家庭否定論」, 鹿野政直·堀場清子,『高群逸枝語錄』, 앞의 책, pp.316~317.
82) 高群逸枝,「家庭否定論」, 鹿野政直·堀場清子,『高群逸枝語錄』, 앞의 책, p.315.

가를 생각하지 않아도 되는 것이 곧 나의 연애관이다. 바꿔 말하면 연애라는 것은 자연발생적인 것이며 또한 그것으로 충분"[83]하며, 따라서 연애에는 "교양이라든가 능력 등은 전혀 필요치 않다. 자연 그 자체의 의지가 곧 진정한 연애"[84]라고 말한다.

단 "연애는 현대에서는 순수하게 이루어지기 어렵다. (…중략…) 연애 문제 등은 사회 문제와 관련이 없다고들 말하지만, 연애는 자각하면 할수록 커다란 모순이 존재하며 그리고 강권强權과 부정否定이 강한 희망"[85]이기도 해서, "그러한 자연의 의지를 방해하는 여러 제도나 행위를 불식시키는 것만이 이를 살리는 길"[86]이라고 주장한다. 즉 자연스러운 본능인 연애를 저해하는 사회를 변혁해야 한다는 것이다.

> 여성의 연애 본능을 살리기 위해서는 제도가 변하지 않으면 안 된다. 또한 그것을 살리지 않으려고 하거나 제도를 변화시키려 들지 않는다 하더라도 연애본능은 결국 제도를 파괴하고 그것을 바꾸어 버릴 것이다.[87]

> 우리의 정치적 자각 수준은 정치에 참여하는 것이 아니라 (기껏해야) 정치를 부정하는 것이다. 정치, 지배, 강권, 이러한 모든 것에 절대반대를 외치는 일이다. (…중략…) 연애 현상도 마찬가지로 우리는 종래의 '구속'적인 생각을 일소하고 어디까지나 자유로운 연애를 지향해야 한다. 자유로운 연애, 이것은 바로 무정부 연애이다.[88]

---

83) 高群逸枝,「いかに戀愛すべきか」,『續・アナキズム女性解放論集』, 앞의 책, p.131.
84) 高群逸枝,「官僚的戀愛を排す」,『續・アナキズム女性解放論集』, 앞의 책, p.106.
85) 高群逸枝,「戀愛と強勸」,『續・アナキズム女性解放論集』, 앞의 책, p.173.
86) 高群逸枝,「官僚的戀愛を排す」,『續・アナキズム女性解放論集』, 앞의 책, p.106.
87) 高群逸枝,「新女性主義の提唱」, 鹿野政直・堀場清子,『高群逸枝語錄』, 앞의 책, p.165.
88) 高群逸枝,「無政府戀愛を描く」,『アナキズム女性解放論集』, 앞의 책, p.165.

비로소 연애를 통해 현실을 타파하자는 '반역적 연애론'이 제기된 것이다. 연애의 반역성, 반反사회성은 다이쇼 연애론 붐 안에서 제대로 자리매김 되지 않았다.

> 사랑에 빠진 자는 부모도 형제도 세간도 주인도 국가도 뒤돌아보지 않고 전진한다.[89]

> 사회라는 체제 속에서 이루어 놓은 모든 관계가 사라지고 모든 것이 짓밟힌 채, 그 대가로 얻은 것은 오로지 단 한 사람뿐.[90]

연애라는 것은 본래 그러한 폭발적인 에너지를 동반하는 것이 아니었던 가? 당시 빈발했던 정사나 가출 등 연애사건은 적어도 체제에 순화되지 않은 연애의 힘을 보여주었다고 할 수 있다. "순화된 성적 감정은 단순히 결혼이라는 제도에 대응한 것이 아니라 자신을 압박하는 모든 것에 반항한다. 대중의 이러한 갈채는 인류의 육적, 심적 생활의 현재의 불합리성에 대한 반항의 표출이다. 이러한 반항에서 진화가 생겨난다."[91] 때문에 "이것은 반反사회 생활은 아니다. 경직된 사회에 대한 반항"[92]이라는 지적이었다. 그런데 이러한 인식은 일찍이 남성들의 연애론에서는 발견할 수 없었던 것이다. 그러나 안타깝게도 다카무레의 등장은 너무 늦은 감이 있다. 남성과의 직접 대결로 이어지지 않았던 것이 근대 일본 연애론사의 최대의 손실이었다고 생각한다. 연애론이 화려하게 세간을 장식할 무렵, 다카무레는 가부장적 남편의 비

---

89) 高群逸枝, 「性的感情の醇化」, 『アナキズム女性解放論集』, 앞의 책, p.238.

90) 高群逸枝, 「性的感情の醇化」, 앞의 책, p.239.

91) 高群逸枝, 「性的感情の醇化」, 앞의 책, p.250.

92) 高群逸枝, 「性的感情の醇化」, 앞의 책, p.249.

위를 맞추며 가사노동에 시달리고 있었다. 이러한 체험으로서의 결혼과 하쿠손의 연애론이 다카무레로 하여금 연애 문제에 천착하게 만들었다. 은둔 생활도 마다하지 않으며 수년간 연구에 집념을 태운 결과 그 누구도 도달하지 못한 연애론의 경지에 이르렀던 것이다.

다카무레의 장대한 연구는 체계화된 저작으로 완성되었다. 그것은 역설 적이게도 성별 역할분담은커녕 남편을 노예처럼 부리면서 성별역할을 월경 했기에 가능한 것이었을지 모른다.

종장
연애론 붐 이후, 남은 것은?

1. 다이쇼 연애론은 무엇이었을까?

구리야가와 하쿠손은 1923년 9월, 관동대지진으로 아내와 함께 숨졌다.
『근대의 연애관』 이후 연애론이 어떤 행보를 보였는지 알지 못하고 말이다.
연애론은 꽃피웠지만 현실은 변화하지 않았기에 그의 연애론은 얼마가지
못하였다. 한 때의 유행으로 소비되고 끝나버린 것이다. 다이쇼 연애론이
당초 주장한 것은 연애의 자유와 그 연애를 통해 결혼할 수 있는 자유였다.
즉 인습과 여러 속박을 타파하고 개인을 해방하는 방향성을 갖고 있었다. 무
엇보다 연애를 가능케 하는 사회구조의 개선이 급선무였을 것이다. 그런데
연애결혼론의 논리는 연애와 결혼을 정당화시키기 위해 '바른 연애'를 내걸
었다. 즉 연애를 서열화한 것이다. 그 결과 연애는 이러이러해야 한다는 식
의 논리가 범람했고 '바른 연애'는 많은 노력과 의무를 요하는 장대한 목표가
되었다. 그것은 개인을 해방하는 새로운 억압을 초래하는 결과를 낳았다.
구체적으로 연애는 평생에 한 번 해야 하며 깨진 연애는 '진정한 것'이 아니
라든가 본인의 노력이 부족이라는 식의 강박관념이 그것이다.

이 무렵 연애는 누구나 할 수 있는 쉬운 것이 아니며 노력이나 힘을 필요
로 하는 것이었다. 연애론은 연애에 대한 책임을 오로지 개인의 노력 여하에

따른 것으로 여겼으며, 연애를 소외시하는 현실적인 측면은 고려의 대상이 아니었다. 때문에 그들은 사회체제를 변화시키기보다 개개인의 의식을 개혁하는 것을 주안으로 삼았다. 연애론이 현행 질서와의 대결이 아닌 개인 차원에서의 '마음가짐' 즉 정신수양 측면으로 흘러가 버릴 수밖에 없었던 이유이기도 하다. 게다가 연애와 결혼을 결부시켜 연애를 공적인 것으로 인식시킴으로써 연애에 공적인 역할을 과도하게 부여하게 되었다. 연애의 개인적 영역은 사라지고 국가사회에 공헌하는 영역만 강조되었던 것이다.

연애는 '개인적인 것'이지만 모든 개인은 자신이 속하는 사회와의 관련 속에서 사고하고 행동하기 마련이다. 그러나 사회와의 관련성을 인식하는 것과 사회성을 우선시하는 것은 별개일 것이다. 다이쇼기의 연애론은 기존의 사회체제와의 강한 유착관계를 형성한 것으로 보인다. 이러한 발상과 이후 도래하게 될 총력전 체제하의 '멸사봉공'과의 거리는 의외로 가까운 거리에 존재한다. 반면 체제변혁을 꾀하는 마르크스주의자들의 경우 공사公私우선주의의 영향으로 연애와 결혼에 대한 억압은 없었다.

이어지는 에로 · 구로 · 난센스[1] 시대의 연애와 에로는 총력전체제로 흡수된다. 총력전체제는 사적인 모든 영역을 동원했지만 연애론자 가운데 시국에 저항하는 논객은 나오지 않았다.

여성들이 연애론에 동참하지 않았던 것은 당시 사회체제에서 여성들이 보다 많은 억압을 받았고 그 만큼 강렬한 사회비판적 성향을 갖고 있었기 때문이다. 이로 인해 여성들은 자신들의 문제를 풀어가는 데 한계를 보인다. 연애로 국가의 억압에 대항하고자 했던 유일한 '반역적 연애론자'가 다카무레 이쓰에라고 할 수 있는데, 그녀 역시 결과적으로는 황국사관의 신봉자가

---

1) 1920년대 일본을 풍미한 erotic, grotesque, nonsense의 준말.(역자주)

되어 일본 파시즘을 긍정하게 된다.

그렇다면 왜 연애론은 일시적 유행으로 소비되고 끝난 것일까? 연애론이 유행하게 된 배경에는 다이쇼기에 현저했던 문화소비 경향을 들 수 있다. 다이쇼기에는 '문화'라는 말이 각광을 받아 유행했지만 원래는 신칸트파 철학인 문화주의가 도입되면서 '문화'라는 말이 범람하여 '문화 냄비'라든가 '문화 칼'과 같이 생활 전반에 걸쳐 널리 회자되었다.

연애론도 이러한 분위기에 호응하였다. 게다가 새로운 것을 좋아하는 반면, 보수적이기도한 대중에게 어필하기 위해 연애의 파괴성이나 반역성을 약화시키고 반발을 억제시켜 받아들이기 쉬운 것으로 변질해 갔다. 이른바 독을 제거한 형태로 연애가 대중화되어 간 것이다. 그것이 상업주의에 이용되기도 하였다.

그런데 결국 다이쇼 말기에 유행이 끝나게 된 데에는 우선 미디어의 과열과 남발로 연애론 자체가 식상해졌고, 두 번째 이유는 내용에 일관성이 없고 지나치게 설교적이어서 대중들이 불만과 지루함을 느끼기 시작했기 때문이다. 즉 현실적인 면을 처방해주기를 원했던 바램을 저버린 것이다. 연애론의 내용은 대부분이 설교적이었으며 '연애는 일생에 단 한 번'이라는 식의 답답하고 억압적인 것이었다. 그 어떠한 논리를 갖다 붙여도 현실적으로는 아무런 변화가 없었기 때문이다.

모든 연애론은 독신으로 살아가는 것을 긍정하지 않는다. 따라서 연애라든가 연애에서 결혼에 이르는 과정에 강박관념을 수반하게 된다. 연애의 멋스러움을 이야기하면 할수록 연애에 대한 욕망만 높아지고 그것을 이룰 수 없는 현실에 대한 불만과 실망이 커져갔을 것이다. 어떻게 하면 연애상대를 찾을 수 있었을까? 그것도 일생에 단 한 명의 상대라는 것을 어떻게 알 수 있을까? 사람들은 연애론이 아닌 실천적이고 현실적인 연애지식을 원하게 되었다. 이러한 대중들의 욕구는 『신청년』이라는 잡지의 기획에서 찾아 볼 수 있다. 1929년(쇼와4) 1월부터 10월호까지 마사키 후죠쿄正木不如丘의 「연애학戀愛学」이 게재되었고 이와 함께 「연애술戀愛術」과 「연애기戀愛記」가 실렸다.

그리고 또 다른 이유로는 장래를 전망할 수 없는 불황 속에서 결혼 자체가 어려워졌고 오랜 시간이 걸리는 연애결혼보다는 찰나적이고 자극적인 것을 원했기 때문이다. 그것은 '바른 연애'에 대한 반동이라고 해도 좋을 것이다. 연애에서 찰나적 쾌락에 대한 반전은 실업과 불황, 결혼난이라는 현실에 대응한 대처법이다. 어차피 실현 가능성이 낮은 그림의 떡이라면 한 순간이라도 즐기고 싶은 것이 인지상정이었을 것이다.

마지막으로 미디어가 이미 또 다른 붐을 예고했기 때문이다. 이어서 유행한 에로·구로·난센스와 모던걸을 보더라도 극히 일부에서나 볼 수 있었던 새로운 현상을 과대하게 포장하여 대중화시켜간 것은 바로 대중 미디어였다. 연애론에 의해 정당화되었던 이성에 대한 욕망을 에로·구로·난센스가 떠맡게 된 것이다.

특히 1930년에는 이미 연애의 시대는 지나갔다. 연애 없는 섹스야말로 시대의 최첨단이 되었다. 지식인들은 대중들을 계몽하기 위해 너나 할 것 없이 모두 연애를 논했지만 시대는 이미 그 보다 앞서 나갔던 것이다. 진지하지만 어딘가 미숙한 연애론보다는 직접적인 에로 쪽을 더 선호했다. 모던걸들의 경우 연애와 결혼을 분리해서 생각했을 뿐 아니라 섹스를 연애로부터 단절시켰다. 시대의 유행은 완전히 지식인의 사상을 농락했던 것이다. 그러나 그것은 총력전체제가 확립되기 전에 잠시 피었다 지는 꽃에 지나지 않았다.

연애환상의 존속과 변용

다이쇼기의 연애론은 연애의 가치를 인정한 점에서 현대 연애숭배의 원류라고 할 수 있다. 연애결혼이라는 함정은 현대에도 유효하다. 게다가 연애결혼을 실현하기 위한 기반(남녀평등이라든가 여성의 경제적 독립)은 여전히 미비하다. 연애결혼론은 연애에 의한 결혼을 찬미하는 동시에 경제적 타산이나 그 밖의 조건에 의한 결혼을 '노예결혼', '매음결혼'이라고 비난하였다. 즉 결혼 가운데 연애결혼을 정점으로 하는 위계질서가 창출되었던 것이다.

연애결혼이 가장 우월한 것이라는 인식은 지금도 여전히 유효하다. '중매결혼'이라는 말이 나타내는 것처럼 사람들은 누구나 연애해서 결혼했다고 말하고 싶어 한다. 서로 만나게 된 계기가 인터넷상이 되었든 미팅이 되었든 간에 연애를 강조한다. 그것은 연애결혼이 가장 아름다운 것이라는 생각을 반영하는 것이다.

그러나 연애결혼에 대한 욕망은 보편화되었던 반면 그것을 지탱하는 토대는 여전히 미흡했다. 예전에는 연애결혼은 아무나 할 수 있는 것이 아니었다. 타인의 의향에 좌우되지 않는 자주적이고 활동적인 힘을 필요로 했다. 여성에게도 경제력은 필수였다. 또한 부모나 외부의 세력에 휘둘리지 않는 강한 의지와 행동력이 있어야 했다. 연애 주체들의 상당한 인식의 변화가 필요했던 것이다.

연애결혼을 저해하는 사회의 변혁도 도모해야 했다. 따라서 연애결혼을 실현시키기 위한 사회개혁이라는 급진적 운동도 이념적으로는 가능했다. 이러한 방향성을 발견한 것은 다카무레 이쓰에가 유일했다. 그러나 다이쇼 연애론이 연애를 저해하는 요소로서 여성이 경제적으로 남성에게 의존하고 있거나 혹은 의존하려는 것을 지적한 점은 간과해서는 안 된다. 이러한 경향은 남성 지식인이나 연애론에 냉소적이었던 여성 지식인도 지적한 바 있다.

즉 연애의 자유는 개인의 자립 없이는 불가능했을 것이다. 이러한 인식은 당시 일반 여성들에게는 찾아보기 어려웠다. 오늘날에도 이러한 점은 여전하다. 진정한 연애결혼을 실현하기 위한 조건은 아직 실현되고 있지 않으며 실현시키려고 하는 움직임도 거의 없다. 젊은 여성들 사이에서는 전업주부를 지향하는 경향이 강해졌다고도 한다.

일본사회에 남녀의 불평등이 계속되고 있음은 물론 여성들 사이에도 남성에게 의존하려는 경향이 뿌리 깊게 남아 있으며 남성의 경제력이나 사회적 지위를 보고 연애하는 경우도 적지 않다. 남성의 경우도 젠더질서에 안주하려는 경향이 강하다. 다이쇼 연애론에 보였던 개인의 힘과 노력은 점차 사라지고 자립이나 책임감이 결여된 단순히 연애만을 즐기려는 안이한 생각이 만연하게 되었다.

구리야가와 하쿠손은 결혼은 본인의 의지만으로는 되지 않으므로 연애할 것을 주장했는데, 요즘은 중매로 만나든 인터넷을 통해 만나든 당사자끼리 합의만 되면 이것이 곧 연애라고 생각하는 풍조로 바뀌었다. 그 결과 거품경제 시기에는 결혼조건에 '3고三高'를 거론할 만큼 타산적으로 되었다. 불황기에는 공무원의 인기가 치솟았다. 그리고 결혼과 함께 성을 바꾸어야 하며 가사와 육아 등의 부담은 주로 여성에게 가중되었다. 다이쇼기 연애론은 오늘날에도 적용되어야 할 부분이 있다.

다이쇼기 연애론 가운데 오늘날까지 파급을 미치고 있는 것은 "연애는 좋은 것, 반드시 해야 할 것"이라는 사실이다. 그렇다면 오늘날의 연애와의 차이점은 무엇일까? 첫째로 연애는 누구라도 가능하며 너무나도 당연한 것이라는 인식이다. 즉 연애의 대중화라고 할 수 있다. 연애결혼이 쉽지 않았던 시절은 망각되고 누구든 할 수 있는, 해야만 하는 보편적인 인식으로 자리 잡았다. 둘째로 연애 기간에 대한 인식의 차이를 들 수 있다. 즉 연애 기간이 중요한 것이 아니라, 만나서 서로 사랑하기까지의 과정이 중시되며, 커플이 되거나 혹은 섹스를 하는 것이 곧 연애의 성취라고 생각하게 되었다. 즉 연애가 찰나적인 것으로 변모되었다.

세 번째로 연애의 형식을 중시하게 되었다. 예컨대 크리스마스나 발렌타인데이 등 연애를 위한 이벤트라기보다 이벤트를 위한 연애의 양상을 보인다. 그것도 매우 획일적인 스타일로 말이다. 즉 연애의 매뉴얼화라 해도 좋을 것이다. 네 번째로 연애의 가치가 저하되었다. 즉 누구든 연애가 가능하다는 환상과 그것을 실현하기까지의 현실의 차이는 크다. 그 결과 이러한 연애 콤플렉스가 연애의 확대 해석을 초래했다고 볼 수 있다. 연애가 어렵다면 연애의 내용을 바꾸면 된다. 누구든지 간단하게 할 수 있는 것으로 수위를 낮추면 되는 것이다. 그 결과 남자와 여자가 만나 섹스를 하면 연애라는 식으로 연애라는 말은 공소空疎한 것이 되었다. 지나치게 공소한 것이 되어 굳이 애써 순애를 지키는 따위의 일은 하지 않게 되었다.

하쿠손은 순애를 지키지 않는 것은 연애가 아니라고 말한 바 있다.

> 암흑의 재와 같은 성욕이 충분히 정화되고 정신적인 것으로 화하여 진정으로 전인격적인 결합이 될 때까지 연소하여 붉게 타오르는 것이 아니라면 나는 지상의 도덕으로서의 연애라고 말하지 않겠다.(『近代の戀愛観』, 앞의 책, p.200)

일찍이 '색'이라든가 '연'을 뛰어 넘는 것으로 논의되었던 '연애'도 지금은 그 의미가 퇴색되어 상실되어 버렸다. 결국 연애론은 두 번의 환골탈태를 거쳐 오늘날에 이르게 된 듯하다. 우선 다이쇼기는 연애가 본래 갖고 있던 개인적 성향에 입각한 반역성을 소거하여 체제 순응형으로 자리하였다. 그리고 전후에는 환골탈태하여 연애의 기반이 된 사회와의 관계가 단절되어 누구든 가능한 것으로 인식하게 되었다. 이 과정에서 연애의 내용이 가볍게 변질되고 그 가치는 저하되었다. 게다가 "누구든 가능한, 누구든 하고 있는" 것으로 착각하기 쉽지만 실제로는 연애는커녕 이성 친구조차 없는 젊은이가 늘어나고 있는 것이 현실이다.

2. 결혼 환상의 붕괴 그리고 연애의 행방은?

페미니즘 관점에서 보는 연애결혼은 연애라는 이름 하에 여성을 결혼으로 몰아넣어 젠더질서를 강제하는 것에 다름 아니다. 일찍이 일본에서는 이론이 어떻든 간에 현실적으로는 연애보다는 결혼이 우선시되어 왔다. 남녀 모두에게 결혼적령기라는 것이 존재하였고 독신자에 대한 시선도 곱지 않았다. 그러나 여성이 남성과 동등한 경제력을 유지하기란 매우 어려운 일이었다. 결혼은 여성에게는 생활을 영위하기 위한 측면이 강했고, 남성에게는 가사와 섹스를 담당해 줄 사람을 값싸게 확보하려는 수단으로 기능해 왔다. 그런데 과연 여성만 도구화되고 이용되었을까? 남성들 역시 이러한 이데올로기의 피해자였다.

구舊민법 하의 여성들은 결혼으로 인한 부담을 껴안을 수밖에 없었다. 이와 동시에 처자를 부양하기 위해 장기간 노동에 종사해야 하는 남편들의 부담도 생각해야 할 것이다. 이들은 아내에게 경제권을 맡기고 얼마 되지 않은 용돈으로 생활해야 했다. 또한 서양의 연애결혼 이데올로기와의 차이도 고려해야 한다. 원자화된 개인, 거기다 가정을 돈으로 환산했던 서양에서는 계산이 안 맞는 결혼을 회피하기 위해 로맨틱한 사랑으로 포장해 간다.

그런데 일본에서는 산업화, 개인화가 어느 정도 진전되었던 다이쇼기에도 로맨틱한 연애결혼보다 현실적인 조건을 따지는 결혼이 성행하였다. 오히려 근대화 과정에서 개인의 호불호에 따른 결혼이 타산적인 것으로 대체되는 측면이 있었다. 단순히 서양의 도식을 적용할 수는 없을 듯하다. 어찌되었든 결혼에 대한 욕망도 연애에 대한 환상도 그렇게 간단히 버릴 수는 없었다. 그러한 경향에 대한 비판은, 전쟁 전 야마카와 기쿠에나 전후 페미니스트들, 대중들에게서도 찾아보기 어려웠다. 단 연애결혼 이데올로기의 붕괴 징조는 찾아볼 수 있었다. 지금은 결혼이라는 제도의 금전적 가치뿐만 아니라 위험성도 분명해졌다. 경제성장이나 수입증가는 고사하고, 고용안정과 연금까지 위험한 상황에 놓여 있으며, 자식들 교육에 대한 불안감, 결혼, 출산, 육아에 지출되는 비용도 걱정하지 않을 수 없게 되었다. 옛 사람들은 그럼에도 불구하고 연애 때문에 내지는 생활을 위해 결혼생활을 감내해 왔다.

그런데 현대인은 더 이상 인내하지 않게 되었다. 연애 환상이 존재함에도 불구하고 독신자(미혼과 이혼) 증가와 출산율 저하 등은 이러한 점을 잘 보여준다. 즉 연애와 결혼이 분리된 것이다. 연애를 성취했다고 하더라도 그것이 결혼의 동기가 되지 않는 것이 요즘 세대다. 단순히 분리된 것이 아니라 결혼의 가치 저하, 결혼 환상의 붕괴를 의미한다.

또한 처녀의 가치 저하로 인해 섹스와 결혼은 완전히 분리되었다. 혼전 관계도 지금은 금기시되지 않는다. 예전에는 섹스는 매춘이 아닌 이상 결혼을 하든지 아니면 적어도 결혼을 전제로 해야만 허용되었다. 오늘날과 같이 결혼과 상관없이 섹스가 가능하다면 결혼의 동기나 결혼생활의 가치도 당연히 저하될 수밖에 없다.

아울러 연애와 섹스도 계속해서 분리되고 있다. 더 이상 가족을 위해 몸을 팔지 않아도 되었지만 매춘 여성은 줄지 않고 있다. 원조교제나 '텔레크라 유부녀ᵗᵉˡᵉᵏᵘʳᵃ의 人妻'²⁾는 일반 여성들의 창부화를 의미한다. 섹스와 연애는 별개라고 선을 긋는 사람들이 증가하고 있는 것이다. 이것은 섹스의 가치가 약화되었음을 나타낸다.

연애에서 결혼으로 이어질 경우 이해손실을 초월한 비합리적인 결혼이 곧 로맨틱 러브라는 환상이 기능할 여지는 남아 있다. 그런데 현실에서는 연애는 하더라도 결혼을 거부하는 사람들이 늘고 있다. 그렇다고 독신주의를 주장하는 이들이 많은 것은 아니다. 미혼자들은 대게 이렇게 말할 것이다. "딱히 결혼하고 싶지 않은 것은 아니다. 좋은 사람이 있으면 결혼하고 싶다"라고 말이다. 그런데 이 '좋은 사람'이라는 기준이 애매하다. 여기서 '좋은 사람'이란 결혼이 갖는 결점과 비용을 감수할 만큼 매우 괜찮은 사람이라는 의미다. 바꿔 말하면 상당히 괜찮은 사람이 아닐 바에야 결혼하지 않겠다는 뜻이다. 이렇듯 '좋은 사람'이 없어서 결혼하지 않는다는 사람과 비례하여 결혼하고는 싶으나 '하지 못하는' 사람들도 늘어가고 있다. 앞으로의 라이프스타일은 결혼을 중시하는지 아닌지의 여부에 따라 대별될 것이다. 결혼에 대한 열망이 강한 사람은 매우 곤혹스러운 시대일 수 있다.

다이쇼기 연애론은 연애결혼에 있어 개인의 자립과 노력을 강조하였으나 이것만으로는 불충분했던 듯하다. 결혼에 앞서 우선 이성과 만나 연애를 시작해야 했다. 서로 사랑하시 않으면 결혼은 성사되지 않는다. 연애결혼을

---

2) テレホン(telephone) クラブ(club)의 준말로, 일본의 성인유흥업소의 일종.(역자주)

위해서는 우선 사랑의 승리자가 되어야 하는 것이 대전제가 된다. 본인의 노력만으로는 이루어지지 않는다. 게다가 연애가 반드시 결혼으로 이어지는 것이 아니며 평생에 단 한 번이라는 사고에서 자유로워진 지금, 연애의 성취가 곧 결혼을 의미하지 않게 되었다.

그런데 결혼에서 커다란 가치를 찾는 이들은 확실히 줄었다. 이 외에도 종신고용과 연공서열의 붕괴는 결혼의 경제적 가치를 저하시켰다. 최근 일본에서 화제가 되고 있는 '파라사이트 싱글Parasite single[3]'은 양친의 경제력을 기반으로 한다. 중년과 고령층의 해고와 저임금화, 연금지급액의 감소에 따라 파라사이트 싱글들은 생식 기반을 상실했다. 부모에게 기대지 않으려면 결혼이 늘어 만혼화가 해소될 것이라는 전망도 있지만 과연 그럴까? 부모의 경제력이 저하되는 시기는 남성 전반의 경제력이 저하되는 시기이기도 하다. 불황과 고용 형태가 변화함에 따라 남편들의 경제적 기반도 흔들리게 된다. 결혼은 더 이상 '영원한 취직'이 아니라는 것이다. 남성과 결혼함으로써 얻을 수 있는 경제적인 이점은 사라져 가고 있다.

남성의 경제적 우위의 상실은 한편으로는 희망을 낳기도 한다. 남녀의 대등한 파트너십의 가능성이 열리기 때문이다. 지금까지 결혼에 있어서의 남녀의 불평등은 주로 여성이 남성에게 경제적으로 의존했기 때문이다. 그렇기 때문에 여성의 경제적 자립, 경제력 향상으로 평등을 달성하려는 것이 평등화 이론의 추세였다. 그런데 역설적으로 현실에서는 남성이 여성과 나란히 추락함으로써 계획에도 없는 평등화가 달성되려고 하고 있다(물론 불황의 그늘은 여성 노동자의 경우도 예외가 아니며 경제력 면에서도 남녀의 격

---

3) 대학 졸업 후에도 부모와 같이 살며, 주거비, 식비 등을 부모에게 의존하고 있는 미혼 청년을 말한다. 실제로 도쿄나 오사카 등 주거비 및 생활비가 많이 드는 대도시의 경우는, 큰돈을 들여 집을 얻기보다 생활비를 절약하는 차원에서 부모와 같이 생활하며 출퇴근할 수 있는 직장을 선호한다.(역자주)

차는 여전히 존재한다). 요즘은 결혼하면 맞벌이를 하기 때문에 가사를 공평하게 분담한다는 것이 부부관계의 전제조건이 되고 있다. 단 경제나 가사의 분담은 남녀관계에만 한정되지 않는다. 룸메이트나 그룹 홈 등 공동생활에서도 필요한 부분이기 때문이다. 부부라는 라이프스타일에 구애되지 않는 사람들이 늘어나는 현상, 즉 라이프스타일의 다양화는 동성애자나 성전환자와 같은 성적 소수자들에게도 살기 편한 사회를 가져다줄 것이다. 그런데 다이쇼기 연애론이 제창한 '연애의 진화' 즉 엄격한 연애가 부부애로 발전해간다는 식의 발상은 현실적이지 못하다. 인간에게 있어 성은 청춘기의 독점물이 아니다. 그렇기 때문에 비아그라를 사서라도 섹스를 즐기려는 고령의 남성들이 존재하고, 중년 남성의 매춘이 끊이지 않는 것이다. 양로원에도 연애는 존재한다. 젊지만 연애나 섹스에 관심 없는 이들도 있다.

젊은 시절 연애를 거쳐 결혼하여 평생을 해로하는 식의 획일적인 형태는 오늘날과 같은 미증유未曾有의 고령사회에는 더 이상 적합하지 않다. 고도로 발달한 고령사회에서는 결혼과 연애의 단절이 가속화될 것이다. 수명이 연장되면 이혼도 증가한다. 황혼이혼이 증가하고 있으며, 이혼하거나 배우자가 사망한 사람은 새로운 파트너가 필요할 것이다. 수명이 연장될수록 노후의 연애 가능성도 증폭될 것이다. 그리고 고령자의 경우 연애를 결혼과 연결짓지 않을 가능성도 많다. 결혼으로 이어지면 재산 상속이라든가 병수발 등의 문제로 자식들이 반대할 가능성이 높기 때문이다. 자식들이 반대하지 않더라도 노후의 파트너를 혼인제도로 묶어둘 만한 필요성이나 장점은 거의 없을 것이다(상대의 재산이나 연금을 바란다면 모르지만). 또한 개인차가 있겠지만 섹스도 필수조건은 아닐 것이다. 이렇게 되면 연애, 섹스, 결혼이라는 삼위일체는 완전히 붕괴될 수밖에 없다. 가령 결혼이라는 형태를 취한다 하더라도 양육과 부모 모시기도 끝난 고령의 퇴직자의 경우, 결혼이 갖는 의미라든가 결혼에 대한 생각은 기존과는 전혀 다를 것이다.

이렇듯 결혼의 가치와 섹스의 의미가 희박해진 현대의 혼돈 안에서 필자는 가능성을 찾고 싶다. 가치가 희박해졌다는 것은 과대포장을 강요해왔다는 점에서 억압으로부터의 해방을 의미하는 것이리라. 어떤 것을 중시하고 어떤 라이프스타일을 선택하는가는 개인의 자유다. 원래 자유로워야할 것에 국가는 늘 개입해왔다. 전쟁 전에는 남성 우위의 결혼제도와 전시 하에서는 출산장려정책, 전쟁 후에는 세금과 연금에 따른 전업주부 우대정책과 비적출자非嫡出子 차별 등이 그것이다. 이처럼 라이프스타일을 서열화하는 일에 정부는 끊임없이 개입하여 정책적으로 유도하려는 움직임을 보여 왔다. 출산율 저하에 따른 국가 정책은 앞으로도 계속해서 시행될 것이다. 연애, 결혼, 섹스의 삼위일체가 붕괴된 이상 사람들은 그렇게 간단히 '표준형 가족'을 구성하려 하지 않을 것이다. 결혼과 출산의 장려가 동성애자의 결혼 허가와 싱글맘 지원, 입양의 간소화라는 형태를 띤다면 환영할 만하다.

연애의 가치가 저하되었다고는 하나 그 매력은 여전하다. 남녀의 만남을 주선하는 장場은 인터넷상에서 확대되어 가고 있으며 잡지사는 특집호로 이성과의 교제법이나 체험담을 반복해서 기획하고 있다. 텔레비전 연애 드라마는 최고의 시청률을 올리고 있다. 연애환상이 지속되고 있는 것이다. 환상은 파괴되어야 할 것인가. 아니다. 꿈과 보람을 주는 환상이라면 하나나 둘 정도는 갖고 살아야 한다. 그 환상이 모두가 해야 하는 것으로 강제하거나 타자를 억압하지 않는다면 얼마든지 환영이다. 연애의 형태나 내용도 다양해져야 한다. 단, 사적인 것이어야 할 연애가 현행의 사회제도에 구속되거나 정책을 통해 우리의 연애의 향방에 영향을 미친다는 사실에 자각적이어야 한다. 왜냐하면 이것이 연애의 존립을 위태롭게 한다는 사실을 우리는 이미 다이쇼기 연애론에서 터득했기 때문이다.

저자 후기

다이쇼 시대는 매우 흥미롭다. 국가의 독립과 근대화라는 획일적 국가목표가 어느 정도 달성되고 대역사건을 겪으면서 국가의 강력한 통치가 드러나는 것을 느끼게 된다. 이와 반대로 사람들의 관심은 국가로부터 사적인 것, 개인의 내면적인 것으로 향해가게 된다. 이러한 시대를 배경으로 다양한 사상이 미디어의 발달과 맞물려 각축을 벌였다.

지식인들은 앞 다투어 잡지에 글을 실었고 다양한 서적들이 간행되었다. 그런데 그들의 사상은 지금 대부분 기억되고 있지 않다. 이 책에서 다루었던 남성 지식인들도 아리시마 다케오나 기타무라 도코쿠 등을 제외하고는 거의 묻혀졌다. 그들이 저명한 사상가가 아니라고 한다면 할 말이 없다. 그러나 히라쓰카 라이초나 요사노 아키코에 대한 오늘날의 평가와 비교할 때 불공평한 측면이 있다. 적어도 동시대의 남성 지식인들은 그녀들과 비슷한 역량, 아니 그녀들 이상의 논의를 개진했다. 특히 요사노 아키코의 평론은 동시대 남성 지식인의 영향을 받은 흔적이 역력하다. 그녀는 아마도 독서광이었던 듯하다. 최신 사상서, 철학서를 독파했으며 그 내용을 자신의 논의에 빈번하게 인용했다.

때로는 후세에 남을만한 대가보다도 '이류二流' 쪽이 더 매력적일 때가 있다. 그들은 시대를 초월한 보편성을 갖지 못했기 때문에 '이류'에 머물렀던 것이며, 그것은 바꿔 말하면 시대에 구애받지 않고 그 시대 특유의 공기를 마음껏 강하게 반영할 수 있었음을 의미한다.

이 책에서는 잡다한 집필 활동을 벌였던 다이쇼기 지식인들을 '연애론'이라는 하나의 축을 통해 살펴보았다. 보다 정밀한 배치도를 다 그려내지는 못했지만 말이다.

필자는 다이쇼 시대의 유행 사조로서 자아, 문화, 연애라는 세 가지 요소를 거론한 바 있다(「다이쇼 사상계의 관심사」, 『근대일본연구』 11巻, 1994). 특별히 연애를 강조하고 싶은 생각은 없었지만 이 책에서는 다이쇼기 연애 스캔들과 연애론 자체에 흥미를 갖고 글쓰기에 임했다. 이를 위해 동시대의 사조, 이를테면 문화주의, 생명주의, 자아론에 대한 언급은 애써 적용하지 않았다. 이들 사조와 연애론의 관계는 다음 과제에서 이어가고 싶다. 아울러 필자의 일관된 관심사이기도 한 '수입 문화와 그 일본적 번역'이라는 측면에서 서구의 '연애론'이 수입된 경위와 동시대 번역과 해석 문제를 다루어 보고 싶다.

세이큐샤青弓社 야노 게이지矢野恵二 씨로부터 단행본 출판의뢰를 받은 지 벌써 5년이란 세월이 흘렀다. 학위는 취득했으나 미래가 불투명했던 필자에게 단행본 의뢰는 꿈같은 이야기였다. 이런 기회를 주신 야노 씨에게 진심으로 감사드린다. 그럼에도 불구하고 이렇게 집필이 늦어버린 데에는 이유가 있다. 가장 큰 이유는 류큐대학琉球大学에 채용되어 오키나와沖縄로 건너가야 했던 것이다. 개인적으로는 인생최대의 전환기였다. 강렬한 자력과 자극을 발산하는 땅에서 전에 없던 호기심과 도전정신이 발휘되어 연구와 시민

강좌에 매진하느라 여념이 없었다. 그 과정에서 '일본인의 연애'의 정의에서 완전히 배제되었던 '또 하나의 일본' 오키나와를 목격하고 연구자로서의 동요도 피할 수 없었다.

이곳 오키나와에는 기지와 전쟁으로 인한 다양한 문제가 존재하며 본토 미디어에서는 다루어지지 않는 사건사고가 하루가 멀다 하고 일어난다. 정치학도인 필자가 침묵하고 넘어갈 수 없는 일들로 넘쳐나고 있는 것이다. 영화 「나비의 사랑ナビィの戀」, 드라마 「츄란상ちゅうらんさん」의 인기가 치솟는 등 오키나와 붐이 일고 있지만, 이러한 현상을 오키나와에 거주하는 오키나와 애호가로서 순수하게 기뻐할 수만은 없다. '소비되는 연애론'이 아닌 '소비되는 오키나와'에 대한 관심이 증폭되고 있는 요즈음이다.

2001년 7월

간노 사토미菅野聰美

일본근대스펙트럼 시리즈